ZYGMUNT BAUMAN

政治の発見

ジグムント・バウマン
［著］
中道寿一
［訳］

In Search of Politics

日本経済評論社

IN SEARCH OF POLITICS

by Zygmunt Bauman

目次

序章

信念は筋道が立っていないと信じられないというわけではない。今日、信じられている信念——我々の信念——も、例外ではない。まさに、人間の自由の問題は、少なくとも「此岸」の世界においては明白であり、しかも、（あれこれの小さな修正を除けば）可能な限り十分満足のいくように解決されていると、我々は考えている。いずれにせよ、我々は、すでに我々がもっていると感じている以上に多くの自由、あるいは、より良い自由を要求したり強要したりするために、街へ出て行く必要性（時折の小さな苛立ちを除けば）を感じていない。

しかし、他方、我々は、一様に以下のように堅く信じている。すなわち、世界ではさまざまな事件が生起しているし、また、生起し続けているが、そのなかで——一人で、あるいは、何人かで、あるいは、みんなで協力して——我々の変えることのできるものなど何一つない、と。

また、我々は、以下のようにも信じている。すなわち、もし我々に変化を起こす力があるならば、現に存在する世界とは異なる世界を考えるために我々の頭数をそろえることは無駄であり非合理的であるし、現在の世界とは異なる世界を良いものと考えて、その世界を実現するために我々の腕力を用いることは、無駄であり、非合理的でさえあろう、と。

こうした二つの信念を同時に保持することなど、論理的な思考訓練を受けている者にとっては、全く不可解なことであろう。もし自由を獲得しているのであれば、より良い世界を想像し、そうした世界をさらに良くするために何かをするという人間の能力が勝利の賞品（トロフィー）の中にないなどということが、いったいどうしてありうるのか？　また、想像力を阻害し、全ての人間にかかわる問題において自由な人間の無気力を黙認する自由とは、いったいどのような自由であるのか？

二つの信念は互いにほとんど一致することはない。しかし、二つの信念をもつということは、論理的に馬鹿げた行為の兆候ではない。二つの信念はけっして架空のものではない。我々の共通の経験において、二つの信念のそれぞれを支持する十二分の理由がある。我々は、行っていることを信じているときには、全く現実主義的であり合理的である。したがって、我々が住んでいる世界がなぜ、そのように明らかに矛盾した合図（シグナル）を我々に送りつづけているのかということを知ることは、極めて重要である。そして、また、そうした矛盾とともに、我々がどのようにして生きているのか、さらに、なぜ我々は人生のほとんどを通じてそれに気づかないのか、また、それに気づいたとしても、なぜ特に心配しないのかということを知ることも重要である。

そのことを知ることが、なぜ重要であるのか。一度この種の知識を得たならば、より良い方向へと何かが変わるのであろうか。なるほど、このことは、けっして確かなことではない。物事を現にあるようにさせているものについての洞察は、我々を行動に駆り立てるかもしれないし、また、同時に、敗北を認めさせることになるかもしれない。現状を形成している、複雑で、容易に見ることのできない社会的メカニズムがどのように作動しているかということに関する知識は、周知のように、両刃の剣である。その知識は、繰り返し、二つの全く別個の用途を促している。

ピエール・ブルデューは、その二つの用途を、適切にも「冷笑的」および「臨床的」と名づけている。知識は、「冷笑的」に用いられるかもしれない。すなわち、世界が現にあるようなものであるならば、人は規則を駆使して、自分にとって最も利益になるような戦略について考える。世界が公正であるか不正であるか、好ましいか好ましくないかということは、どうでもよいことである。知識が「臨床的」に用いられるときには、社会がどのように作動しているのかということに関する同じ知識によって、我々は、不適切で、有害で、我々の道徳観念に違反しているとみなしているものに対して、より効果的に戦うことができるかもしれない。二つの用途のうち、いずれに訴えたらよいのか、知識が独自に決めることはない。これは、究極的には、我々自身の選択の問題である。しかし、その知識なしには、いかなる選択も行うことができないであろう。知識があればこそ、自由な人々は少なくとも自らの自由を行使する何らかのチャンスをもつのである。

しかし、知っておかなければならないことが本当に存在するのであろうか。本書が取組もうとしているのは、まさにこの問題である。本書が提案する解答は、大雑把に言えば、以下のようなものである。すなわち、

公的生活と私的生活との間の橋が取り壊されているか、あるいは、最初からそのような橋が架けられていないかぎりにおいて、あるいは別の言い方をすると、私的な問題を公的な問題へ転移させるような、また逆に、私的な問題のなかに公的な問題を識別しその位置を正確に突き止める、容易で明白な方法が存在しないかぎりにおいて、個人的自由の増大は、集団的無気力の増大と表裏一体である。しかも、現代社会において、そうした架橋は全般的に行われていないし、転移の技術は、公的にはほとんど行使されていない。私的領域と公的領域とが架橋されていないために、私的領域と公的領域と

の間のコミュニケーションは、着地する瞬間に――また、しばしば、その目標に達する前に――崩壊ないし破裂するという困った習性をもっている試験気球によって時々行われている。転移の技術が、現在、悲惨な状態にあるので、公的に述べられる唯一の不満は、多くの私的な苦痛と不安である。もっとも、それらは、まさに公的に表明されているために公的な問題にならない苦痛と不安なのである。

強力で恒久的な橋が存在せず、また、転移の技術が未熟であったり、あるいは、その技術が全く忘れられていると、私的な問題や苦痛がまとまることはないし、また、共通の大義へ凝縮されることもない。そうした状況下で、我々を結合させることができるのは何か？　社会性は、いわば、自由に浮遊していて、捜し求めても結局は徒労に終わる、繋留するための堅固な基盤、全てのものにとって可視的な統一的目標、陣営を固めるための手引きなのである。周りには多くの社会性がある――散漫で、ぎこちなく、目的がはっきりしていないけれども。通常の捌口が欠けていると、現代の社会性は、一回限りの華やかな爆発で解放されやすい――あらゆる爆発がそうであるように、短命である。

解放のための機会は、時々、あわれみや慈善のための祝祭（カーニバル）によって与えられるし、時には、新たに発見された公敵（すなわち、公衆のほとんどのメンバーが彼らの私敵と認めた者）に対する強化された攻撃の爆発によって与えられる。その他の場合には、ほとんどの人々が同時に強く感じる出来事、ワールド・カップにナショナル・チームが勝利した場合のような、あるいは、ダイアナ妃の悲劇的な死の場合のような、ほとんどの人々がその喜びや悲しみを同時に示す出来事によって、与えられる。しかし、こうした場合のすべてにかかわる問題（トラブル）は、ほとんどの人々がすぐに精力を使い果たしてしまうということである。すなわち、ひとたび日常的な業務に復帰すれば、事態は全般的に、その出発したところへ無傷のまま戻るのである。したがって、団結の目もくらむような瞬間が消え去ると、孤独を愛する者は、まさに以前と同様に一人ぼっちで目覚めるのであるが、ほんの一瞬前に明るく照らされた現世は、すべてが以前よりもさらに暗くなっているように見える。したがって、爆発的な解放の後には、ライムライト（灰石燈）を再び点灯させるエネルギーはほとんど残っていない。

この状況を変えるチャンスは、アゴラ――私的でもなく公的でもない領域、もっと正確に言えば、私的であると同時に公的である領域――にある。私的問題が有意義な方法で合流する領域――すなわち、ナルシスト的喜びを得るためでもなく、あるいは、公的に提示することによって何らかの治療法を求めるためでもなくて、私的に苦しめられている悲惨な状況から諸個人を救い上げることのできる、全体を管理する手段（レバー）を求めるための領域。「公共善」「公正な社会」「共有価値」といった諸観念が生み出され、形成されていくような領域。だが、問題は、古いスタイルの私的／公的領域が今日ほとんど残っていないのに対し、そうした古い領域に取って代わる新しい領域はどこにも見当たらないということである。古いアゴラは、企業心のある開発者によって継承され、テーマ・パークという形をとってよみがえっているのに対し、有力な勢力は政治的無関心（アパシー）と相俟って、新しいアゴラの建設許可を拒否している。

現代政治の最も明白な特徴はその無意味さにあると、コーネリウス・カストリアディスは、一九九六年一一月にダニエル・メルメに語っている。「政治家たちは無能である。……彼らはもはやプログラム（綱領）をもっていない。彼らの目的はその職にとどまることである」と。政権交代――「政治陣営」の変更さえ――もけっして分水嶺ではない。政権交代は、せいぜい、とどまることなく、単調に、ぐずぐずしながら、それ自身の方向に、それ自身の惰性に引きずられながら、流れる川の表面の小波にすぎない。自由主義という有力な政治的フォーミュラは、一世紀前、「飛躍的に大きく前進」する挑戦的で小生意気なイデオロギーであった。今日、それは、降伏のための自己弁明にすぎない。「これは、想像し得る最良の世界ではなく、唯一現実的な世界である。そのうえ、「他の」あらゆる選択肢はそれ以上に悪いし、よりいっそう悪いに違いないし、実際に試してみれば、より一層悪いことがわかるであろう」。自由主義は今日、煎じ詰めれば、単なる「選択肢なし」という信条となる。増大する政治的無関心の原因が何であるかを突き止めたいと思っても、もうこれ以上探求しないほうがよい。この政治は、画一性を賞賛し、画一性を促進する。しかも、画一性は、日曜大工のような自分でやる仕事（do-it-yourself job）といってもよい。だとすると、順応するために、政治は必要であるだろうか。その意見がどうであれ、多くの同じことしか約束できない政治家たちの間で、どうしていざこざが起るであろうか？

もし政治が民主的政治であるならば、政治の技術とは、市民の自由に対する制限を取り除く技術である。しかし、それはまた、自己規制に関する技術でもある。すなわち、市民が、個人的にも集団的にも、彼ら自身の、個人的かつ集団的な制限を自由に設けることができる技術でもある。この第二の点は、ほとんど失われてしまっている。すべての制限は、立ち入り禁止の制限である。自己規制のすべての試みは、強制収容所へ真っ直ぐ通じる道への第一歩と受け取られる。需要に対してあたかも市場の独裁と政府の独裁との間の選択しか存在しないかのように――市民であるということには消費者という形式以外の余地が存在しないかのように。金融市場や商品市場が許容しているのはこの形式である（また、この形式のみである）。また、現代の政府によって奨励され、促進なされているのも、この形式である。原野に残された唯一の大きな物語は、（再びカストリアディスを引用すれば）がらくたの堆積や多くのがらくたの物語である。その堆積に対して、いかなる制限もあるはずがない（すなわち、あらゆる制限は、呪詛とみなされるし、また、いかなる制限も許容されない）。しかし、いやしくも自己規制を開始しなければならないとしたら、まず自己規制をしなければならないのは、その堆積からである。

しかし、自己規制や一般化した画一性に対する嫌悪、その結果生じる無意味な政治には、代償が伴う——そうした政治が生ずるにつれて、代償が大きくなる。代償として支払われる通貨は、通常、悪い政治の代償として支払われる通貨——人間の苦痛という代償——である。苦痛は、さまざまな形や色を身につけて現れるが、同じ原因にさかのぼることができる。しかも、こうした苦痛は無限に継続可能な性質をもっている。こうした苦痛は政治の悪事から発生する苦痛であるが、また、その健全さに対して大きな障害ともなる苦痛である。

最も不吉で苦痛の多い現代的な諸問題を最もよく言い表わすことのできる標語は、不安（Unsicherheit）——この言葉には、不確実性 uncertainty、不安定性 insecurity、危険性 unsafety という三つの英語を必要とする、諸経験が包含されている——というドイツ語である。奇妙なことは、こうした問題の性質それ自体が、集団的治療に対して最も有力な障害であるということ、すなわち、不安定だと思っている人々や、将来的に何を蓄えておけばよいのかを心配している人々、そして、自らの安全性について不安を抱いている人々は、実際には、集団的行為の要求するリスクを進んで受け入れようとしない、ということである。こうした人々には、共生するための別の方法を思い切って創造する勇気と時間が欠如している。したがって、彼らは、分担することのできない仕事に没頭しすぎて、共同してしか行えないような仕事について考えることもできないし、ましてや、そうした仕事に彼らのエネルギーを捧げることもできない。

既存の政治制度は、不安定性から彼らを守るように期待されているが、ほとんど役に立たない。急速にグローバル化しつつある世界、すなわち、権力の大きな部分、しかも、権力の最も根本的な部分が政治から取り除かれている世界では、こうした制度は、安全性あるいは確実性をほとんど提供できない。こうした制度がなしうること、および、こうした制度が現にしばしば行っていることは、散漫で漠然とした心配をもっぱら不安のなかの一つの要素――安全性という要素、すなわち、何かを行うことができるし、また、何かを行っているように見える唯一の領域――に転位させることである。だが、思わぬ障害としては、不安定性や不確実性を完全に克服したり、あるいは、少なくともそれらを緩和するために何かを行うことは統一的な行動を必要とするのに対して、安全性の旗印の下になされるほとんどの措置は不和を生じさせるということである。すなわち、そうした措置は、相互不信の種を蒔き、人々を分裂させ、あらゆる論争や異議の背後に敵やその共謀者を嗅ぎ分け、ついには、孤立主義者を以前より以上に孤立させる。最悪なのは、そうした措置が不安の真の原因を突き止めるにはほど遠い状況にありながら、そうした不安の原因が生み出すあらゆるエネルギー――政治的に運営される公的領域の力を回復する努力へと方向を変えさえすれば、より有効に利用可能なエネルギー――を消耗させていることである。

これは、なぜ私的／公的領域に対してそうした貧弱な要求が存在するのかという主要な理由の一つである。また、なぜごくわずかに残っている領域が常に空虚であるのか、したがってまた、小規模化や、あるいはもっと言えば、漸次的消失化の格好の標的であるのかという理由の一つである。そうした領域が小さくなっていることや、弱体化していることの別の理由は、そうした領域において生起するあらゆることのはなはだしい非論理性にある。異常なことが起こり、自分たちの価値について論争し、自分たちを導くために存在する法律について議論することを望む市民たちが私的／公的領域に満ち溢れていると仮定してみても——彼らの解決方法を実行できる有力なエージェンシー（機関）はどこに存在するのか？　ほとんどの有力な勢力は浮動し止まることがない。したがって、決定的な決断は、アゴラから、あるいは、政治的に制度化された公的領域からさえも遠く離れた領域において下される。しかも、そうした勢力は、現代の政治制度にとって、全く限度を超えているし、また、制御不可能である。

したがって、自己推進的で自己強化的なメカニズムは、さらに自己推進と自己強化を続けるであろう。そうした勢力に挑戦する決意と覚悟など想像だにされないということを考慮に入れるならば、「不安」の源泉が、枯渇することなどないであろう。なぜなら、真の権力は政治から安全な距離を保っているであろうし、また、政治に期待されていること、すなわち、考えたり行動したりする人間の自由によって正当化される、あらゆる形式の人間的一体感から要求すること——したがって、有力な勢力がそうすることを拒否したり、あるいは、そうすることに失敗したならば、その舞台から立ち去ることを有力な勢力に要求すること——を実行するには、政治は無力のままであろうからである。

まさにゴーディアス王の結んだ結び目（難問題）——非常に捻れて絡まっていて、きちんと結ばれていないため、切断するしかない結び目——である。……不安定性、不確実性、危険性の緩和と私事化が、その結び目を結び合わさせているように思えるし、もし残りの輪をばらばらにしようと望むならば、切断するしかないまさにその場所であるように思われる。

率直にいえば、言うは易く行うは難しである。不安定性の原因を明らかにするということは、現に存在する社会のいくつかの類型の最も根本的な前提――議論や論争もなく、沈黙したままで、目に見えず、言葉に言い表しがたいことに対する前提――を再考し、再度切り抜けなければならない、骨の折れる仕事である。故コーネリウス・カストリアディスが述べたように、――現代文明の問題は、現代文明が自問することを止めたということである。問題を提起する術を忘れたり、あるいは、この術の乱用を許すようないかなる社会も、社会を悩ます諸問題に解答を与えることなど到底期待できない――確かに、解答を出すのがあまりにも遅いので、その解答が、どんな正しくても、妥当しなくなった（ということは以前にはなかった）。幸運にも、このことが必ず起こるとはかぎっていない――また、このことが起こるかどうか分からないということに気づいているということは、それが起こらないということの根拠である。これこそ、社会学が登場すべき舞台なのである。すなわち、社会学には、果たすべき、責任ある役割があるのであって、もし社会学がその責任を放棄するならば、社会学には言い訳をする権利はなくなるのである。

本書のすべての議論を包摂する枠組みは、個人的自由は共同作業の所産にすぎない（共同してはじめて確保され保障される）という観念である。我々は今日、個人的自由を確保・確実にする／保障する手段の私事化の方向へ動いている――したがって、もしこれが、現在の疾病に対する治療法であるならば、そうした措置こそ、最もタチの悪い医原病（そのなかで最も顕著なのが、大量貧困、社会的余剰、全体的な不安）を生むことになる。だが、現在の状態と、その改善の展望をさらに複雑にさせているのは、我々はまた、ユートピアや善なるもののモデルの私化の時代（「善き生活」のモデルを押し出したり、また、善き社会のモデルから切り離れて）に生きているからである。私的問題を公的問題へと置き換える技術は、ほとんど使われなくなって、忘れられてしまおうとしている。すなわち、私的な諸問題は、限定されがちであるので、そうした諸問題の塊を、また、そうした諸問題の凝縮したものを、政治的な力へ変えることは極めて困難になっている。本書の要旨は、その転移を再び可能にするための（明らかに、結論のでない）試みにある。

第一章のテーマは、政治の意味変化である。また、既存のエージェンシーの政治行為にかかわる問題や、エージェンシーの行為の有効性がなぜ下落しているのかということの理由については、第二章において議論する。そして、待望の改革を導くかもしれないビジョンの大きなアウトラインについては、第三章で素描する。ポスト・イデオロギー的世界におけるイデオロギー、ポスト伝統的世界における伝統、そして、「価値の危機」に苦悶する社会の共有する価値についての展望が、各節で取り上げられる。

本書の内容の多くは論争的であり、また論争的であることを期待されている。だが、最も論争的なものは、おそらく、最後の章で論じられる問題であり、しかも、これには二つの理由がある。自律した社会あるいは自律的になることを目指している社会において生まれ、かつ、広まっているビジョンは、多様であるし、また、多様でなければならない。したがって、論争をさけたいと望むならば、現在に対する選択肢について考えることを差し控えなければならなるまい——おそらく、現在よりもより良い選択肢であることは言うまでもない（周知のように、悪は平凡さのなかにその最良の友をもつのに対し、平凡さは究極的な知恵をルーティン化する）。しかし、この章をよりいっそう論争的なものにしているのは、そうしたビジョンが、今日、不評を買っているという点である。「歴史の終焉」が大流行であり、したがって、我々の先祖を悩まし、最も議論を呼び起こしてきた諸問題は、解決されたと広く受け取られているか、あるいは、注目（少なくとも「問題として」注目）されないことを理由に解決されたものとして取り扱われている。我々は、ややもすると恥ずかしく思うべきことを誇りに思いがちである。すなわち、「ポスト・イデオロギー」あるいは「ポスト・ユートピア」時代に生きていること、良き社会といういかなる一貫したビジョンとも無関係であること、そして、私的満足感を追求する自由と公共善への配慮とを交換したことを、誇りに思いがちである。

だが、その幸福の追求は、望むような成果をあげていないだけではなく、しばしば、失敗しているのはなぜなのか、また、不安の苦い味が、これまでそういうものだと聞かされていたほど、その至上の幸運を甘美なものにしないのはなぜなのか、ということについて我々が考えることを止めるならば――公共善、良き社会、公正、正義などのような諸観念、すなわち、他者をいたわったり、他者と一緒に啓発されることなしには意味を成さないような緒観念を復権させなければ、とうていうまくゆかないであろう。また我々は、政治に訴えることなく、また、政治的エージェンシーという手段を用いることなく、そして、その手段の向かう方向を描くことなく、不安定性というハエ（蝿）を個人的自由という軟膏によって捕えることなどできないであろう。

旅行計画を立てるときには、いくつかの方位点（orientation point）が決定的に重要であると思われる。第三章は、そうした三つの方位点に焦点を当てている。すなわち、国家および市民性の共和制モデル、普遍的権利としての基礎所得、そして、自律した社会の諸制度を駆使してその社会の実行能力を回復すること――現在、超地域的（治外法権的）である諸勢力と同じレベルに達することによって。三点すべてについて議論するが、それは、解決策を提供するためではなく、慎重さを喚起し、助長するためである。――というのも、そうした解決策は、自律した社会においては、政治行為の出発点にあるのではなく、はるか終点においてはじめて出てくるものだからである。

実のところ私は、質問が間違っているのではなく、解答が間違っているのだと思っている。だが私は、また、質問をしなくなることこそ最悪の解答であるとも思っている。

一九九八年八月

第一章　公的領域の発見

『ガーディアン』の記者デッカ・エイトケンヘッドは、[1]愛童症［大人の子供に対する異常性欲］者のシドニー・クックが刑務所を出て家に戻ったというニュースによってウェスト・カントリーの二つの町で発生し広く報道された事件にコメントしながら、社会学的第六感（我々は、その豊かな成果をここで繰り返し利用することになる）を用いて、以下のように考察している。

もし今日、必ず人を通りに駆り出すことのできるものがあるとすれば、それは、愛童症者の到着という噂である。たしかにこうした抗議の有用性は、ますます疑問視されてきている。しかしながら、我々がこれまで問題にしてこなかったことは、こうした抗議が本当に愛童症者と関係あるのかどうかということである。

エイトケンヘッドは、こうした町の一つ、エオビルに注目した。というのも、エオビルでは、老婦人やティーンエイジャーや職業婦人（キャリア・ウーマン）たちという、これまでほとんど公的な行為に参加したいという希望を表明したことのない多様な人々が、今、その包囲された建物の中にクックが匿われているかどうかはっきりしていないにもかかわらず、地方の警察署へ長時間の包囲攻撃を行ったからである。この問題の諸事実に関する彼らの無知は、自分にかかわることについて何かをしたいという、また、何かをしていると見られたいという彼らの決意、したがって、ほとんど不透明な事実から得られた彼らの決意にとっては、二次的なものでしかなかった。いまや、これまでずっと公的な抗議行動とは全く無縁であった人々がやってきて、じっと動かず、「その厄介ものを殺せ」と叫び、可能なかぎり長く寝ずの監視を続けようとしていた。これは一体なぜであろうか。彼らは、まだ一度も見たこともない、そして、その行方さえも不確かな一人の公敵を確実に監禁すること以外に何を求めていたのであろうか。エイトケンヘッドは、そのやっかいな疑問に対して一つの解答を与えている。しかも、それは、人々を納得させる解答である。

クックがどこにいようとも、彼が提供しているものは、大声で、公的に、しかも、絶対に罰を受けることなく、誰かを現実に憎悪するという稀有な機会である。これは、善悪の問題である。……したがって、クックに対するそうした態度は、自分たちをまともなものと決めてかかっている。激しい憎悪の対象となりうるものは、めったにいない。愛童症者はまさにその格好の対象である。

「ついに大義を見つけた」と言ったのは、この抗議運動を組織した中心人物であり、彼女自身、以前にはいかなる公的役割も経験したことのない女性である。エイトケンヘッドは、次のようにコメントしている。「おそらくデブラの見つけたものは、『彼女の大義』ではなく、共通の大義——町全体を刺激する興奮である」と。

「彼らの示威行動には、政治集会、宗教儀式、組合集会——これまで人々の自我意識を明確にするために利用されてきたが、もはや利用されていない、あらゆる集団的経験——の影が落ちている。そして、今まさに、愛童症者に反対する組織が形成されている。数年のうちに、その大義は他のものに変わるであろう」。

家の周りを徘徊する者

さらに、エイトケンヘッドの次のような指摘も、また正しい。すなわち、新しい大義が不足しているということは最も好ましくない状況であり、しかも、古い大義の墓地には常に十分な空き地がある。しかし、当分の間——公的不安とモラル・パニックによる消耗のびっくりさせるほどのスピードを勘案すると、数年ではなく数日間——その大義は、シドニー・クックである。まさに彼は、長年蓄積された不安の捌口を求める人々を結合させる、格好の大義なのである。

第一に、クックには〔愛童症者という〕彼につけられた名称がある。このことによって、彼は明白な目標になる。なぜなら、その目標は、どろどろとした周囲の恐怖のなかから彼を探り当て、他の恐怖がもっていない具体的現実を彼に与えるからである。たとえ見えなくても、彼は、まだ、審理され、拘束され、監禁され、去勢され、破壊されたりさえする実質的な対象でありうる——ほとんどの威嚇が、当惑してしまうほど散漫で、どろどろとして、捕らえどころがなく、いたるところにばら撒かれ、特定不可能であるのとは異なって。

第二に、幸運な偶然であるが、クックは、私的関心と公的争点が合致する点に置かれている。もっと正確に言えば、彼の事例は、子供たちへの愛——ありふれた、しかも、私的な日々の経験——が奇跡的に連帯の公的な光景へと変質化する、錬金術的な坩堝である。クックは、どんなに脆く、一時的なものであろうとも、プライバシーという牢獄から出ていくためのタラップ（渡し板）となっている。最後にいまひとつ大切なことを言うと、そのタラップは、一つのグループ、おそらく大量のグループを逃走させることができるほど十分に広い。孤独な各脱走者は、それぞれの私的な牢獄から逃走した他の人々と一緒になるであろうし、同じ逃走経路を利用することによって、共同社会をつくることができる。そして、その共同社会は、すべての人々がそのタラップの上にいるかぎり、継続するであろう。

政治家たち、すなわち、公的領域において専門職として行動すると考えられている人々（彼らは、そこで任務をもっている、より正確に言えば、彼らの任務のある領域を「公的」と呼んでいる）は、侵入者たちの侵入に対してほとんど十分な準備をしていない。したがって、公的領域の内部では、正当な職務をもたない者、しかも、公的に計画され、提出され、演出される場合以外のことで、招待されもしないのに、公的領域に登場する者が、まさしく侵入者である。こうした基準からすると、シドニー・クックをバッシングする人々は、明らかに侵入者であった。公的領域への彼らの登場は当初から危険であった。それゆえ彼らは、公的領域の正当な住人が、彼らの登場を認識し、その正当性を支持してくれることを望んだ。

ミッセル・デュカキスはおそらく、ウィリー・ホートンによって、アメリカ大統領選挙に敗北したと言ってよい。デュカキスは、大統領選に出馬する前、マサチューセッツ州知事を一〇年務めていた。彼は、最も強硬な死刑反対論者の一人であり、刑務所は主として教育と更正の制度であると考えていた。彼がその刑罰システムに期待したのは、そこにおいて犯罪者がその失われた、あるいは、剥奪された人間性を回復し、また、囚人たちが「社会復帰」の準備をすることであった。彼の在任中、州刑務所の収監者たちに帰宅許可が与えられた。ウィリー・ホートンは、そうした帰宅許可の際に、刑務所へ戻らず、しかも、婦女暴行を犯した。これこそ、手ぬるいリベラルが当選したときに、我々全てにとって起こりうることである、と指摘したのは、デュカキスの対抗馬ジョージ・ブッシュ――頑強な死刑擁護者――であった。ジャーナリストたちはデュカキスに迫った。「もしあなたの妻キティがレイプされたなら、あなたは死刑に賛成しますか」。デュカキスは、自分は「暴力を賛美」しないと主張した。そして、彼は大統領の座に別れを告げた。

大統領に就任したブッシュは、四年後、アーカンソー州知事ビル・クリントンに敗れた。知事時代のクリントンは、知恵遅れのリッキー・レクターの処刑を是認していた。何人かのコメンテーターは、ちょうどホートンがデュカキスを選挙で落選させたように、レクターはクリントンに選挙で勝利を納めさせたと考えている。これは、おそらく誇張である。クリントンは、「アメリカの中流階級」を愛おしいと思わせる他のことも行った。彼は、犯罪に屈することなく、より多くの警官を採用し、より多くの警官をパトロールに出し、死刑で罰することのできる犯罪の数を増やし、より多くの刑務所とより堅牢な刑務所を建てることを約束した。ビル・クリントンの成功に対するレクターの貢献は、将来の大統領が本気であるということの生きた（残念ながら、死んだ）証拠として役立ったということにすぎない。すなわち、クリントンのそうした功績によって、「アメリカの中流階級」は彼の言葉を信用したのである。

トップの争いは、さらに下降して再現された。三人のテキサス州知事候補者は、党大会で各候補に割り当てられた演説時間を使って、相互に各自の死刑への献身度をアピールし高得点を得ようとした。マーク・ホワイトは、彼の知事在任中に電気椅子に送られた全ての死刑囚の写真に囲まれたなかでテレビカメラの前に立った。それに負けじと、彼の対立候補ジム・マトックスは、自分は一人で三三の死刑執行を指揮したことを選挙民にアピールした。しかし、二人の候補者は、自分たちよりも女性候補者アン・リチャーズの方がリードしていることに気づいた。なぜなら、彼女は、二人の候補者の他の能力がどんなに優れていたとしても、明らかに彼らが太刀打ちできないほど過激な死刑賛成のレトリックを駆使する熱心な死刑賛成論者だったからである。フロリダでは、前知事ホブ・マルチネスが、人気投票で長期にわたって徐々に人気を失っていったけれども、彼が九〇の死刑執行命令に署名したことを選挙民にアピールしたことによって、見事にカムバックした。四半世紀の間、たった一人の囚人も死刑執行しなかったことを誇りにしてきたカリフォルニアでは、ディァネ・ファインステインは、自分が「死刑に賛成する唯一の民主党員」であることを宣言することによって、地位を得ようと努力した。それに対して、他の競合者ジョン・ファン・デ・カンプは、死刑執行は「野蛮である」と考えているので「哲学的には」自分は死刑執行には反対であるけれども、ひとたび知事に選ばれたならば、自らの哲学を棚上げにするであろうということを、取り急ぎ知らせようとした。そのことを証明するために、彼は、将来の死刑執行のための最新式のガス室の開所式において自分の写真をとったり、また、州司法省を担当していたときに、四二人の犯罪者を死刑囚棟に入れたことを報告した。しかし、自らの信念を裏切るという彼の公約は、彼の役に立たなかった。選挙民（死刑に賛成する三分の二の人々）は、信奉者――確信をもった死刑執行者――を選んだのである。

この一〇年以上の間、犯罪に厳しく、より多くの犯罪者に死を与えるという約束は、候補者の政治的党派が何であろうとも、選挙議題（アジェンダ）の事実上トップに置かれた。野心のある有名な政治家にとって、死刑の拡大は人気投票での当選券なのであり、逆に、死刑への反対は政治的な自殺行為を意味する。

エオビルでは、自警団員たちが、下院議員パディ・アシュダウンとの面会を求めて押しかけた。彼は、彼らの求めている正当性を彼らに与えることを拒否した。彼は、不確かな公的領域の立場にあったし、また確かに、公的領域の任命された／選出された担当者でもなかったので、彼が抗議者たちの大義に応じるには、彼自身の公的領域の信任状をさらに危険にさらすという犠牲を払うしかなかったのである。彼は、クックを非難する者たちを「リンチにかけようとする暴徒」になぞらえ、また、彼らの行動を支持してほしいとか、全く不明確な彼らの私的な不満に「公的問題」というスタンプを押してほしいといったあらゆる圧力に抵抗しながら、自分が真実の言葉と信じていること、すなわち、自分の考えを語ろうとした。

内務大臣ジャック・ストローには、この種の贅沢を楽しむ余裕などなかった。抗議運動のリーダーの一人が宣言したように、「我々が今したいと思っていることは、他の運動（キャンペーン）との同盟である。国内の多くの地域には多くの小さな声がある。もし我々が小さな声をまとめて大きな声にすることができるならば、物事はもう少し速く進むであろう」。そうした言葉は、常に公的領域で解決しようとする意図の前触れである。すなわち、その領域がうまく運営されるように常に声を出そうとする意図の前兆である。その言葉は、現に公的領域を担当しているあらゆる政治家にとっては不吉に聞こえたに違いない。もちろん、あらゆるベテランの政治家たちは、「運動を結びつけること」や「小さな声を結びつけること」がそう簡単に実現したり起こることなどないということをよく知っていたけれども。小さな（私的な）声や（地方の、一つの争点の）運動は、容易には合流しないので、以前と同じ非常に多くの希望や意図のように、そうしようとするこの特別の希望／意図は、すぐにその当然のコースをたどる。すなわち、座礁し、転覆し、放棄され、忘れ去られるであろうことが間違いなく想定される。

ストローの問題は、つまるところ、以下のことを示すことになった。すなわち、公的領域の行政官たちは、小さな声を真剣に受けとめているということ。彼らは、すすんで小さな声が声として出されることを不必要にするような措置をとろうとしているということ。したがって、願わくば、彼らがその自発性を発揮していることを思い出してほしいということである。それだからこそ、十中八九、パディ・アシュダウンが公的に表明したのと同じ意見をひそかに抱いているジャック・ストローは、「法律を自分達に都合の良いように取り扱わないことが重要である」（したがって、法律は、選出された人々によってのみ取り扱われることになるということを想起させながら）とだけ述べ、その後、情報を公開し、おそらく「危険な犯罪者を無期限に刑務所に入れておく」諸措置がとられるであろう、と宣言した。ジャック・ストローは、公的領域の面倒見のよい／人の気持ちを理解できる、人の話をよく聞く行政官として思い出されることを望んでいたかもしれない。先に引用した抗議行動の女性リーダーは、結局、非協力的なパディ・アシュダウンに対して以下のような裁断を下した。「選挙になったとき、人々ははっきりと記憶を蘇らせなければならない」と。(2)

おそらく（ヨーロッパ人権裁判所の監視があれば、大きな「おそらく」）、危険な犯罪者（すなわち、どの犯罪者も危険に対する公的な不安を誘引し、注目されるようになる）は、「無期限に」刑務所に留置されるであろう。しかも、彼らを町から追放し、新聞などの見出しからはずし、目立たないようにすれば、不安の種はなくなるであろう。なぜなら、この不安こそ、何よりも彼らを現在のような危険な犯罪者にした当のものだからであり、また、その不安は、懸念する理由が引き続き存在し、また、そうした理由によって生み出された恐怖心（テロ）を一人さびしく経験するかぎりにおいて、現在のように彼らを極めて明確かつ限定的にした当のものだからである。共同体に属さない臆病な孤立主義者たち（一匹狼）は、不安のない共同体を求めつづけるであろう。そして、荒れ果てた公的領域に責任を有する人々は、そのことを約束しつづけるであろう。けれども、少し引っかかるのは、孤立主義者たちが打ち立てたいと望んでいる唯一の共同体、そして、公的領域の管理者たちが真剣に、かつ、責任をもって提供することのできる唯一の共同体は、不安、疑念、憎悪から構成された共同体だという点である。その延長線上のどこかで、かつて共同体を建設する主要な素材であったあの友情と連帯は、その目的を果たすためには、あまりにももろく、ぐらぐらし、じめじめしたものとなってしまっている。

現代の苦難と苦痛は、断片化され、分散され、ばらばらになっている。しかも、それらが生み出す異議もそうなっている。異議の分散、すなわち、異議を凝縮し、それを共通の大義につなぎとめ、それを共通の元凶にむけることの困難さが、苦痛をより厳しいものにしているにすぎない。現代世界は、必死に出口をもとめながら、自由に浮遊することの不安とフラストレーションに満ち溢れた容器である。人生は、深刻な心配や不吉な予感に満ち溢れていながら、そうした不安や予感は驚くほど凡庸であり、輪郭がぼんやりして、根っこが隠れていて見えてこない。他の過剰な飽和溶液の場合のように、激しい圧縮を誘発するのにわずかな塵――たとえば、シドニー・クックのような人間――さえあれば十分である。

二〇年前（『ダブル・ビジネス・バインド』バルチモア大学出版、一九七八年において）、ルネー・ジラールは、紛争が住民の間に広まり、生存のための激烈な競争によって生じた敵意と暴力が共同体を切り裂き、あるいは、共同体の結合を阻止するような仮説としての前社会的時代に、何が起こりうるかということについて、仮説的に考えた。その疑問に答えようとして、ジラールが行ったのは、「統一の誕生」に関する意図的かつ体裁を繕った神話的説明であった。彼によれば、他の殺人とは異なって、全住民が参加する、したがって、全住民が幇助者、共犯者あるいは従犯者となり「人を殺すことで結合」するような殺人における決定的な一歩は、犠牲者の選択であるに違いない。その自発的な協同行為には、適正と非適正、正当な暴力と不当な暴力、無罪と有罪とを明確に区分し、拡散した敵意と攻撃性を蓄積することのできる潜在力があった。それによって、孤独な（そして、脅えた）人間は連帯的な（そして、自信に満ちた）共同体と結びつくことができた。

繰り返すが、ジラールの話は、未知の「起源」の意味を理解するためだけの寓話、起源論的神話であり、けっして歴史的真実であるなどと主張しない物語である。コーネリウス・カストリアディスが指摘しているように、前社会的個人とは、アリストテレスとは逆に、神でも獣でもなく、哲学者の想像力の純粋なつくり話である。他の起源論的神話と同様に、ジラールの物語は、過去において実際に起こったことを私たちに伝えるものではない。すなわち、それは、異様で、理解することの難しい現象の現存在を理解しようとする試みにすぎないし、また、その継続的な存在と再生を説明しようとする試みにすぎない。ジラールの物語の真のメッセージは、異議が分散し焦点がぼけている時でも、また、相互不信と敵対心が支配している時でも、町の一体性、安全な——一体的であるので——居住地を維持する唯一の方法は、共通の敵を抽出し、共通の標的に対する共通の残虐行為へ諸力を結集するということである。犯罪と認定され、それゆえに、処罰されるような犯罪から守り保障してくれる（共同体が存続するかぎり）のは、共犯者の共同体のみである。それゆえ、共同体がどうしても我慢できないものは、犯人追跡に加わることを拒否し、しかも、その拒否によって、犯人追跡行為の公正さに対して疑いを投げかける人々である。

沸騰する不安

まさに七〇年前、ジグムント・フロイトは、『文明とその不満』というタイトルの下に、少々ぎこちなく「文明における不安」（英訳されている）を書いた。そのきわめて大きな影響力をもった本のなかで、フロイトは次のように示唆している。すなわち、「文明」（もちろん、彼が意味していたものは、我々の、西洋の、現代文明であった。すなわち、七〇年前、「文明」という言葉は複数存在しなかった——したがって、「文明」という名称を与えられるのは、西欧型の文明のみであった）は、交換である。すなわち、一つの大切な価値は、他の、等しく必須のかけがえのない価値のために犠牲にされる、と。［フロイトの］英訳書によれば、文明がもたらす賜物は、安定性（security）——自然や、その人自身の身体、他の人々から生ずる多くの危険からの安定性——である。言い換えると、文明は、恐怖からの自由をもたらすし、あるいは、少なくとも、恐怖を予想されるよりも弱いものにすることができる。しかしながらその代わりに、文明は、個人の自由に抑制——時には厳しい、一般的には抑圧的な、常日頃はいらいらさせるような抑制——を加える。人間には、その心の望むままにすべてのものを追求することなど許されていないし、人の心の全ての欲求を満たすまで追求できるものなど存在しない。本能は、一定の限界内にとどめられるか、あるいは、全く抑制される。(それは)精神的不快、ノイローゼ、反抗に満ちた——不幸な状態である。フロイトによれば、最も一般的な不満や、最も一般的なタイプの秩序を脅す行動は、個人の安定性という点で、我々が全員一緒に、また、一人一人で獲得している全てのもののために、多くの個人的自由を犠牲にすることから生じる。

私は、『ポスト・モダニティとその不満』(ポリティ・プレス、一九九七年)において、フロイトが七〇年後に本を書いていたならば、彼はおそらく彼の診断を取り消させなければならなかったであろう、と示唆した。すなわち、最も一般的な現在の問題や不満は、先人たちのかかえていた問題や不満と同様に、トレード・オフ(交換)の所産であるが、今回、ますます拡大している個人的自由の祭壇で日々犠牲に供されているのは安定性である、と示唆した。個人のより大きな選択および自己表現の自由を約束する方向へ向かう途中で、我々は、近代文明が提供してきた多くのあの安定性と、近代文明が提供すると約束していた多くの安定性を失っている。さらに悪いことには、その提供が再開されるという約束を、我々はほとんど聞こうとしなくなった。そして、その代わりに、安定性が人間的品位にそぐわなくなっているということ、すなわち、安定性は全く当てにならないので望まれてもいないし、また、あまりにも依存度が強く、習慣的で、全く泥沼のような苦境に喘いでいるので、大事にされていないということを、ますます多く聞くようになっている。

しかし、嘆き悲しむなと言われながら、にもかかわらず、我々がなくしているもの、しかも、それをなくすことによって我々が不安になり、恐怖を抱き、いらいらするものとは、いったい何であるのか。ドイツ語版では、フロイトは、安全 Sicherheit と書いているが、このドイツ語の概念は、実際には、英語の「安定性 security」以上に包括的である。安全の場合、このドイツ語は全くもって倹約的である。すなわち、このドイツ語は、人に伝えるために少なくとも三つの英語——安定性 security、確実性 certainty、安全性 safety——を必要とする複雑な現象を、一つの言葉に何とか押し込もうとしている。

安定性　我々が手に入れた全てのものは、我々の所有でありつづけるであろう。すなわち、達成された全てのものは、誇りや尊敬の源としてその価値を保持するであろう。なぜなら、世界は、安定し、確実だからであり、世界の標準的な礼儀作法、すなわち、有効に行動するために習得された習慣、そして、人生の挑戦に勇敢に立ち向かうために必要な修得された技術も、安定し確実だからである。

確実性　合理的なことと馬鹿げたこと、信頼できることと当てにならないこと、有用なことと無用なこと、適当なことと不適当なこと、有益なことと有害なこととの差異、そして、我々の日々の選択を導き、我々の決断の手助けをする他のすべての区別を知っていれば、我々は——たぶん——後悔しないであろう。また、我々に何を期待すべきであるかを想像させることができ、また、悪い動きと良い動きを見分けさせることのできる兆候や前兆、そして、危険信号を知っていれば、後悔しないであろう。

安全性　もし人が正しい方法で行動するならば、いかなる最終的な危険も——立ち向かって戦うことのできない危険など存在しない——人の身体やその外延、すなわち、その財産、家や近隣、そして、本拠地やその環境といった、「より大きな自我」のそうしたすべての要素を包摂する領域を脅かすことはない。

安全 Sicherheit のこうした三つ要素は、合理的に考えて行動する人間の依拠する自信の条件であり自己信頼の条件である。こうした三つの要素のいずれかが欠如ないし不足しても、全く同じ結果がもたらされている。すなわち、自信の喪失、自らの能力や他の人の意図に対する信頼の喪失、増大する無能力、不安、用心深さ、あら捜しやスケープゴートづくり、攻撃への傾向である。そうした全ての傾向は、責めさいなまれるような実存的不信の兆候である。すなわち、いまや破壊されて頼ることのできない日々の決まりきった仕事（ルーティン）は、（もし何も考えずにそれに従っていれば、それは、絶え間のない選択の苦痛から行為者を解放したであろう）それに伴うリスクを顕わしているので、十分精査されなければならない。さらに悪いことには、しばしば学習された反応は、それらの有効性を急速に失うために、習慣へと圧縮されもしないし、決まりきった行動へと凍結されもしない。各選択から生じる望ましくない結果の予測と、そうした結果を正確に計算することはできないという認識は、ある行為の結果をよりよくコントロールしたいという主張よりも、すべての行為に含まれるリスクに対して保険をかけたいという欲求や、諸結果に対する責任を放棄したいという欲求（これは厳しい現実主義的な展望になる）を促進する。

弱まった安定性、確実性、安全性の結果は、ほとんど同様であり、また、面倒な経験の論拠は、けっして自明ではないが、きわめて容易に置き換えることができる。実際的には、その兆候を見分けることができないので、全体的な不安が、不十分な安定性や、確実性の欠如、安全性への威嚇に由来するものであるのかどうか、明らかではない。心配事は明確なものではないので、その結果生ずる不安によって、容易に大義が悪いと責任を押しつけることができるし、明らかに真の大義とは合致していない行為が促進されるかもしれない。すなわち、煽動の真の理由を突き止めることは困難であり、真の理由を発見してもコントロールすることは容易ではないので、容疑者（原因となるもの）を突き止めて告発し、それに対してかなり防衛的（あるいは、よりいっそう攻撃的）な行為を仕掛けたいという強い誘惑がある。そのとき、おそらく、お門違いの非難をするであろうが、少なくとも、人は非難をつづけるであろうし、また、厳しい判決を言い渡すことで非難されもしないし、自己軽視の必要性を感じることもないであろう。

安全 sicherheit の三つの要素全ては、今日、継続的かつ強い攻撃を受けている。そして、――昔の不確実性の場合とは異なって――人生の里程標の動揺や存在の指標点の不確かさは、もはや、より多くの情報が発見され、より有効な手段が発明されるならば治癒されるというような一時的な厄介もの（迷惑行為）とみなすことはできない、という不安が拡大している。すなわち、現在の不確実性は、アンソニー・ギデンズの適切な表現を用いれば、製造（マニファクチュア）されていて、しかも、不確実性のなかでそのように生きているということが生活様式として示されていて、その様式しか利用できる生活様式は存在しないということが、ますます明白となっている。

不安定な安定性

アメリカ合衆国では、三人の被雇用者のうち一人は、現在の会社で現在の仕事を一年以下しか続けない。三人のうち二人は現在の職業に五年以下しかついていない。

二〇年前、イギリスでは、仕事の八〇％は――実際にはそうでなくても、原則的には――「四〇／四〇」という仕事（四〇年間、週四〇時間労働）であったし、また、組合、年金、補償権の濃密なネットワークで保護された仕事であった。いまや仕事の三〇％以上がそのカテゴリーに入らないし、また、その割合は急速に下落しつづけている。

著名なフランスのエコノミスト、ジャン・ポール・フィトーシは、次のように指摘している。すなわち、地球的規模で利用可能な仕事の量は減少している――けれども、この問題は「マクロ経済」の問題ではなく、構造的問題であって、政府の代表的諸制度から市場諸力の自由競争へという、重要な経済的要因に対するコントロールの移動と直接に関係している、と。それゆえ、従来どおりの拡大主義的戦略をとる国家がこの問題に取り組んでできないことは、何一つ存在しない。もし大蔵大臣がまだ「必要悪」であるとすれば、経済の諸大臣は、もはや過去のもの(3)――あるいは、かつては不動の、いまや急速に失われている国家主権へのノスタルジアに対してなされる一種のリップサービス――にすぎない。

マニュエル・カステルスは、来るべき「情報社会」に関する最近の研究のなかで、次のように示唆している。すなわち、資本は自由に流れているのに対して、政治は希望もなくローカルにとどまっている、と。急速な変化によって、現実の権力は超地域的（治外法権的）になる。既存の政治制度では資本の動きのスピードをもはや減速させることはできないので[4]、権力はますます政治から遠ざけられる、と言ってよかろう――この状況こそ、増大する政治的アパシー、すなわち、衆目の的となっているトップの人々のしでかした興味のあるスキャンダル以外の「政治的」なものに対する選挙民の漸進的な無関心、そして、庁舎の現在の住人、あるいは、未来の住人が誰であれ、救済は庁舎から来るという期待の欠如を同時に明らかにしてくれる。庁舎の中で行われていること、および、行われているかもしれないことは、諸個人が日々の生活において格闘している問題に対して、ますます影響を及ぼさなくなっている。

ハンス・ペーター・マーチンとハロルド・シューマン（『シュピーゲル』の経済専門家たち）は、次のように計算している。すなわち、もし現在の傾向がそのまま継続するとして、「現在の経済状態を維持する」（それが何を意味しようとも）ためには、グローバルな（潜在的な）労働力の二〇％で十分であり、世界の頑健な他の八〇％の人々は経済的に不要になるであろう[5]。もちろん、この傾向を逆転させたり、阻止したり、あるいは、少なくとも減速させたりする方法について考えなければならない（そして、多くの人々がそうしている）。しかし、今日の主要な問題はもはや、何をなすべきかではなくて、誰がそれを行う力と決意をもっているかなのである。自らの労働を売るしかない何百万という人々の増大する不安の背後には、希望と決意をもって、彼らの苦境を克服できる、強力で有効なエージェンシーの欠如が潜んでいる。五〇年前のブレトン・ウッズ時代（もはや昔の話）に、グローバルな出来事がどのように進行しているかということについて議論がなされたとき、事情をよく知っている人々は、普遍的な規則とその普遍的な実施について——我々が行うべきこと、および、最終的に行うであろうことについて——語った。今日では、グローバル化——我々が推測したり、知るようになるかもしれないが、けっしてコントロールすることのできない理由のために、たまたま我々のところで生じている事柄——について議論されている。

現在の不安定性（insecurity）は、飛行機の乗客たちがパイロットの操縦室が空っぽであること（やさしそうなキャプテンの声は以前に録音されていたメッセージの再生（リプレイ）にすぎなかったということ）を知ったときに経験するかもしれない感情によく似ている。

生活をより安定的にさせることのできる、あるいは、少なくとも、より大きな安定性の諸要求の名宛人として役立つことのできる、信頼に値し、また、信頼可能なエージェンシーの欠如と相俟って、生活の不安定性は、生活政治（life-politics）の中心に厳しい一撃を加える。結合せよ、しかる後、プロジェクトに従えという、ジャン・ポール・サルトルの忠告は、賢明な忠告でもなく、とりわけ魅力的な忠告というわけでもなく、虚ろに聞こえるだけである。アイデンティティの構築という骨の折れる仕事は、限りのないもの、けっして終わりのないものであるというだけでなく、その仕事にはいまや、決定的な構築規範として、生産物の自己抑制能力、あるいは、当初企図されていたこととは別のものへ再使用（リサイクル）する構築者の能力が必要となるに違いない。明らかに、自己同一化という骨の折れる仕事は、累積的なプロセスでもないし、また、そういうプロセスであるべきでもない。それは、むしろ、一連の新しい始まりのように思えるし、また、学習や記憶力よりも忘却する能力によって進められる。新たに獲得されたり、あるいは、結合されたりしたものは、新たな通知のあるまで存続するのである。我々の信頼を得るための規則や指針（ガイドライン）が不足しているということではない（逆に、不安定な世界は、カウンセリング・ブームの場所であるし、これまで以上に数多くの、かつ、多様なレベルの「やり方を教える」専門家の温室でもある）。むしろ、あらゆる規則やガイドラインを無条件に信頼することは、けっして合理的ではないように思われるということである。あらゆる規則やガイドラインに固有の移ろいやすさ（不安定性）が露呈しているのであれば、後からではなく、今すぐにそれは、全く悲惨なものとなるであろう。

ケネス・J・ゲーゲンは、その状況を「仕事場の構成は、常に流動的である」と見事に要約している。彼は、現代の生活のその側面を「可塑性」と名づけている。すなわち、ある仕事場から別の仕事場へ移動するとき、あるいは、仕事場が目の前で、しばしば見る影もなく変化しているのを見るとき、「個人は、多様な一連の行動要求をつきつけられている」。このような状況において、

内部志向で、画一的な個人に対するニーズは、ほとんど存在しない。そうした人間は、偏狭で、地方的で、柔軟性がない……。我々は、今、変幻自在な、一人で複数の役をこなせるような人物を賞賛している。……人は動きつづけなければならないし、ネットワークは広いし、関わり合いは多いし、期待には限りがなく、機会は豊富にあり、時間は貴重な商品である。(6)

ゲーゲンは、到るところで、その話題（トピック）を膨らませる。

そのまま残しておかなければならない中核的本質とは何であるかを正確に想起することは、ますます困難となっている。真正性の理念はすり減っている。誠実性の意味は、緩やかに不確定性の

なかへと消えていく。……

ごたまぜの人格は、社会的カメレオンである。たえず利用可能なあらゆる資源からアイデンティティの断片を借用し、また、そうした断片を一定の状況において役立つように、あるいは、好きなように構成する。……人生は、増大する欲求を満たすためのお菓子屋となる。(7)

お菓子屋の形になぞらえてつくられた人生においてさえ、お菓子の甘い味ではなく、不眠の妊婦の深刻な不安の感情こそ、ゲーゲンが前述のように生き生きと描き出している「可塑性」の主たる結果であろう。理想的な永遠の住居について問われたとき、お菓子屋——時たま訪れると楽しい場所——と答える人は、ほとんどいないであろう。キャンディをつかみ、しゃぶり、飲み込むだけの生活は、店の内部にいてお菓子を手にした人々に吐き気や胃痛を催させるかもしれない。たとえ彼らが、ポケットに一銭もないので店の窓の外側からそうした御客をむさぼるように見ているような他の人々の人生——怒りと自己非難に満ちた人生——を忘れているとしてもである。結局、それは、ちょうど、回転ドアや、また、第一のグループと第二のグループとに分ける書類入れの回転する中味のようなものである。

忘れもしないが、ニクラス・ルーマンは次のように提案した。すなわち、我々の演ずる役割が多く存在し、また、そうした役割を演じる舞台が多く存在すれば、誰もが、どこでも、「部分的に置換される」と。次のように言ってよいかもしれない。すなわち、競合したり、互いに相殺しあう程多くの機会が存在し、また、そうした機会の獲得を追い求めよと呼びかける多くの声が存在すると、我々は皆——どこでも常に——「部分的に価値を剥奪される」と。価値剥奪の規模（価値剥奪の存在ではなく）

は、我々がたまたまいる店の窓のどちらの側にいるかによって決まる。そのときに、我々がたまたまいる側がどちらであろうとも（ハービィー・ファーガソンによれば、「アイデンティティは、一時的な自我であるから、人生は、死んだ、あるいは、病んだアイデンティティの墓場であると言ってよいかもしれない」）、我々の状況が、明らかに多くの、押しつけがましく、ずけずけと人の心の中に入り込む、誘惑的で、魅惑的な、しかも――とりわけ――未だ経験したことのない可能性によって評価されるときにはいつでも（たとえもう一つ別の基準がなくなったという理由からだけでも、我々の状況は評価されなければならないので）、我々は価値を剝奪されていると思う。

ジョン・シールは、次のように示唆している。すなわち、二つの命題――「自我は確定していないので、いかなる自我も可能である」という命題と「自己創造のプロセスには終りがない」という命題――は、ポスト・モダンのアイデンティティ問題のあらゆる研究に認められる主要な原理である。日々の生活は、こうした命題が更なる証明を必要とせず、原理として受け入れられうるものであるという見解を促進するような多くの証拠を提供している。

その［アイデンティティ問題の―著者］論理が認められるのは、自己認識の追求の仕方や、自己表現の示し方においてである。すなわち、最新のデザイナーのラベルやロック・グループのものを身につけて宣伝する一〇代の歩く広告塔、美容整形、刺青、そして、ボディ・ピアスの激増、ジェンダー政治の台頭、バーチャルな談話室やサイバーセックスの普及、ファッション・モデルに与えられる高い地位、ビジネスや政治におけるイメージづくりの必要性、そして、昼間のＴＶの、どこにでも姿を現わすトークショーのエキスパートにおいてである。性別、人柄、身体の問題は、

このように新たに登場した自我概念の衝撃的な影響によって、全く変形した。(9)

前述のような（確かに不完全な）多くの兆候によって伝えられるイメージは、古い方法を放棄し、まだ試みられていない新しい方法に着手せよという、増大する、しかも、けっして減ずることのない圧力というイメージである。すなわち、永久に追い求められるが、けっしてとらえることのできないアイデンティティというイメージ、びっくりするようなスピードで進行する古い方法の公的な価値低下によって、古い方法を放棄し取り替えるように促され／おだてられ／強制されているだけの、公的に認めらる自己表現のささやかな証拠に熱心に執着するアイデンティティ追求者というイメージ、一方では、見つけたものが望んでいたものであったかどうかは別にして、それを見つけたという事実によって更なる調査に直ちに着手しようと決意しながらも、他方では、ずっと捜しているけれども、けっしてこれまで見つけていないし、見つけたものが捜しつづけていたものだとはけっして思っていない男女というイメージである。すでに獲得したものの価値を永遠のものとみなすことはできない。獲得するように刺激されたり、指示されて獲得したあらゆるものの価値も永遠のものとみなすことはできない——みなすべきではない。すべてのものは、少し努力しさえすれば容易に手に入るものであるということが分ったときのあの不安定性こそ、唯一不滅の獲得物なのである。

要約すれば、生活政治（ライフ・ポリティックス）の中心には、安定性に対する深くて抑制できない欲求がある。他方、その欲求に基づく行動は、より多くの不安定性とより深い不安定性をもたらす。

不安定性から逃れようとする場合、もはや人民の声への服従という幾時代も経た古い戦略を展開することはできない。なぜなら、もはやその決定的な宣言を頼りにすることができないし、また、それが言葉として表されたとき、疑問視されたり、異議を唱えられたりしない唯一の意見などけっして存在しないからである。しかし、同じような心性をもつ仲間たちの中に入り、他者と分かちあい他者を気遣い、何が起ころうとも、つねに変らず連帯していこうとする、伝統的な他の逃走ルートに関しては、どうであろうか――そのルートも、全く絶たれている。

不安定な生活は、不安定な人々の間で営まれる。自分の現在の自我がどれだけ持続するかということや、自分のまわりの他の人々がいつまで喜んでそれを支持しつづけるであろうかということについて確信をもてないのは、私だけではない。私の周りの他の人々もほぼ同様の状況にいて、私と同様に不安に感じているのではないのかと思わせる多くの理由がある。無関心と焦燥を共有することはよくある。しかし、焦燥を共有しているからといって、孤独に苦しむ者たちが一つの共同体を形成することはない。我々の現在のような不安定性は、共通の大義や共同の立場、一致した地位を形成する素材ではない。不幸も好機も、それらの犠牲者あるいは受益者をでたらめに（ランダム）に選別しているように思われる。したがって、きまりきった規則性は、おそらく、それが好機を得るようになっても都合が悪いだろうし、また、不幸を避けるようになっても、取るに足りないものであろう。

何人かの理論家がそうすることを示唆しているように、諸個人がまさに熱心に合理的選択の指針に従おうとするならば、彼らは、そうした環境の下では、自由な出口のない仲間および友好関係とは関係を持たないようにするであろう。彼らは、有用性の点においても絆の点においても持続的ではない「可変的な状況」において、既得権益を発展させるであろう。彼らは、その合理性によって、安全で持続的な共同性への欲求を追求しないであろう。それゆえ、彼らは、その合理的選択によって、確実な投錨の回避を合理的選択の問題にする現実世界の、自我と同じ不安定性の製造において、不本意ではあるが、疑いをさしはさまない共犯者になるであろう。不安定性は、その忠実で信頼できる下僕のなかでも、打算的な人間の合理的な能力を自慢できるような地点にまで達しているのである。

不確実な確実性

今日我々が他のどんなことよりも確実だと思っている事柄は、以下の二点である。すなわち、現在の不確実性に起因する我々の苦痛が緩和されるという希望はほとんどないということ、そして、まださらに多くの不確実性が不気味に立ちはだかっているということ、である。

一六のEU加盟国のうち一一カ国が最初に共通通貨を承認したとき、『インターナショナル・ヘラルド・トリビューン』(IHT)の経済欄は、いまにも起こりそうな「共同の有効利得のための絶好の機会」について報じた。その欄には、その数行後に、その絶好の機会が与えられたとき、その機会は、ヨーロッパの残りの非加盟国にとって、どのような意味をもつのであろうかということについて、以下のように記されていた。すなわち、その機会は、「多くの企業のリストラと、何よりも多くの失業を生むであろう」と。(引用された言葉のなかで、「多くのリストラ」は、よく聞く予測であるのに対して、「何よりも」は、純理論派の信条を示しているということがわかるはずである)。『IHT』の「グローバル・エコノミクス」記者アラン・フリードマンは、つづけて、ロンドンのサロモン・スミス・バーニー商会の主任エコノミスト、キム・シェーエンホルツや、また、「多くの他の民間エコノミストたち」の意見を引用しながら、ヨーロッパ共通通貨が予測された「有効利得」をもたらすためには、

「大きな構造的変化が必要となる」と述べている。フリードマンは、「政治家たちがさらに付け加えなければならないいま欠けている要素」を構成するにはどんな構造変化が必要であるのかということについて、読者に疑問を抱かせはしない。彼の説明によれば、構造変化とは、「雇用と解雇を容易にし、年金および他の福祉国家的特典に対する公的資金を削減し、ヨーロッパ大陸の高い雇用者の保険料と社会的賦課金を低減する……ためのコード用語」[10]なのである。

数日前に、同じ新聞が、「意見」欄においてだけであるけれども、次のように述べていた。すなわち、東アジア社会を襲った深刻な経済危機への対応において、国際通貨基金（ＩＭＦ）は「その標準的な処方箋をもって臨んだ［たとえば、メキシコにおいて、以前に試みられたが、あまり良くない結果をもたらした］。すなわち、一時解雇、高い利子率、地域経済の国際投資家への解放がそれである」。ＩＭＦのその助言が制裁によって強化されたことは言うまでもない。なぜなら、あらゆる財政救済総合政策は、ずっとその処方箋の遂行に依存させられていたからである。ハーバード大学のジェフリー・サックスに従えば、そうした姿勢（スタンス）の結果として、「倒産の波が韓国を襲っているし、また、失業の大きな増加が、［東アジアの―著者］三つの経済全てを直撃しているように思われる」。「意見」特集欄の著者、サレン・アンブローズは、『ＩＨＴ』の経済欄の通常の論調とは性格を異にして、「今こそＩＭＦによって加えられたダメージに敢然と立ち向かうときである」と結論づけ、また、ＩＭＦの活動は「同時代の人々の犠牲」[11]を要求するであろうという趣旨で、一群の合衆国の教会指導者たちの言葉を肯定的に引用している。神以外に誰が、それ以上に先を見ることができるであろうか。

『ル・モンド』のバベッテ・スターンの単独インタビューに応えて、ＩＭＦの長官ミッシェル・カムデシィは、経済的立場から、自分の指揮している制度に託されている意図を確認している。すなわち、彼は、その意図をプライドの問題として述べている。彼に言わせれば、「資本運用の方法的自由化は、ＩＭＦの新しい使命にならなければならない」。その使命がうまく達成されることから生じる展望は、並外れたものである。すなわち、発展の新しいチャンスは、「資源のよりよい分配を可能にする、世界救済という全体性への共同出資」によって、もたらされるであろう。「最も貧困な国々を排斥する」（「より豊かな国々」のなかの最も貧困な人々の生活への予想される影響は全く述べられていない）という別のリスクを認めなければならないけれども。チャンスはリスクに勝る。結局、カムデシィは、これまでの実績と、より以上に、今後の勝利について自負し、次のように結論づけている。「まさに、我々がこの世紀を変えたのである」[12]と。

まさに、世紀は変化した、あるいは、変化させられてきた。そして、いまも変化しつづけている。カムデシィも、他の世界的規模の「資本運用の自由化」の擁護者や賛同者ももはや結果としての確実性を約束していない。それに代わる標語は「透明性」（秘密をもたず、市場運営者〈相場師〉を除外しない世界を意味している）と「柔軟性」（目標として掲げた「経済効果」――すなわち、株主にとっての次年度利益――に関する判断は、市場運営者の決定の自由に制限を加えるかもしれないということを意味する）である。透明性と柔軟性を、確実性のリストに加えることはできない。なぜなら、透明性と柔軟性は、実際の問題として、確実性を再配分するからである。この確実性は、行為を伴うし、何よりも、地球的規模の金融の自由化のスポークスマンたちにとって最も魅力的に思えるものなのである。

透明性と柔軟性は、ある人々にとって（グローバル支持派にとって）はより多くの確実性の前兆となり、他の人々にとって（地方の反対派にとって）はより多くの不確実性の前兆となる。透明性の擁護者と戦士は、ガラス板のイデオロギー主義者ではなく、反面鏡のイデオロギー主義者である。すなわち、一面では、覗き見嗜好者にとっての天国であり、他面では、現在も全く不十分であるが、現在および未来のすべての違反者（侵入者）に対して無防備なままの人々にとっては、自らの増大する不幸をながめ、熟慮するチャンスである。柔軟性の擁護者および戦士は、すべての人にとっての運動の自由を追求しているのではなく、ある人々にとっては陽気な明るい生活であるが、その半面、残りの人々にとっては耐えられない抑圧的な運命でしかないような生活を追求している。すなわち、ある人々にとっては、諸結果をさける権利であり、他の人々にとっては、その諸結果を引き受ける義務である。

透明性と柔軟性という公準は、最終的には、独立心のない他の人々が、残されたつまらないいくつかの意見のなかから選ばざるを得ないか、あるいは、いかなる選択も残されていなくて、彼らに訪れる運命に従わざるを得ないような条件の下では、資力のある者によってコントロールされる。その公準が要求していることは、けっして透明な側、あるいは、一面鏡の側にいる人々の動くスピードを減じてはならない（許されないし、また、禁止を無視し続けることはできない）ということである。活動している人々にとって現実世界の「柔軟性」は、留まることを余儀なくされた人々の観点から見た岩のように固い不屈の現実と驚くほど酷似している。

その公準と、その公準が非難すると同時に強化している圧力は、ますます、新たな社会相互の、および、社会内部の分裂の主要な要因となっている。[13] 運動の範囲とスピードは、支配していることと支配されていること、相互作用の条件をつくることと相互作用の条件によってつくられること、「何かをするために」行動することと「何かの理由のために」行動すること、ほぼ確実に成功する目標を追求することと予告なしに変化する全く未決の変数によって構成された状況においてとられる防御的行為を追求することとを大きく区別する。

けれども、要点は以下のとおりである。すなわち、個人の存在は、魅力的な極と反感を感じさせる極との間に位置づけられ、その連続線上に位置づけられた立場が固定されてもいないし十分に保障されていない場合にはいつでも、いずれの立場も、精神的慰安にとって十分な確実性を提供しない。「頂点へ上り詰めた」ことの喜びは、どん底での恐怖を自覚することによって台無しにされざるを得ない。なぜなら、その恐怖は、最も幸せなときにも静めることが難しいからである。それに対して、いかなる瞬間も、究極の達成――「ただ一度だけ、それを行ったこと」――の純粋で完全な幸福として、切り抜けることはできないということである。

まさに、これらこそ、おそらく他のどんな時代よりも地球的規模で規制緩和の進んでいる今日において、あらゆる人々がその連続線上に労働を位置づけている諸条件なのである。こうした苦境は、その苦境によって生み出され、また、相当程度維持されるかもしれない、自信と忍従、楽観と絶望、信頼と不信、有頂天と冷笑の程度に応じて異なっているが、その差異は流動的である。穏健な時には、同時代人のなかの最ものんきな人々を除くすべての人々が、苦労の末にそのことに気づく。それゆえ、諸行為の結果と、上から下までのあらゆる立場（様々な尺度においてではあるけれども）にのしかかっているそうした行為の持続的な影響についての不確実性は、「超不確実性」――ある人の固有の所有物として、また特に、ある人の確実な所有物として、はっきりと主張することのできる確実性の程度に応じた不確実性――によって（再び上から下まで）倍加される。

もちろん、不確実性の条件の下で生きること、および、行為することを義務づけられることは、物珍しいことではない。しかしながら、現代史は、生活方程式のなかで増大する多くの未知の変数の価値を固定しようとする一定の（しかも、次々に成功した）努力によって中断された。ミッシェル・クロージャーが『官僚現象』という彼の古典研究において詳細に説明した規則に従っているかのように、特に手に負えないひどい不確実性の側に置かれた多くの人々は、より良い地位にいる人々の動きの影響を計算するために、彼らと手を結び最善の努力を行った――他方、同時に、彼ら自身の手を解き放ち、したがって、彼らの敵にとっては不確実性の原因になるように、一生懸命努力するのである。クロージャーが丹念に論じているように、状況を支配し管理する力をもっているのは、その行動の自由によって他者に対する不確実性を他の人々よりも多く生み出す人々なのである。なぜなら、彼らは、その選択をかなり多く抑制されているからであり、他者に対して（不確実性を）生み出すことができるからである。近代の組織化されたあらゆる集団は、クロージャーの原則を知っているかのように、行動した。その原則に従うチャンスこそ、「組織化されること」の主たる動機であったとさえみなされるかもしれない。すなわち、その原則の方法的適用は「組織化されること」の最も深い意味であったとさえみなされるかもしれない。

真の目新しさは、部分的あるいは全体的でさえある不確実性の条件の下で行動する必要性ではなく、苦労して構築した防備を取り除こうとする体系的な圧力である――制度を廃止することは、抑制のきかない不確実性が引き起こしている不確実性の程度や損害の範囲を限定することであり、また、不確実性の限定を目指した新しい集団的措置をデザインしようとする努力の阻止ないし抑制を意味した。事実上、集団的行動のために有効に制度化されたあらゆるエージェンシーは、不確実性との戦いの戦列に加わる代わりに、解き放された「市場の諸力」と自由貿易、すなわち、実存的不確実性の主要な源泉を、「人類の自然状態」として賛美する新自由主義的コーラスに加わる。そして、資本と金融を自由化することや、それらの不安定な動きを減速ないし規制するあらゆる試みを放棄することは、多くの政治的選択のなかの唯一の政治的選択ではなくて、理性的判断であると同時に政治的必要性なのであるというメッセージをたたき込むことで結合する。

まさに、ピエール・ブルデューは、新自由主義の理論と実践は、その本質において「純粋な市場」の論理に抵抗できる集団的構造を破壊するプログラムである、と定義した。(14) ブルデューの指摘しているように、これまで、新自由主義の言説には、エルビン・ゴフマンの言う「強力な言説」のあらゆる特性、すなわち、戦うことがほとんど不可能で、かつ、その「リアリズム」を疑問視することも困難なタイプの特性(なぜなら、それは、――他のものの代わりに何らかの措置をとれという単なる勧告ではない――重要なすべての勢力、すなわち、それがもつ形態に現実性を与える際に結合する全ての勢力の調和のとれた行為を代表しているからである)が備わっていた。すなわち、新自由主義の「強力な言説」は、「経済関係を支配するすべての人々の経済的選択を方向づけることや、その結果として現れる諸勢力の関係に、それ自身の、まさしく象徴的な力を付加すること」によって「現実性テスト」にパスしたのである。

規制緩和が進行して、自由に浮動する資本と金融に対して原則的には抵抗可能な政治制度の権限を奪っていくにつれ、新自由主義的言説がますます「強力」となる。新自由主義的言説のほとんど争いのない支配にいたる途上で、もう一つの重要な一歩をふみ出させたものは、あらゆる実践的目的のために中央政府間の手を結ばせ、多国籍企業の手を解放する、最近行われた多国間投資協定の調印である。資本の自由な動きに対するあらゆる現実的かつ潜在的な障害は、いまや一つずつ取り除かれている。

国民国家の活動範囲はとどまることなく縮小しているし、たとえば、個人の諸能力に見合った給料と経歴の個別化という視点から考えられた作業グループは、被雇用者の原子化に帰着している。労働者の権利を集団的に防衛する労働組合、結社、協同（消費）組合、そして、家族――それは、年齢階層に応じた市場の再構築によって、消費に対するコントロールのかなりの部分を失っている――でさえもそうである。

防衛線に対するさまざまな、しかし、集中的な攻撃の共通の結果は、抵抗の潜在的な橋頭堡に置かれている人々の「不安定化」、したがって、無力化をねらった「柔軟性という絶対的規則」である。柔軟性の最も深い社会・心理学的衝撃は、損害を被った人々の地位（立場）を危うくし、また、それを危ういままにしておくことである。即刻解雇を認める期間限定的ないし一時的な業務に関係した仕事や、コロコロ変わる契約、業績の継続的評価を通じて権利賦与を増大させるという原理を崩すような雇用、被雇用者各人の給料を現在の個人の成果に依拠させ、被雇用者たちの団結した立場からすべての合理性を奪う同一企業内の部門間・支店間の競争の奨励をもって、恒久的で合法的に保護された契約に取って代わるというような処置――そうしたすべての処置は、ともに、独特の、そして、恒久的な不確実性の状況を生み出す。普遍的な闘争というダーウィン的世界のなかに、会社によって設定された仕事への忠実な従事を根づかせることができるのは、不確実性を麻痺させるあの圧倒的な感情、不確実性から生じる恐怖、ストレス、不安である。したがって、究極的な武器としては、階統制（ヒエラルヒー）のすべてのレベルにおいて、解雇――したがって、生活、社会的権利、社会的地位、そして、それに伴う人間的品位の喪失――という恒久的脅威がある。それゆえに、自由という徴標の下に位置づけられる、あらゆる経済体制の究極的基礎は、失業、仕事の不安定性、それに起因する解雇の脅威という構造的暴力である」。

連帯性（あるいは、連帯性の濃密なネットワーク――大小の、重複的かつ横断的な連帯性のネットワーク）は、あらゆる社会において、確実性の、また、それなくしては自由の実践や新しいことを試みようとする意欲など考えられない信頼、自信、勇気の（どんなに不完全であろうとも）避難所および保護所として機能した。新自由主義の理論や実践の主たる犠牲となったものこそ、まさに、この連帯性なのである。新自由主義的信条に関するマーガレット・サッチャーの評判の悪い宣言は次のように述べている。「社会のようなものは存在しない」と。彼女によれば、個人として男女が存在するのであり、また、家族が存在するのである[15]。

この文脈で家族への期待が登場するのは、確かに、無償の行為としてである。今、家族に期待されていることは、他のあらゆる集団と同様に、市場によって設定された枠内で厳格に機動すること、そして、内的にも外的にも市場合理性の規則に従うことである。その期待に直面して、家族という概念は、全く矛盾したものとなる。何と言っても、市場の最も顕著で、ある意味では最も「根本的な」行為は、スチュアート・ホールが述べたように、以下のようなものである。すなわち、「市場は、社会性と互恵主義という絆を解体する。それは、まさに深い点で、社会的義務という性質そのものを掘り崩す」。しかし、社会性と互恵主義という絆を良い形で紡ぎ、点検し、管理すること、すなわち、社会的義務感を育成することこそまさに家族の活力である。すなわち、まさにこの活動性こそ家族を成立させるものであり、また、その家族を生き生きとさせるものなのである。上から下まで新自由主義的「非社会」を普及させる自由奔放な個人主義という構成原理は、家族をそのままにしておくことはできない。ホールが指摘しているように、「新しい管理統制主義」とは、「こうした考えを、次々に制度的セクターによって推し進める方法」に対処することであった。すべてのセクターは、「市場のイメージにおいて変形」されなければならなかったし、また、まさにそうされてきた。『市場化すること』あるいは私事化することによってではなく、市場の真似をすることによって、すなわち、このことについて問うことのできるたった一つの疑問しか存在しないかのように思わせることによって。こうしたことこそ、市場の諸力によって生み出された諸問題なのである」(16)。

これこそ、家族同士の結束を固めるべきという新自由主義的要求が、たとえ全く欺瞞的でなくても、虚ろに聞こえることの理由である。それらが真剣に「荒々しい個人主義」の衝撃を緩和したり均衡させたりすることや、人々が激烈な競争の中で躓いたり倒れたりした場合に、激烈な競争の犠牲者に応急措置を与えることが期待されているのであれば、それらはまさに、社会の最後の行為――言い換えれば、非社会的個人に自由を与えるために自らを除去する社会、その細胞の一つ一つが、あるいは、少なくともそのなかの最も生き生きしたものが自分のやり方でより良く生きていけるように、体をずたずたに引き裂くような社会――という考えの中心を貫通している矛盾に関して、新自由主義的信条の説教者や実践者が無知であることを証明している。

「見えざる手」という形而上学的支柱が示唆しているものとは逆に、市場は、確実性を追求しているのではないし、また、市場は、確実性を確実なものにすることができるわけでもないし、確実性を現出させることができるわけでもない。市場は、不確実性（競争性、規制緩和、柔軟性など種々に呼ばれている）があってかえって活力を得るのであり、それ自体、その主たる食物として、ますます多くの不確実性を再生産する。不確実性は、市場型の合理性の破滅のもとではなく、その必要な条件であり不可避的な所産なのである。市場が促進する唯一の平等性は、勝利者（常に、明確に「追って知らせのあるまでの」勝利者）と敗北者双方に共有されている、平等な、あるいは、ほぼ平等な、実存的な不確実性の状態なのである。

安全でない安全性

この世界のいかなる存在もけっして安全ではない。しかし、なぜ「けっして」安全ではないのか。何といっても、人間存在の危うさは、けっして目新しいものではない。人間には、途方もなく多くの種のなかで生きている一つの種として、考えを明確にする能力が備わっていたので、その危うさを明確にしようとする言語的動物たる人間の間に、いくつかの難問が生じた——しかも、それは明白であり、また、恐るべきものである。

人類によってなされた最大の発見、すなわち、人類を特殊なものにし、かつ、人類の心の平安や安全性の感情を非常に獲得しにくくした発見とは、死すべき運命にあるという事実、すなわち、人類のすべての構成員を待ち受けている普遍的で不可避的で、手に負えない死という事実であった。人間は、自らが死に向っていることや、死から逃れる道のないことを知っている唯一の生き物である。ハイデガーが明言しているように、すべての人間が必ず「死に向かって生き」なければならないわけではないが、すべての人間は死の影のなかでその生を生きている。人間は、自らのはかなさについて知っている唯一の生き物である。したがって、人間は、自らが一時的なものにすぎないことを知っているので、人間はまた、人間とは異なる、始まりも終わりもない永遠なもの、恒久的存在を想像することができる――想像しなければならない。そして、ひとたび永遠なものが想像されたならば、二種類の存在には、蝶番でも鋲でもない、合流点のあることが明らかとなる。

いつ壊れるかわからない、二つの、常に傷つきやすいものの間には、偶然的で、緩やかで、脆い関係しか存在しない。その結びつきも、単一の、一時的な生そのものと同様に、傷つきやすい。第二のもの、永遠なもの、無時間的存在は、個人の生活で起っているすべてのことや、第一のもの、すなわち、個人の「世界内存在」のなかで行われるすべてのことには立ち入らせずに、威厳をもって踏みとどまっているすべてのことに対して、全く無関心であるように思える。二つのことは、同じ基準では計れないかもしれない。二種類の存在の間に存在するかもしれないあらゆる確実な連結装置ないし恒久的な橋は、さらに発見ないし建築されなければならないし、永続的に保護され、かつ、定期的に点検されなければならない。だから、ジョン・キャロルが人間の条件に関する彼の最近の研究において詳細に述べているように、「私はどこからきたのか」、「私は人生で何をなすべきか」「死ぬ時に私に何が起きるのか」という疑問は、「いく時代も経た」、「基本的な」疑問なのである。そういう疑問は、文字どおりの、非形而上学的で、根源的な意味において、すなわち、「基礎的」である――きわめて人間的な生活を構成し、他の種の、同じように一時的で、はかない有機的存在とは異なった「世界内存在」という人間的様式を設定する――という意味において、基本的な疑問であると言えるかもしれない。

まさに、文化――「自然」とはどこまでかについて、境界線を引いたり架橋したり、分離したり加えたり、区別したり関連づけたりする、あのいまも進行している活動――は、一つの大きな神秘へと凝縮される、右の三つの疑問に対して信頼できる解答を常に明確にしてきたし、また、これからも明確にしていくであろう。すなわち、この世界への私の訪問は一時的なものにすぎないのであるから、なぜ私がここにいるのか——そして、もし目的があるとすれば、それはどんな目的なのか。この難問こそ、一八世紀後半まで、著名なさまざまな人間を駆り立てて、文化という名前を与えられた、あの狂おしいばかりの、しばしば熱狂した行為へと向かわせたものなのである。そして、そのなぞこそ、説明したり慰めたりする物語の濃密なネットワークをもって、文化を主要な価値——まさに、みずからの死すべき運命にあることに気づいた生物にとって必須の（sine qua non）価値——に仕立て上げた当のものなのである。

そのなぞを解明するために格闘しながら、あるいは、そのなぞが解明されたという印象を与えて、死の影のなかでの生活を生き生きとさせるために格闘しながら、人間の文化的創意工夫によって断続的ないし付随的に展開された多くの戦略がある。

最も明白な戦略は、コーネリアス・カストリアディスのお気に入りの用語を用いれば、紛れもなく他律的であった。その戦略とは、永遠という終りなき時間における単なる一時的なブリップ（レーダーが捕らえた物体の映像光点）としての、束の間の世界であった。すなわち、永遠の生である、本物を迎えるために一晩滞在する、中間の宿。到着の時も出発の時も、旅行者は選択できない。すなわち、各人は、自らの選択によってこの下界へやってきたのではないのであり、したがって、時が過ぎれば、再び、自らの選択によらずに、置き去りにされるであろう。到着と出発の時刻表は旅行者のつくったものではないし、また、それを変えるために旅行者のできることは何もない。そして、乗客、すなわち、人生の旅人が時刻表の作成に発言権をもっていないという事態も、人間の手によるものではないのである。

けれども、肝腎要の点は、人生は、どんなにはかないものであろうとも、死の後にくる、あの永遠の存在にとって重要な結果をもたらすということである。人生におけるあれこれは、奇妙で、憎むべきもの（いやなもの）、あるいは、明らかに嫌悪を催させるもののようにおもえるかもしれない――しかし、物事は、その目や心が浮世の勤めのなかに包み込まれている人々に見えているようなものでは、必ずしもない。すなわち、現世での幸福は、永遠の苦痛によって償われるかもしれないし、束の間の世界における悲惨は、永遠の幸福をもって報われるかもしれない。人は、審判の内容を推測しようとしたり、あるいは、審判を現にそうであるものに変えさせるという意図を貫徹しようとはせずに、審判に従うべきである。

他律的な戦略には、多くの重要な利点があった。これこそ、おそらく、その戦略が人間的生の形式に行き渡った理由である。何といっても、その戦略は、「人間心理の本質的要素を利用する」のである。[18]第一に、それは、毒針から毒をとる。すなわち、まさに誕生がその人間の長所でないのと同様に、死は死者の過ちではない。始まりであっても終わりであっても、個人に責任はないのであり、したがって、それを無視したからといって、苦しむ必要はない。第二に、その戦略は、選択せよという厄介な命令を、遵法というあまり神経をさかなでしない命令に取って代える。第三に、他律的な解決は、明らかに、あらゆるテストや実験を受けないので、虚偽であるか、誤りであるかということは、証明されえない。したがって、その命令書は、前もって、より詳細なあらゆる実験を抑制し、将来の不安をかろうじて回避し、物事を信頼するという罪を取り除く。他に考えられうる選択肢以上に、他律的な戦略を強化して、はったりや密告に対抗する。すなわち、この戦略によってのみかろうじて事実上安全となり、批判を免れるようになる。

他の戦略は、他律的戦略と自律的戦略を結合したものである。少々馬鹿げているが、それを、他律的／自律的戦略と記述しておこう。その時期は近代の到来とともにやってきた。すなわち、純粋に他律的な戦略によって提供され、ほとんどの場合、宗教的形式で制度化されていた保障が、変化に富んだ移ろいやすい世界において、波乱万丈な生活をするという経験と激しい音を立てて衝突し始める時である。天高く聳える不屈の力と、そうした力のいかなるアピールも認めない審判へのアピール、一回限りの創造行為や一回限りの神の恩寵に対するアピールがその説得的な力の多くを手に入れたのは、明らかに不活発で、反復的で、単調な存在からであった。すなわち、そうした種類の生活経験は、荒々しい不安定な現代世界（すなわち、絶えず「近代化している」世界――前に向って新たな拡張を行いながら背後の足跡を取り除く、変化しつつある世界）によってはけっして信頼を得られない、事物の予定された秩序という考えにぴったり一致した。継承された、あるいは学習されたルールも、満足させることができなくなった。したがって、一方の、顕現された、あるいは、あらゆる他の種類の既存の英知と、他方の、先例のない全く新しい複雑な状況との間で拡大しているギャップは、人間の選択――博打をするような危険な行為、不完全な知識と結果に対する不完全な確実性によってなされる決定――によってのみ満たすことができる。

このようなものこそ、他律的な戦略から他律的／自律的戦略へという推移を、ほとんど過去の結論とした、当の条件であった。けれども、新しい戦略は、その先行戦略と比べて一枚岩でもないしまとまったものでもないことがわかった。

新しい、近代的な戦略は他律的であった。すなわち、前近代的な先行戦略と同様に、その新しい戦略が強調しているのは、一時的な各個人の生活を、それが開始する以前に発生し、かつ、その限界を超えて存続するように運命づけられた、存在の連鎖への既定の編入についてであった。そうした大きな、かつ、長く続く近代全体は、神聖で超人間的な裁可を要求することはできなかった。しかしながら、これは、世界への入り口と世界からの出口という、いらいらするような謎に関するかぎり、全く問題ではなかった。なぜなら、個人生活に意味を与える神秘的なものへの鋭敏な解釈の提供は、そうした疑問によって悩まされ、彼らの個人的な選択と責任の限界をかなり切り崩されてきた人々に、まだ依存していなかったからである。前近代的で、純粋に他律的な戦略の場合のように、個人に残されているものは、運命を受け入れ、その概要において、実際に、持続的な全体の一員であることによって予定されている一時的な生活を送ることでしかなかった。それにもかかわらず、近代的戦略は、同時に自律的であった――なぜなら、それによって、また、当該の全体性の人間的起源が顕著になったからである。そして、さらに、それによって、長く持続する全体性の各構成員によって選択された人生行路と後者の存続との間の相互依存が鋭く浮き彫りにされたからである。選択されなかった運命は、個人の無意味な束の間の生活を無化し、それを永遠に結びつけた。しかし、その結びつきを支え、個人の死の超越性を有効にしたのは、各個人およびあらゆる個人によるその運命の意識的かつ熱心な受容であり、また、その結果に従おうとする個人の意志と熱意であった。

新しい戦略は、説明のつかない他律的戦略であるけれども、個人をエージェンシーとして、しかも、決定的なエージェンシーとして位置づけた。持続的な全体性の、すなわち、選択されたのではない環境の構成員であるということは、他の、短い、しかも、無意味な個人生活に意味を与えるものとして考えられた。もっとも、その決定は、諸個人そのものからの十分な努力がなければ不完全であるけれども。しかし、いまや、その全体性を真に持続的なものにし、また、その意味付与機能を遂行することのできる軌道を自らの人生に与えることこそ、個人の任務であった。したがって、個人の行為の重要性や、予定された道程に従うことの重要性、そして、設定された生活のルールに従うことの重要性が、急激に高まった。もはやそれは、単に死後の報酬あるいは処罰、非難、あるいは、救済の問題ではなく、他のところで否定された超越のチャンスを利用する条件、すなわち、意味のない空虚な生活に対して意味のある充実した生活の正当な理由でもあった。

その戦略にぴったり適合する全体性のなかで際立ったものが、二つある。すなわち、国民と家族である。

他のごく少ない近代的な発明品と同様に、国民という心像は、必然性と選択、存在と行為、不死と死すべき生命、持続と一時性にぴったり適合していた。フィヒテあるいはバレスのような、近代ナショナリズムの最も率直な布教者が主張したように、フランス人の生活がそのフランス性のおかげで意味をもつのと同様に、ドイツ人の生活もそのドイツ性から意味を引き出している。意味は、ドイツ生まれであれフランス生まれであれすべての人々の、前もって与えられたチャンスなのである。しかし、そのチャンスはまだ、ちょうどその活力あるジュース、活力と回復力が、大量に、しかも繰り返し、世代ごとに、受け入れられ、育まれ、教化されることによって引き出されたように、快く受け入れられ、育てられ、賞賛され、愛情をこめて教化されることを必要としている。ドイツ人であることは、ドイツ人になることと、ドイツ人がドイツ人らしく行動することとを意味する。すなわち、フランス人であることは、フランス人になることと、フランス人らしく振舞うことを意味する。そのことによって、一時性と持続性が現れる。個人の可死性という不合理性は、あらゆる可死の人間が貢献する国民の不可死性によって、悩ましいものではなくなる。国民性の継承された不可死性は可死の人間に意味を与えるが、その不可死性の恒久化は、可死的行為に超越性という付加的価値を与える。国民性は、可死的存在に、その個人的死を超えて永遠性のなかに入るチャンスを与える。しかし、そのチャンスをつかむには、国民の生存と福利に対してその生命を捧げる以外の他の方法は存在しない。

国民形成が激発すると、すなわち、地域に基礎を置き、直接接近できる種々の共同体と伝統を融合し混合して、まさに近代を刻印する、地域を超えた、疎遠な、想像された全体を形成しようとすると、いまや、疲れきって、機能不全に陥った、前近代的な他律的戦略を、その最も有力な大義のなかでも、近代的条件により適合した、そして、近代的精神により共鳴した新しい戦略に置き換える緊急の必要性があると思うようになる。抽象的な――想像された――全体性として、国民は、その要求にぴったりかなっている。すなわち、そうした全体性のイメージは、直接的で、対面的で、人格的な経験の世界を越えて、天高く飛翔した。しかも、そうした全体性の超個人的な性質に関してほとんど疑問もありえなかった。国民という心像は、その個々のメンバーの可死性に反して、無時間的な永遠性のシンボルを配備することができた。

国民性には、可死性の自覚によって生じる肉体的荒廃への予防的治療として、あらゆる個人に対して利用できるという重要な利点がある。すなわち、どんな特殊な才能も、並外れた努力も、広い展望や精神力も必要ではなかった――どんな人間にも実際に利用可能な通常の資源（リソース）で十分うまくやっていける。不可死性を媒介とした国民性は、英雄やその他の例外的で、著名で、他のすべてのものとは異なった、その他の人々の上に聳え立つ人間ではなく、普通の人々の寸法に合わせて加工された。その医術は、実際的には、勇気ではなく、斎一性（画一性）を必要とした。すなわち、標準を破壊することではなく標準に従うこと、新しい道を開くことではなく、限界を見極めることである。それゆえ、これは、普通の反復的継続的な用途に見合った、一般的なポピュリスト的医術であった。その同じ長所によって、近代的な他律的／自律的戦略のもう一つの焦点となる全体性――家族――に特権が与えられた。

だが、家族は、国民よりもずっと明確に、一時性と持続性、個人の可死性と集団の不可死性との間の典型的な近代的弁証法を、これまでうまくやってきている。よく見られる人間存在の矛盾した全ての側面――可死的と不可死的、加害と被害、決定することと決定されること、創造と被創造――が、最も活発にぶつかり合い、相互扶助と再活性化の終わることのないゲームに入ってゆくのは、家族という制度においてである。すべてのものが、家族の一員として生まれ、すべてのものは家族の形成に参与することができる（すべきである、と言われている）。自らがその所産である家族と、自らがつくりだす家族とは、家族がこれまで含んできたし、これからも含むであろうすべての個人の誕生に先行し、また、そのすべての個人の消滅を乗り越えて生き延びるであろう親戚関係／血縁関係の長い連鎖の中の結び目である。しかし、家族が持続するためには、すべての個人の熱心な貢献を必要とする。家族においてこそ、死すべき運命にある人間の諸行為によって結合された不可死性のドラマが展開されるのであり、その状況を全ての人が眺め、また、そこにおいて行為するのである。

経済的考慮による、また、特に相続問題による親子関係、子孫、家系への現代的な関心についての一般的説明はひどく見当はずれであるように思われる――あるいは、いずれにしろ、それはまさに、一部の話なのである。どちらかと言えば、その逆が真実である。すなわち、特権、富、そして、それによって与えられた特権と称号が基本的に家族の問題であり相続権の問題であったのは、ほとんど、前近代的で前資本主義的な社会においてであった。系図をたどったり、血縁関係に敏感な関心を払ったり、加入した姻戚関係の水準を守ったりすることは、その当時、貴族や上流の商人階級の最大の関心事であった——彼ら自身の時間的超越性を家族に基盤をもつ世襲制に結びつける唯一のカテゴリー——。近代性の出現とともに、個人生活における家族の中心性は、いわば、民主化された。すなわち、このことは、次の世代へと贈られる家族の財産があろうとなかろうと、各個人およびすべての個人に対する文化的教訓となった。経済問題は、その初期段階ではそれほど重要ではありえなかった。なぜなら、家族財産の民主化が並行して生じなかったからである。

家族の新たな重要性や、特に、近代社会のすべての階級に夫婦間の忠誠、父と母の愛、子供へのいたわり（そして、特に傷つきやすく、世話を必要とする人生段階としての幼年時代そのもの）という文化的構成を拡大することを説明するには、何か他のものが存在しなければならなかった。この何か他のものとは、間違いなく、死すべき運命の人間に不死の意義を与える前近代的手段の明白な破産を目の前にして、家族が果たさなければならない新たな役割である。永遠なものへと導く他の橋がいまや破損状態に陥って、もはや使用できなくなったので、今度は家族が、以前にはけっして担うことを期待されていなかった重荷を担わなければならなくなった。いまや、「家族を始める」ことによって初めてこの世界に生まれてきた諸個人が、彼らより以前に同様の決定をしていたいく人かの他の人々のおかげで、自らの死よりも長く生き延びる世界に、恒久的な足跡を残すことを真剣に熟考することができたのである。

国民も家族もともに、個人の可死性という苦痛に対する共通の解決策である。国民と国家には、ともに、同じメッセージがこめられている。すなわち、もし私の生命が、つつましくも、私自身よりも

（あるいは、その問題に関しては、私のような他の全ての個人よりも）もっと大きな全体性の持続に、また、私がどんなに長く生きようとも、私自身の生命への全時間に先行し、かつ長続きするであろう永遠性の持続に貢献するならば、私の生命は、どんなに短くても、無駄でもないし、また意味のないものでもない。可死の生命に不可死の役割を与えることこそ、その貢献である。ひとたび、そのメッセージが理解されたならば、「私の死後、何が起るのか」という疑問は、それほど不吉には聞こえない。私は死ぬであろうが、私の国民、私の家族は、継続するであろう――そして、私の国民、私の家族が持続するのは、一つには、私が私の役割を果したからである。私の可死性の状態を後世に伝えさせる代わりに、私は、それを乗り越えるために何か（単なる何かではなく、真に価値のある何かあること）をしている。私は、私自身の個人的な可死性から、集団的な不可死性の手段をつくっている。私が死ぬ時、私は何かあるものを背後に残すであろう。そして、この何かあるものとは、私自身の束の間の存在よりもより長く存続するより大きくより重要な何かであろう（誰がそれを知っているであろうか？――おそらく、真に永遠に継続するものでさえも）。

他律的／自律的戦略は、生の感覚を不可死であってほしいと願う集団性へ転移させることによって、また、個人の可死的な生を、不可死性を生産する集団的労働に組み変えることによって、自分自身の可死性の自覚の予想しうるひどい結果を緩和してきた。個人には、死へ向かう生という受け入れられやすい独特の不合理性に取り組む苦痛が与えられた。治療を施しても治らないほど弱々しく、安全でない人間存在という恐ろしい真実は、その代償として集団の安全性へ没頭することにより、たとえ否定されなくても、うすめられてきたし、また、それによって生じるダメージは、全体的に削減されなくても、制限されてきた。人間の死の自覚によって生ずる恐怖は、少なくとも一つには、かつてと同様に短くて弱々しい個人の生の感覚が、そこから引き出されるところの――しかし、いかなる可死の諸個人とも異なって、死を克服するための真のチャンスでもある――より大きな全体の実存的安全性の問題と結びつけられた。

けれども、いまや、こうした全体が、徐々に、そして、情け容赦なく分裂しながら、しかも、すべてのものを安全に不可死性へと向かわせているように思わせながら、その意味を与える能力の多くを、おそらく、そのすべてを失っている。

近代性は、その誕生に際して、死からその超越的な（したがって、他律的な）意味を奪った。しかしながら近代性はまた、その現段階への途上で、その共同体的意味を否定した（したがって、他律的／自律的戦略の実行可能性を弱めた）。デュルケムの示唆するところによれば、神は、最初から、せいぜい、見せかけの共同体にすぎなかったが、しかし、いまや、その共同体――大なり小なり、想像上であれ確実なものであれ――はあまりにも弱くて神を演ずることができないのである。共同体は、それ自体傷つけられやすく不安定ではなはだ短命なので、その永遠性を確実に主張することはできない。死が、十分に、また、真に無意味なものとなるまさにその途上にあるのはいまだけである。ロバート・ジョンソンがコメントしたように、死は、単に、周知のような個人の生命の終わりとみなされるだけである。何人かの宗教的指導者たちが、これを全く率直に認めている。すなわち、ボストンのベス・イスラエル病院の司祭部門管理者ラビ・テリー・バードは、「死は死である」と述べている。(19)アルベルト・カミュの『異邦人』は、その状態と、その後のすべてを予告するものであった。彼は、我々の各人は究極的には、この現世界にのみ存在するということ、また、生命――例外なくすべての生命――は、死をもって終わるということを知ったのである。すなわち、死すべき運命の個人と「宇宙の情け深い無関心」[20]との間にいまや何者も存在しないことを知ったのである。超越と永遠性との間に協力して架けられていた橋は破壊され、個人は、自分自身の、純然たる、しかも、純粋な、実存的不安と直接的に向かい合うことになった。彼あるいは彼女は、いまや、一人で結果に対処しなければならなくなった。

支持と救いを求めて「諸部分の総計以上に大きな全体」に頼る利点はない——かつての岩のように堅い全体性は、いまや個々の生命と同じように、安全ではなく、死を運命づけられているように見える。そうした全体性は右往左往し、したがって、それらが視野に入っているかぎり、それらはけっして確実に安定しているようには思えない。すなわち、それらは自身に対して確信をもてないし、自らの状態の利点についても不確かであり、未来について無知であり、自信を欠いている。それらは、年数よりむしろ日数で時間を計算しているように思われるし、また、「使用期限」の日付や「家庭冷凍に適さない」という警告を表に貼り付けているように思われる。確実に、それらは、永久的存在という観念を推定できるような代物ではない。

国民は、もはや、かつて恒久的な生活の保障者と考えられていた国家の政治的主権の保護の下でも安全ではない。国家の主権はもはや、かつてのようなものではない。すなわち、それがかつて依拠していた経済的、軍事的、文化的自給自足性、および、専制政治に近いものの支柱は、一つずつ、また一挙に、破壊されている。すなわち、主権は今、松葉杖をついて歩いている——一つの失敗した適合検査から別の検査へと足を引きずり、ふらふらとよろめきながら。国家当局は、自分たちがその管理下にいる人々の安全を保障することができるし、また、喜んで保障するというそぶりさえみせない。どんな政治家も、競争や効率や柔軟性の強い要求があれば、もはや集団的安全を「提供できない」ということを明確にする。政治家たちは、国民生活の世俗的枠組みの近代化を約束するが、その約束は、気まぐれな運命に対するより多くの不確実性、より深い不安定性、そして、より少ない保障を予兆していた。

エリック・ホブズボームが最近、不均質で、調和のとれていないグローバリゼーションのプロセスの全体的結果について要約しているように、「グローバルな経済の基本的構造は、世界の政治構造からますます分離し、しかも、その境界を横断している」。国民国家のアイデンティティを確立する潜在力は圧倒的である。「領土と権力をもつ国家とは異なって、『国民』の他の諸要素は、経済のグローバリズムによって容易に無視されうるし、また、無視されている。エスニシティと言語は二つの明白な要素である。国家権力と強制力を取り去れば、それらの相対的な無意味さが明らかとなる」[21]。

国家に支柱がなければないほど、国家のスポークスマンは、国家の独立独行の必要性および義務、自己の資源のみに依存する義務、自己の損得バランスをつくることの義務——要するに、自分自身の個人的な支柱を存続させる義務——をよりいっそう明らかにする。バーナード・カッセンは、ピエール・アンドレ・タギーエフの諸観念についてコメントしながら、次のように述べている。すなわち、諸々の社会的連帯の残酷な分断や、それらとともに、「個人の生命を超えて」広がる「永遠の構造」の残酷な分断によって「個人は自らの不可避的な消滅の恐怖の中で孤立」したままである、と[22]。グローバルな自由貿易へ向かう途上のどこかで、国民的共同体の意味付与機能が失われた。したがって、各個人が、その傷をなめ、孤独と隔離への恐怖心を追い払わなければならなくなっている。

家族は、今日、あまりよい状態にはない。すなわち、家族から想起するものは、自らの脆くて、明らかに一時的存在の錨を下ろすことのできる、継続的な安全な港（避難所）以外の何かである。始めるのと同様に終わらせるのもたやすいし、また、結合するのと同様に分解させるのも容易であるように、家族が、家族をつくる人々以上に長く持続するとはけっして期待できない。永遠へのあの橋は、それを歩いて横切る人々と同様にはかなく、壊れやすい——おそらく、彼らの通過よりもずっと短命である。性的結合は、その再生産機能から解放されて、自然が準備した永遠への出入口、共同体を構築するための建築道具、孤独からの脱出方法としては見えなくなるにつれて、ますますセンセーションに集まる孤独な人々の生活が薄切りされる連続的なエピソードのなかで他のエピソードに沿って即座に消化される、楽しいけれども短い他のセンセーションのように見える。個人は、幼少年期からずっと、広く共有された経験から、自分たち自身の寿命より長続きする家族には勝ち目がないことを学んでいる。結婚したパートナー双方の満足感と同じくらい長くつづくと期待されている家族は、個人の可死性の恐ろしくかつ残忍な力を克服する戦略としてはほとんど真剣に取り扱われていない。

後期近代あるいはポストモダンの孤立主義志向者（孤立を自ら選択した者）が、個人的満足より長くつづく何ものかへの熱狂を失ったということではない。むしろ、後期近代あるいはポストモダンの孤立を運命づけられた人は、彼らの求めている世界において、情熱を現実主義化したり、努力を確実なものにする何かが存在するかどうかほとんどわからないのである。また、寿命への信頼を保持できる何らかの確実な避難所があるかどうかわからないということである。しかし、選択した状態であれ、あるいは選んでもいないし要求してもいない状態であれ、後期近代的あるいはポストモダンの個人の生活戦略に対する影響は、ほとんど同じである。神々は一度殺されても、病気として再生される傾向があるという、ユングのあの有名な学説に言及しながら、ジョン・キャロルは最近、次のように述べている。

信仰のない個人は、何をし、どのように生きるかということについて意味を与えるために、自己陶酔的な脅迫、憂鬱、不安――病気の現代的形態としての精神病理学――にとらわれるであろう。まさに、「精神の病理学」という言葉は、ギリシア語の原語では魂の苦痛を意味するが、現代的用法では、魂は人格のようなもの、事実上、自我（エゴ）となってしまっている。

もし「エゴ」がかつて「魂」によって意味していたものとは異なる意味をもっているとすれば、それは、個人の生命の期間よりももっと広い枠組みのなかに位置づけられることへの「エゴ」のそっけない無愛想な拒絶――「魂」がときどきうまく抵抗した決定――であることを考察してみよう。「魂」が使われなくなったのは、まさに「魂」が頑固に永遠性との長年の結合の痕跡を身に着けているからであり、また、すべてが世俗化しているにもかかわらず、再生（リサイクル）だけが、その過去の結びつきから本当に解放されることなどありえないからである。「エゴ」は「魂」とは異なって、最初から、近代的（現代的）条件に適合するようになっていた。なぜなら、その近代的条件においては、自律的な――すなわち、選択を行う人間の――手段によって呼び出されなければ、いかなる他律性も認められないからである。敬虔な人々の魂が、もはや使われなくなり、廃れてしまい、その後、時々思い出したように、愛国者たちや愛国的な家族（patri familiae）の魂がつづいたので、エゴのみが、放縦に、また、さびしく戦場に置き去りにされ、いまや、永遠の宇宙のなかのはかない生命という不合理性との現下の戦いの目的にとっては全く不十分な、それ自身の貧弱な武器を用いざるを得なくなっている。もう一度、キャロルを引用するならば、その結果は、「憎悪の刃」「落ち着きのない危なっかしい利己心」である。すなわち、「もし我々が真に切望している食物、精神的食物を手にすることができなければ、そのとき、我々は、世俗的財産を大規模に蓄積するであろう[23]」。

身体、その健康、その防衛能力、その安全性に対する現代の強迫観念的な熱中――本当の、あるいは、予想される悪意ある脅威への強迫的な警戒や、その安全性に対して向けられた陰謀計画とも密接に絡み合った熱中――は、あまりにも人間的な、可死性の自覚と結びついた二つの古い支配的な戦略（他律的戦略と他律的／自律的戦略）の後退と、残された唯一の戦略（すなわち、純粋に自律的な戦略）の前進とを反映している、というのが私の見解である。「自律的」とは、この場合には、自制心のあること、自己中心的であることを意味する、すなわち、エゴの現実的、潜在的な自制あるいは現実的、潜在的なコントロールの下にある資源以外の資源と関わらないことを意味するし、あるいは、エゴおよびエゴの直接的な「生活空間」、そして、エゴの寿命の限界を超えて、そのことを目的としないことである。

真に持続的で超時間的な共同体を建設するという展望が色褪せ、ますます漠然としたものに見えてくるにつれて、今は使用されていない、人間存在特有の危険性から生ずる無尽蔵のエネルギーは、時空を制限された自我の領域へ移される。その選択肢とは異なって、自律的な戦略とは、現場での即座の一回限りの消費を予定した「不可死体験」（テーマ・パークの広告ビラのような）でないならば、それは、けっして不可死性に関する戦略ではない。それはむしろ、ライフ・ポリティックスの領域から、不可死性への関心を一緒に押しのけることについての戦略であり、したがって、正当かつ適切な不安の領域から、その亡霊を払い清めることについての戦略である。この戦略は、自我の可死性の限界を超えることを狙ったものではないし、また、可死的な生命と永遠の宇宙との架橋を狙ったものでもない。それは、まさしく、あの恐ろしく、かつ、厄介な仕事のことを話して心の重みを取り除こうとする戦略である。そうすれば、あらゆる物質的資源と心的なエネルギーは、その時間的限界を突き破ることによってではなく、そのなかに所持品、気の利いた小道具、小さな装身具、骨董品をぎっしりと詰め込むことによって、エゴの寿命をより大きくするために用いることができる。

けれども（たとえ明確にではなく暗黙にではあっても）、生のアジェンダのなかから死の不可避性を発見することが望まれている。テオドア・アドルノが考察したように、「自我の深い淵の前では〔テロ（恐怖）は〕関節炎や静脈洞婁《とうろう》といったトラブルとほとんど同じようなものに関わっているという意識によって取り除かれる」[24]。多様な毒入りの食物、太らせる物質、発癌性のある発煙（ガス）、不健康な生活管理、そして、体の健康を脅かす多くの病気と戦ったり遠ざけることに忙しいので、その無意味さについて考え込む時間はほとんど残されていない（おそらくは全く残されていない）。医者は得意気に、「自然な原因で死ぬ」人はかなり少ないと宣言する。すなわち、自律的な戦略のかなたには、自我の職務怠慢という理由のみに帰着するような生命観がぼんやり見えてくる。その結果、身体のケア（管理）を中心に据えた、全く自己中心的な生の政策が、まさしく、生の意味の適切かつ十分な源泉となることができた。とるべき多くの手段（方法）があるとき、誰がその目的を検証するために時間を浪費するであろうか。

デッカ・エイトケンヘッドによれば、「イギリスでは毎週、六〇〇〇のダイエットの会が開催され、また、さらに他のクラブでも数千という会合が開催されている」。現代の風潮に従えば、「ゆるやかな体重増加こそ、すべての人々にとって最も重要なことである」（タイタニックのスター、ケイト・ウィンスレットがイギリスのタブロイド紙の読者の関心に供されたのは、彼女の映画の演技の輝きによってではなく、「罠にかか」ってしまう自己管理の許されざる堕落によってであった）ことを発見した時、エイトケンヘッドは、多くのダイエット中の人々が集まって何をしているのか見てみようと決心した。以下は、彼女の気づいた点である。

私たちのリーダーが自分の話をしている。掲示板に貼られている小太りの女性のあの写真は彼女のものであることが判った。信じられない。でも、私たち全員、そうすることができるのだ。ある女性は毎週つづけてやってきて、最後の二ポンドを減らすために格闘し、すでに二三ポンド減らしていることなど意に介さず、彼女はまだ格闘しつづけている。私たちのリーダーは、人からの賞賛に夢中である。彼女は、それがどういうものであるか知っている。多くの「魂の探求」もあるだろう。しかし、私たちは、「体重のため生きる」つもりであり、体重を改善できれば「天国」なのです。……〔ダイエットをしている人々のなかでは〕ほとんどの人は、それほど体重オーバーではないが、彼らは、四ポンド体重を減らすという、心身を疲れさせる幻想で、それ以外の興味深い生活を抑制している。

陰うつに、エイトケンヘッドは、次のように結論する。

メディアのニュー・フェミニストが愛らしくみせる「権利」を享受している一方で、国中の教会のホールや小学校には、その主要な自我意識を競わせながら、けっして自分たちが勝ったとは思わない女性たちでいっぱいである。

そこから、エイトケンヘッドは、次のように考察する。「彼らの誰一人として望んでいないもの、それは、単純な解決である——すなわち、そのことについて心配することを止めること」[25]。この考察は、驚きとして生じたものである。すなわち、エイトケンヘッドが、その論点に対して非常に多くの洞察力に富んだ思想をもって臨んでいたならば、「心配することを止めること」は、けっして「単純な解決」ではないということを悟っていただろう。すなわち、太さ（インチ）と重さ（オンス）への没頭という問題こそ、我々が……しなければならないその心配なのである。……我々は、心配する何かをもたなければならない。しかも、あらゆる種類の何かではなく、ほんの小さな、目に見える何か——少なくとも我々の力の及ぶ範囲内にある想像できる何か、「我々のできる」何かをもたなければならない。

我々を不安にし、心配させる実存的な恐怖は、純粋かつ未加工のままでは手に負えないし、扱いにくく、それゆえ耐えられない。そのぞっとするような真実を明らかにしない唯一の方法は、圧倒的に大きな恐怖を、取り扱いやすいように小片に切り刻むことである——我々ではどうしようもない大きな問題を、我々でもなしうるような一連の小さな「現実的な」課題へと焼き直すことである。取り組まなければならない問題について心配したり「何かをしたりする」こと以外に、根絶できない恐怖を静めるものは何もない。そうした必要性を考えるならば、肥満は集団的熱狂とは思えず、むしろ、神に与えられた賜物のように思える。それは、自己欺瞞であるかもしれない（それは自己欺瞞である——ごくわずかの水滴が落ちても、深淵を満たすことはない）、しかし、人は幻想を抱き続けることができるかぎり、少なくとも生きつづけることができる——しかも、ある目的をもって生きつづけることができるし、したがって、意味ある人生を生きつづけることができる。

肥満は、見捨てられた自我が孤独の恐怖を、小さいけれども手間のかかる、しかも、心を悩ませる心配事の海の中に沈め、気を紛らわせようとする、「現実的課題」という大分類のなかの一つの論点にすぎない。しかし、肥満は、その分類全体の最も重要な特徴全てを際立たせるための、格好の見本である。肥満は、身体に焦点を当てている。すなわち、肥満は、正確にその的を射ていないけれども、少なくとも、その的をかすめている。人格的安全性についての強迫的なすべての心配の基礎にある実存的恐怖を生み出すのは、結局、身体の可死性、身体の無慈悲で止めることのできない無への下降なのである。身体の統合性や適合性への関心こそ、その他の点でどんなに異なって見えようとも、そうしたすべての強迫観念の唯一の共通分母なのである。その関心によって、世界と、そこに住んでいる人々が、曖昧なしばしば語ることのできない、だがいたるところに存在する危険の源泉として、形成される。主たる危険が究極の死であり、したがって、手の届かないものであるならば、容易に認識できる、特定化され、局地化された世界あるいはそうした種類の人間に周囲の恐怖を凝縮することが有益であろう。やっかいなのは、代用の標的、あるいは代置された標的に当てても、それは、せいぜい一時的な救済しかもたらさないという点である。誰も正確に、恐怖の主要な原因の大きさまで測定することはできない。したがって、通例、代用の標的を狙った一撃は、恐怖の真の原因に関するかぎり、的はずれとなる。それゆえに、常に新しい、未経験のためにまだ信用を失っていない、代用の不安に対する、尽きることのない要求がある。しかしながら、そうした全ての不安は、「身体の保護」に関係したものに違いない。

どの戦争でも、外部の敵だけでなく、前線の背後に投入された、ないし、パラシュート降下した敵のエージェントとも戦わなければならない。肥満は、その第二のカテゴリーに属する。肥満と臨戦体制に入った個人との関係は、ちょうど、スパイ、破壊分子、シンパ、サボタージュする人（破壊工作者）と臨戦体制に入った国民との関係に似ている。すなわち、壁の向こうの敵の指令で、敵の利益のために、戒厳下の城砦の内部で働く、本質的に外的な身体。肥満は、身体に付属するものではなく身体の中にある。したがって、肥満は、外敵のように、用心深く見つけ出して、検挙し、身体から追放し、搾り出し、絶食してなくしてしまわなければならない。

生来の、治癒不可能な、身体の可死性は、秘密にしておきたい（する必要のある？）真実であるので、人が恐れて戦わなければならない危険なものは、応々にして、身体の外に存在するものである。けれども、その危険の確実性が最も高いのは、それが身体とその回りの世界との間の境界面――特に、最も激しい、しかも、不可避的な境界交通および交換の生じる身体の穴の周り――にあるときである。人は、身体の内部へ入るすべてのもの、人が食べ、飲み、吸い込むものについて用心する。そのために、新陳代謝という消滅寸前の目的（またもや、大きすぎて取り扱うことのできない論点）は、さまざまな摂取物質に対しても薄く広げられ、提供される食物の選択に関してその都度責任をもたされる。

どんな食事療法も、その実践者に死をもたらすことがありうるので、摂取することを禁じられた諸成分あるいはその組合せは、できるだけ早く、他の成分――必ずしも良い成分ではなくても、異なった成分――に取り替えた方が良い（「新しく、改善された」という言い方は、心理学的に言えば、重複的である。すなわち、「新しい」と「改善された」は、同義語である）。恐怖心の凝縮した食べ物の摂取をある一定期間回避するという、情緒的に満足させ心を和らげる方法の効果は、すぐに減じてゆくが、その結果、さらにダイエットを計画する余地が少なくなるとは思えない。同じことは、悪い物質を「あるシステムから」取り除いて、適切な体の仕組みをつくろうとする処方箋にも当てはまる。身体には、多くの不必要な、望ましくない、そして、全く有害な物質がはびこっているように思われる。すなわち、そうした物質のなかには、脂肪と同じ運命――破壊されるか、吐き出される――の物質もあるにちがいない。ここでも、どんなに排出を命じてもその究極の目標を実現することはできないので、非難の指は、けっして同じものに長く向けられることはなく、いつも新しい犯人を求める。

肥満の問題は、身体への強迫的没頭の他の明白な特徴も示している。なぜなら、存在の不安定性の私事化によって生じる恐怖（テロ）が、再び身体に向けられているからである。

ダイエットをしている人々の集会は、気味の悪いくらい一つの共同体とよく似ている。すなわち、会員たちは、熱心に相互交流を求め、定期的に集会に参加し、毎週の儀式を通じて親睦を深め、会合と会合の間にはそれぞれ生活の糧をかせぎ、実行すべきであると助言ないし教え込まれた全てのことを実現するためにかせいだものをつぎ込む。彼らはみな喜んで、また熱心に、同じ行動規範を受け入れ、したがって彼らはみな、熱意と幸運の程度はさまざまであるけれども、同じ行動規範に文字どおり従おうとする。しかしここで、社会学者によって描かれた（あるいは仮定された）共同体モデルとの類似性は終わる。ダイエットをしている人々の「共同体」は、たった一つの機能――その本性上、単独で発言されるしかない、また、単独で取り扱われるしかない問題についての多くの声のなかでの反復――に単純化される。その共同体は「その諸部分の総計よりも大きく」はない。それは、せいぜい、互いに耳目の届く範囲内で、単に集まることによってだけでは彼らの孤独を解消しえない、多くの孤独な「問題解決を求める人々」を集める程度である。どちらかと言えば、彼らは、その孤独の意識をさらに強めて、その会から脱退する。すなわち、彼らを困らせているすべてのことは彼ら自身がつくっていることであり、また、うんざりするような彼らの誓いによって改善されうることは、彼らによってのみ達成されうるにすぎないということを、以前よりもさらに多く自覚して脱退する。同じ宗派の毎週行われる儀式の呪文によって、彼らの誓いのなかに生じた唯一の変化は、以下の点である。すなわち、彼らはいまや、彼らだけが孤独のなかにいるのではないということ、同じような孤独な戦いを行わなければならず、しかも、自らの意志、スタミナ、機智にのみ依拠せざるをえない、「彼らと同じような人々」が他に多くいるということを知ったという点である。肥満の問題が示していることは、以下のことである。すなわち、ひとたび人間存在の不安定性に対処する課題が私事化され、個人の力に委ねられたならば、個人的に経験された恐怖は、単に「頭数を数えられる」だけであり、共有されないし、また、共通の大義や新しい共同行為へと融合されることもない。恐怖の私事化には無限に継続可能な力がある。私事化された恐怖（テロ）から、共通の大義（それは、対決したり論争したりすることによって恩恵を受けることができる）へと導く手近な道は存在しない。

そうした状況のもとで考えられうる唯一の結合形式は、適切にも「糸巻き型の共同体」と呼ばれる編成である。すなわち、多くの個人の恐怖が同時にからみつく一つの糸巻きを発見することを通じて結合するグループである。肥満は、そうした糸巻きである。次から次へ、そこに他の糸巻きが現れるが、そうした糸巻き（「肥満問題」とは異なって、関係のある人々を結びつける私的な問題について極めて誠実である）によって、より強い意味で共通する大義、すなわち、もし個人的な損害を恐れるすべての人々が力を合わせてしっかりと手に手をとって立つならば、実際に手に入るかもしれないような大義が、目に見えるようになる。その代わりに、「数の力」の自覚は、共通の捌口――まさしく非常に多くの他の人々によって用いられることで、より信頼され、安心な捌口――を求める私的な心配の総計であるよりも、むしろ、公共の福祉に関わる当該の大義の理解に導くかもしれない。

そうしたいくつかの糸巻き（ねじれのように見せて、そのために真の問題や、心配事、興味深い心理学的変化や変形を曖昧にし、分析家を見誤らせるような）のなかには、すぐ近所で毒性の物質を再利用（リサイクル）する可能性や、刑務所からのくだんの児童性愛者の釈放、間接的喫煙の加害者に対する寛大な態度、そして、近所の使用されていない小さな土地が旅行者のキャンプ地に割り当てられたというニュースのような多様な大義がある。そうした場合の、行為の真の原動力（動機）を明らかにすることは、かなり困難であるかもしれないが、それらは、他の、より簡単な「糸巻き型の共同体」で働く人々の動機と実質的には異ならない。それらと同様に、その力を引き出したのは、せいぜい、ほんの間接的に、「当該問題」と関係した、鬱積した恐怖や不安に対する捌口の存在であった。見当違いや明白な誤りによる、そうした簡単な場合と同様に、「当該問題」は、「真の共同体」と考えられうるものなどけっして連想させることのない、束の間の、短命な、究極的には不満足および欲求不満をおこさせるような形式の共同体を生み出すかもしれない。

私事化された危険性は、多くの仮面をつけていて、けっしてその真の顔を示すことはない。その真の顔――メデューサの顔のように――は、麻痺という危険を犯してのみ見ることができるものである。

変化への不安

恐怖を個々の行為へ一般的に置き換えることは、私事化された危険性の場合には、信頼できないし、究極的には、失敗するかもしれないが、そうした置き換えの方が、不確実性や不安定性の場合に考えられうるあらゆる置き換えよりも、ずっと優れている。まさに諸個人が、一人であれ数人であれ、彼らの社会的立場の安全性や、彼らの将来の展望の確実性に対する脅威に抵抗し、さらに、それらを克服するためにできることは、ほとんどないように思われる。そうした脅威の正確な位置を明らかにすることは難しい。すなわち、最終的に推測されうるようなそうした脅威の正確な位置は、通例、現実の、あるいは、推定される個人の力の範囲をはるかに超えたところにある。それらを見つける試みは、しばしば、たとえその試みが着手されたとしても、「そのことに関して私のできることは何もない」という類の諦観的ないし絶望的な結論を導く。

そうした結論は全く正当である。どのような地位（ポスト）にいる被雇用者も、彼らを雇用している会社が急に、あるいは突然に、そのビジネスを他の場所に移すとか、あるいは、労働力の削減、縮小、管理コストの削減、利潤の上がらない部門の売却あるいは解散を行うことによって他の「合理化」を開始することを決定したならば、彼らのできることは何もない。一生懸命努力して手に入れた専門的知識能力（ノウハウ）の価値の低下や、さまざまな能力に対する市場の需要の干上がりを防ぐために、個人でできることなどほとんどない。そうしたあらゆる決定的打撃――全く不明瞭な「市場の力」、不可解な「競争原理」、移り気で、動機のはっきりしない発作的な証券取引、あるいは、グローバリゼーションという不思議な「圧力」といった決定的打撃――のより深い原因を操作するという考えは、圧倒的多数の傷ついた個人にとっては全く幻想的に見える。〔だとすれば〕占星術や易断やオカルトに指針を求めたり、宝くじの購買によって確実な将来を求めたりすることは、個人的に行われる他の形式の予防的行為あるいは治療的行為と比較しても、それほど非合理的とは思えない。

街灯柱の下で落とした紙幣を探す酔っ払いの男性――彼が紙幣をそこでなくしたからではなく、下の舗道の部分がよく光っていたから――の話がある。グローバルな不安定性および不確実性、その真の諸原因に基因する不安を私的な安全性の分野へ移し変えることは、大体、同じ論理をたどる。現実に直面している、安全性に対する脅威には、実体的で、可視的で、触れることのできるという利点がある。すなわち、この利点は、他の利点――かなりたやすくそれらと対決し、おそらく、それらを打ち負かしさえするという利点――によって乗り越えられ、強化される。その転移がきわめて一般的であるということは、けっして不思議なことではない。その結果として、「法と秩序」というニックネームのついた安全性に関する庶民の不安によって、不安定性や不確実性を生み出すメカニズムへの関心と、そのメカニズムの作動を阻止ないし、少なくとも減速しようとする庶民の意志が妨げられているといっても、けっして不思議なことではない。

したがって、我々が今日目撃していることは、「安全性過重」と言えるようなものである。生存と自衛という通常の刺激には、いまや、その実行能力をかなり超過した情緒が負荷されている。その刺激は、いまや、確実性と安定性を求めて敗れた戦いの、心理学的に毒性のある破片を飲み込み、リサイクルし、放出するにちがいない。さらに、これまで集団的に維持されてきたスクラップの堆積や廃物リサイクル施設が全般的に取り壊されたため、廃棄物処理の仕事は、個人の肩にかなり直接的にのしかかっている。ひとたび諸集団が市の壁や堀を設立したり修理したりしなくなれば、市の各住民は、空手教室に通うにちがいない。その全体的な結果は、ロナルド・ヒッツラーによって以下のように生き生きと描かれている。

自らを切り刻み、閉じ込め、隠すこと――こうしたことは、さまざまな様相を呈しながら我々を脅かしている、「ここ以外で」起っている事柄の恐怖に対して反応する今日最も一般的な方法である。ドアの固定閂《かんぬき》、入り口の錠、多様な安全システム、警報と監視カメラは、上流階級の別荘から中産階級の地域へと広がって行った。機械的な錠や電気の壁、警笛、コショウ・スプレー、催涙ガス銃、スタンガンは、都市での個人の生き残りの方策の一部である。(26)

不確実性や不安定性の発生を背後で支えるメカニズムは、かなりグローバルであり、しかも、既存の政治制度の範囲を超えたところにある。すなわち、選出された国家当局者の範囲を大きく超えたところにある。マニュエル・カステルズが最近示唆したように、(27)今日の世界は、一連の重複するネットワーク、すなわち、株式取引所、テレビ・チャンネル、コンピュータ、あるいは、国家という一連の重複したネットワークとして構成されている。ネットワークは、空間的かつ時間的制約にもはや本質的に服さない過程――権力、資本、情報という――「フロー」のサイトである。インターネット利用者の経験は、ここに記されているような特徴を、その本質的な認識枠組みとして提供している。カステルズによれば、我々は、階級なき階級社会のなかに、また、資本と権力が純粋に循環する超空間(ハイパースペース)へと逃げ込み、もはや「資本家」や「支配」階級に具象化されない「グローバルな電子カジノ」のなかに生きている。他方、政治は、以前と同様に、本質的にローカルな事柄のままである。しかも、政治の言語は、共通の精神的苦痛や不安に対する処方箋について語ることのできる唯一の言語であるのだから、政治階級のなかには、日常的に経験している身近な分野での説明と治癒を求める当然の傾向が存在する。

このように、不安の最も深い原因——すなわち、個人の不安定性および不確実性の経験——を、安全性への（既に誤って与えられた）脅威に対する庶民の関心に注意をそらすという、十分に理解可能な政治エリートの傾向が存在する。そうした目くらましは、政治的に（すなわち、選挙政治的には）魅力的であるという、全く得心のゆくプラグマティクな理由がある。不安定性の原因は、人知れず人里はなれた接近しにくい場所に深く根ざしているので、ローカルで可視的な権力が現在の苦痛を治すために何を行ったらよいかは、すぐには明らかではない。より柔軟な労働市場、より自由な貿易、外国資本にとってより魅力的な条件などの整備を通じてすべての人々により良い生活を実現するという政治家たちの選挙公約が、単なる思いつきでないならば、そこには、来るべきより多くの不安定性と不確実性の前兆が認められる。しかし、集団的安全性にかかわる、他の問題への明白かつ率直な解答があるように思われる。ローカルな国家権力は、移民に対して国境を閉ざし、難民法を強化し、不快感を催させたり非難されるべき性向をもっていると思われる、歓迎されざる外国人を検挙し、追放するための配備を行うかもしれない。国家権力は、犯罪者と戦うために脅しをかけ、「犯罪に対して厳しく」対処し、多くの刑務所を建て、巡回区域に多くの警官を投入し、罪人への恩赦をより困難にし、さらに、民衆の感情に迎合して「一度犯罪を犯したものは永久に犯罪者である」というルールに従うかもしれない(28)。

要するに、政府は、その市民たちに確実な生存と確かな未来を正直に約束することはできない。しかし、政府は、さしあたり、少なくとも、職を求める外国人、招かざる客として押しかけてくる他の外国人、かつては清潔で静かで秩序正しく親密な雰囲気に満ちていた自国の裏庭への侵入者に対する戦いにおいて、彼らのエネルギーと決意を誇示することによって、鬱積した不安の一部を取り去る

（そして、それから選挙で利益を得る）かもしれない。そうすることは、大いに満足のゆくことであるかもしれない。そうすることは、おそらく、地味で短命であるかもしれないが、にもかかわらず、無情で冷淡な世界に直面したときに誰も助けてくれないような屈辱的な感情に対する代償である。

フィル・コーエンは、若いロンドンっ子たちの外国人嫌いに関する彼の洞察力に富んだ研究のなかで、ジョンという名前の回答者の一人が、必死になって、だが、模範的な決意をもって、「イギリス人」の定義を求めていることを示している。その「イギリス人」の定義には、彼自身は含まれているけれども、有色人種というかなり大きなカテゴリーの人々が排除されている。そして、その排除は、ジョンにとって、少なくとも、地域性の点から、便利な、したがって、魅力的な目標であるように思えた。コーエンは、その決意を「ジョンは、その構成によって、自分よりもはるかに大きく、また、とてつもなく強い何かの一部であると感じることができる」[29]という事実から説明している。強さとは、歓迎されず、また、受け入れられもしない世界のなかで意味のある生活を送るチャンスをもたない若者たちの存在状況のなかで、ジョンや他の多くの人々がほとんど失ってしまった特質である――彼らは、少なくとも、傷つきやすい自らの存在をもう少し危険のないように、また、もう少し安定させたいというかすかな希望を抱いていた。

世論調査統計に忠実に従って、票を求めている政治家たちに言わせれば、不確実性に関する広範かつ複雑な感情は、帰するところ、法と秩序（すなわち、身体的安全と私生活および私的所有の安全）へのかなり素朴な関心になるそうである。しかし、法と秩序の問題は、しばしばエスニック的、民族的、宗教的マイノリティ――そして、もっと一般的には、外国人の生活スタイルや、逸脱した、あるいは単に「異常な」すべてのもの――の問題と混合されがちである。

けれども、アントニー・ガラポンの指摘するように、その問題は以下の点にある。すなわち、騒々しく、不透明で、不明確な世界から生ずる、普及し拡散した、不安定的で影響を受けやすい雰囲気は、経験に基づく計画や確信に満ちた判断の発言をほとんど不可能にする。だから、それは、異常な（逸脱した）行動という観念そのものを掘り崩す。しかし、「異常なものが正常になる時、あらゆる正常性は異常性から嫌疑をかけられる」。現在の状況では、「ポストモダンな刑法の行きつく先は、汚染／純化の古い弁証法および、それに付随する献身的メカニズムの再制度化である」と、示唆してもよいであろう。今日、犯罪は、もはや、規範の侵害という理由で非難ないし批判されるのではなく、安全性への脅威として非難ないし批判される。「スピード違反、公衆の前での喫煙〔Tabagisme〕、性犯罪は、全く同じように取り扱われる。すなわち、治安政策によって取り扱われる」。「あらゆる公共問題を刑事問題（penal justice）へ移す[30]」――あらゆる社会問題、とりわけ、人、すなわち、その身体と所有の安全性を害していると考えられうる、あるいは、解釈されうるような問題を刑事問題化する――一般的傾向が見られる。

個人的安全性についての、手に負えない、しかも、解決不可能な問題を、現実の、あるいは潜在的な犯罪と戦うことによって、治安を守ろうという主張へ改編することは、有効な政治戦略であり、選挙上の大きな報酬をもたらすかもしれない。一つだけ例を取り上げるならば、一九九七年一〇月に行われたデンマーク国立テレビ調査は、多くのデンマーク人は増加する失業、環境破壊あるいは他の問題よりも、外国人の存在に関心をもっているということを示していた[31]。また、一九九七年一一月一七日付けの『インターナショナル・ヘラルド・トリビューン』が報道したように、その多数の意見は、憤慨した外国人の感情に共鳴している。すなわち、一二年前にトリニダードからコペンハーゲンへ移り住んだ二二歳のスザンネ・ラザレは、『ＩＨＩ』の特派員に対して、自分はデンマークを去ろうと考えていると語った。「彼らの目は変わってきている」と彼女は彼女のホスト（デンマーク人）について語った。「デンマーク人は、いま、外国人を見下している。彼らは大変冷たくなっている」と。そして、その後、鋭い、洞察力のある、以下のような言葉を付け加えた。「いかがわしいこと、それは、彼ら自身に対してもいかがわしいことである」。

地球の冷却化

それは、まさに洞察力に富むコメントであった。「我々のなかの外国人」、隣人となっている外国人に対する冷淡さ、隣人が外国人として投げかけるあの冷淡なまなざしは、いたるところでみられる、あらゆる人間関係における温度差の前兆である。人間的結びつきがどれほど暖かいものであるかということを長く忘れている人々は、冷淡である。すなわち、どれだけ多くの慰め、気楽さ、勇気づけ、そして、まさに通常の喜びを、自分自身のものとして他者——「私と同様の他者」、あるいはもっと正確に言えば、まさに私の苦境、私の悲惨、私の幸せな夢を分かち合うために、さらには、彼らの苦境、彼らの悲惨、彼らの幸せな夢と関わりがあるという事実のために、「私と同様」である他者——と分かち合うことから引き出すことができるかということを長く忘れている人々は、冷淡である。

ミラン・クンデラは、彼の『自己同一性』という小説のなかで、人間的友情の歴史的運命について考察している。かつて、クンデラのヒーローは、以下のようなことに思いをめぐらしている。すなわち、友人であることは、戦いで肩を並べながら抵抗すること、共通のものとして、また、共同してのみ守ることのできる大義のために、必要ならば、人の幸せや人の生命を犠牲にする覚悟をすることを意味していた。人生は、脆く、しかも危険に満ちている。友情は、人生を少しだけ堅固にし、少しだけ安全にする。すべての友達が手を携えて、一致して敵に抵抗するならば、どの友人に対する脅威も回避されうるし、危険も多少は小さくすることができる。

しかしながら、いまや、脅威も危険も、友人たちの一致した抵抗によっては解決されないし、苦痛も和らぐようには思えない。それらは、純粋に、あるいは、単純に、異なる種類の脅威と危険なのである。――あたかも、その犠牲の一つ一つを別個に受けることを期待されているかのように、かつての人々は決まって一人で犠牲をうけなければならなかった。現代の個人の悲惨な境遇は同時に起らない。すなわち、破局は、個々のドアを、えり好みして、別々の日の、別々の時間にノックする。その訪問は、明らかに、連絡なしに行われる。そして、その災難は、犠牲者たちが告発し、指差し、共同して対処し、立ち向かい、共に抵抗することのできる敵の悪行（犯罪）ではない。運命的な不幸が襲いかかるのは、金融市場、貿易のグローバルな条件、競争性、需要と供給といった奇妙かつ不可解な名称の下に隠れて、一定のアドレスのない神秘的な力によってである。人が、他の「リストラ」事業で自分の仕事を失った時、一生懸命獲得した技術の時代遅れや、隣人意識、家族、パートナーシップが突然崩壊するものであることにきずいた時、友人に、どれだけの利用価値があるだろうか。

ある人々に降りかかった災難について、クンデラは、今日、他の人々は二つの方法でのみ反応すると示唆している。ある人々は、（非難の）叫び声に加わり、犠牲者を責めるコーラスに彼らの声を加え、彼らに悪運をもたらす、役に立たない人を嘲笑し馬鹿にするかもしれない。すなわち、不運な犠牲者をまさに敵と見なすような人々である。他の人々は、傷ついた人々に対して同情を示し塩をすり込むようなことを慎むかもしれない。すなわち、彼らは、何も起らなかったというふりをし、以前と同じようにつづけるが、にもかかわらず、ダメージを元に戻すことは決してしない――公然と、あるいは遠まわしに彼らの無能力を認め、あるいは、痛めつけたうえに侮辱まで加えることなど決してしない。この種の人々――控え目で、細やかで、親切で、礼儀正しい人々――は、今日、現実主義的に考えられうるかぎり、友人の考えに近づこうとする。その選択は、いまや、悪意と無関心の間にある。「すべてのための一人、一人のためのすべて」という古いスタイルの友情（友人関係）は、ほとんど、可能なものの領域から排除されてきた。人々が冷たくなるのも不思議ではない……。

我々は、人間性、美点、そして、先祖を気楽に訪ねる心の温かさを失ったというのではない。そうではなく、むしろ我々の苦難は、ほとんどの場合、最も温かい感情を分かちもつことによってでは治癒されることも軽減されることもできない種類の苦難だということである。我々が通常経験する苦痛によって、その犠牲者たちが結びつくわけでもないし、結びつけもしない。むしろ、現代の苦痛はわれわれを区分し分離する。現代の不幸は、我々を分離し、人間的連帯のデリケートな組織を引き裂いている。

すでに冒頭で述べたことを繰り返えさせていただきたい。現代の苦境と苦痛は、分散され、ちりぢりになっている。したがって、現代の苦境や苦痛から生まれる異議もそうなっている。異議が分散されれば、すなわち、異議を凝縮させ、それを共通の大義に繋ぎ止め、共通の犯人を処分することができなければ、その苦痛をよりいっそう厳しいものにするだけである。いたるところで目にするしつこいほどの共同体的な監視と、画一化の圧力によって個人の表現がほとんど抑えつけられているときには、個性、「真の自我」は、甘い夢であったし、英雄的追求を喚起する警鐘であった。ひとたび夢が現実となり、個人――勝者であれ敗者であれ――が戦場に一人置き去りにされると、それは厳しいものとなった。勝利と敗北もまた、ひとたび自分の側で称賛したり嘆き悲しんだりしなければならなくなると、等しく厳しいものとなり、忌み嫌われ、不快なものとなった。

現代世界は、ある苦しみをもった者が、当然のごとく、他の苦しみをもつ者と共有したいと望む一種の捌口を必死に求めて自由に浮動する、恐怖心と欲求不満に満ちあふれた容器である。ウルリッヒ・ベックが我々に想起させてくれているように、このタイプの捌口の切望は、確かに「個人化とは矛盾しないが、実際問題として、病的となった個人化の所産なのである」[32]。個人の生活は、陰気な心配と不吉な予感に満ち満ちていて、全ての人々は、一人で苦しみ、またよりいっそう、その理由だけでなく、どちらかといえばその苦しみが一般的であり特殊でないという理由にも驚いている。過飽和した他の解決方法の場合と同様に、一触即発の状態にある。

人間社会の揺籃期に経験した「原罪」に関するルネー・ジラールの最新版をご存知であろうか。それは、別の方法では難しいように思われる種族（民族）対立の復活の「意味を理解する」条件を、すなわち、現代の不安と恐怖の真の原因を考える条件をある程度満たしている（もちろん、必ずしもずっとそうだというわけではない）。しかしながら、その物語の示す範囲より先に進むことは警戒すべきであるし、また、その物語がその明白で論理的な力によって、こうした不安と恐怖が実現可能であり実行されるように思われる唯一のシナリオであると仮定すべきではない。今後よく忠告されるであろうことは、以下の事を思い出すようにということである。すなわち、いかなる反応も、また、その後のスケジュールも、けっしてあらかじめ決められた選択ではないということ、そして、それらは単にもっともらしいシナリオにすぎないということ、そのシナリオと上演方法の選択は、いつも、主役を演ずる役者だけでなく、多くの匿名のエキストラや裏方（舞台係）にも依存しているということである。こうしたエキストラや裏方はどうかというと、どちらのグループも明確な路線の選択に関しては頼りにならない。物事は、調子が狂ったり、一見堅固な骨組み中に発見された虫食い材や錆びた釘、流砂のように溶ける、岩のように堅いと思われていた基礎から崩壊する――このことから、恐怖感がにじみ出てくると思われる。しかし、以下のように言えば笑われるかもしれない。すなわち、――最終的には――苦境は思っているほどたいしたものではないという煩わしいほどの救いの兆候があるし、また、諸事象の変化は従う以外の選択を犠牲者にゆだねるしかない運命といったものではない、と。ミラン・クンデラは、それを彼独特の方法で以下のように述べている。

事物から、想定されている意味や、いわゆる事物の秩序において割り当てられた位置が突然奪われると、……笑いを誘う。笑いには、意地悪なもの（事物が、そうであると装っていたものとは別のものへ突然変わる）があるし、また、情け深い救い（事物は、外見的にそう見られているほど重苦しいものではなく、我々をもっと自由に生きさせ、もはやその峻烈な深刻さで我々を圧迫することはない）もある。(33)

あらゆる笑いのなかには、そのアンビバレンスな尺度がある。すなわち、事物が、そうであると思われているほど安定していないし信頼できるものでもないという点は悪い。けれども、事物がそう思われているほどにタフでもないし息苦しくもないという点は良い。かつてそうであると思っていた以上に自由であることは良い。けれども、自由な人々に責任があるのはその苦境に対してではなく彼ら自身に関してであると、何度も繰り返して言われることは悪いのである。事実、恐怖と笑いは互いに対立するものではないと言われる。それらは、同じ幹から生まれた枝である。したがって、すべての笑いには、恐怖のかすかなエコーがある。おそらく、恐怖のあらゆる発露には笑いの苗もある。

状況をより複雑に、かつ混乱させるかのように、クンデラは、次のように指摘している。すなわち、実際のところ、二種類の笑いがあるけれども、その二つを区別することは非常に難しいと。彼によれば、天使（「天使は、善の分子〈パルチザン〉ではなく、神の創造物の分子〈パルチザン〉である」のに対し、悪魔は「その神によって創られた世界に対して合理的な意味を与えることを拒否するものである」）は、悪魔の笑い声を聞きながら、「何とかして即座に反応しなければならないということを知っていたが、無力で無防備であることを痛感した。自分自身のことを提案できないので、敵の真似をした」。したがって、天使と悪魔は、ほとんど同じような音――だが、反対の意味を与えられ、全く反対の思想を表す音――を発しつづけた。すなわち、「悪魔の笑いは、事物の滑稽さ示しているのに対して、天使の笑いは、逆に、この世のすべてのものが、実によく整序され、賢明に認識され、善良で、意味あるものであることの祝福を意味していた」。

その結果は？

天使は、これから何かを手に入れた。天使は、我々を騙して意味論的ペテンにかけている。天使の笑いの模倣と元々の（悪魔の）笑いとには、同じ名前がつけられている。今日、我々は、外見的に同一の名前をもつものが二つの全く対立する内的態度を示すようになっていることさえ理解していない。二つの笑いがあるけれども、我々は、その二つを区別するためのいかななる言葉ももっていない。

どんな人間の心のなかにも悪魔と天使がいるということを付言させてほしい。実際のところ、我々は、同じ心から発したものであり、同じ経験に対して反応しているものだということなど信じられないような、二つの全く異なった感情を説明するために、悪魔と天使を想像したのである。我々が笑う時、耳を欹《そばだ》てれば、二つの笑い声が聞こえてくるはずである――しかし、我々はめったにそうしない。これこそ、「意味論的ペテン」が、ほとんどの場合、うまくいっている理由なのである。

第二章　エージェンシーの発見

ケン・ハーシュコップは、ミハイル・バフチンのカーニバル観に関する洞察力に富んだ研究のなかで、バフチンが恐怖と権力との間にあると仮定した密接な関係について明らかにしている。バフチンが恐怖を発見したのは、権力の発祥地においてである。彼が、そこで、すなわち、権力の誕生の地で発見したものは、宇宙の恐怖（cosmic fear）――ルドルフ・オットーの「巨大な」恐怖、部分的には、カントの「荘厳な」恐怖に似ている――であった。

> 計り知れないほど大きく、計り知れないほど強力なものに直面した時の恐怖、星の輝く天空や山、海といった物質的塊に直面したときの恐怖、古代の神話学、世界観、イメージの体系における、すなわち、言語そのもの、および、言語と結びついた思考形式における宇宙の大変動や大災害に対する恐怖……。この宇宙的恐怖は、根本的には厳密な意味において、神秘的ではない（物質的に大きい、したがって、物質的に限定できない権力に直面した時の恐怖であるから）けれども、その恐怖は、人と人の意識を抑圧するために、あらゆる宗教制度によって用いられている。[1]

バフチンによれば、その宇宙の——荘厳な——恐怖こそ、現世的世俗的権力の原型であったが、しかし、この権力は、その原型を公的な恐怖へと、すなわち、人間的であるけれども、必ずしも人間的ではない権力、人工のものであるけれども、あまりにも人間的な抵抗力の恐怖へとつくり変えたのである。

その宇宙の原型とは異なって、公的な恐怖は、製造——デザインされ、「寸法に合わせて形成」——されなければならなかったし、また、まさに製造されたということを付言しておきたい。すなわち、公的な恐怖は、星の瞬く天や大きな山のような、人工のレプリカを必要とした。公的な恐怖は、天や山と同じように、遠くて、近づくことのできないものであったが、それらとは異なって、人間（死すべきもの）に対して明確なメッセージを送った。モーゼがイスラエルの人々へ与えた戒律では、雷音がシナイ山の頂上高く反響することになっていた。しかし、その戒律は、雷が暗に仄めかしたにすぎないものをはっきりと示している。しかも、その戒律は、解答を提示していたので、疑問は出されなくなった。未知の脅威のなかから、周知の戒律へ服従すべきであるという要求が引き出されたのである。現世の権力によって、原始的な恐怖は規則からの逸脱の恐怖へと変ったのである。

宇宙の恐怖は、いまやその公的な化身によって、媒介されている。それは、弱まったのではない。それは、おとなしく、飼いならされただけである。それは、ひとたび現世を高く越えて自由に、かつ、不気味に宙を舞った後は、現世の住人たちの間に住み着いた。このことによって、宇宙の恐怖は現世での居所を獲得した。しかし、そのことによって、それは近づきにくいものとなった。この恐怖の新しい住居は、天ではなく山上に構えられたが、それへの接近はかたく閉ざされた。

恐怖と笑い

宇宙の諸力とは異なって、その地上のレプリカは語りかけた。しかも、聞いてもらって服従してもらうために語りかけた。このことは、ある点では、頼もしいものであった。いまや人間は、権力の怒りをなだめる方法や、権力それ自身の恐怖を抑える方法を知っていたし、あるいは、知っていると信じていた。取引が提案されていたのである。すなわち、理解しやすい交換――従順で、恭しい昼間と静かな夜との交換――である。人は、いまやその人生ドラマが課したすべての筋《ライン》を反復しながら、舞台の回りを動くことができた。すなわち、その筋書きに文字どおり従うことができるかぎり、そのものすごい力に依存して、羽のなかでやすらかにまどろむことができた。

バフチンによれば、あらゆる世俗権力の「構成要素」は、「支配者の暴力、抑圧、虚偽、戦慄、恐怖」である。彼の考えでは、これは「あらゆる権力の超法的犯罪」である。このことに関して、ハーシュコップは以下のようにコメントしている。「政治的な恐怖の本質は、特定の危険な脅威に対する心配ではなく、他者に対してこのうえなく傷つきやすいという感覚である」。この点でも、公的な恐怖は、その原型、すなわち、宇宙の恐怖のレプリカ（模造品）である。だが、宇宙の守護者が実際問題として達成すべきものを、その公的な結果として慎重につくりあげなければならない。すなわち、傷つきやすさを製造しなければならない。従うべき規則をはっきり説明するだけでは十分でない。さらに必要なことは、規則への不服従に伴う罰則の恐怖である――たとえ服従されない規則がどんなものであろうとも。あらゆる規則の英智について議論することはできる。けれども、そうした規則をはじめとするあらゆる規則への斉一性は、議論の問題ではない。斉一性を守る恐怖は、宇宙的な恐怖であるにちがいない。それは、究極的な傷つきやすさ―死―という冷厳な記憶から日々再生されるあの不可避的で根絶しがたい存在の不安に対する原始的な恐怖と偶然似ているということ以上のものであるにちがいない。

だが、どんなに懸命に宇宙の諸力の背後に匿ってもらおうと努力しようとも、宇宙の諸力の地上のスポークスマンは、――見、聞き、触る――（悲しいかな）人間であり、しかも、すべての人間と同様に、可死的存在である。宇宙の恐怖は、法という煙突を通して注がれなければ、公的な恐怖の大地へ流れ込むことはない。しかし、人間の指紋で、神の掟というテーブルを拭き清めることはできない。法律において、不可死の宇宙の諸力の堂々たる力と、可死的なその対象の脆さとが合流し、混合する。その対象と同様に、法律は弱く、おそらく、よりいっそう脆いものである。まさに、法律がどんなに弱いものであるかということこそ、実験とテストの問題である。バフチンの笑いは、まさにその問題であることを想起させる手段である。それはまた、その想起によって開放されたチャンスを実行に移す手段でもある。

啓蒙主義について、レッシングは、次のように述べている。創造、啓示、永遠の罪という神話から我々を解放したのはまさにこの啓蒙主義であると。ひとたび神話から解放されると、公的な恐怖は、その宇宙の裁可の一部――実験やテストを開始させるほど大きな部分――を失った。バフチンによれば、ルネサンス初期からずっと、公的な恐怖と非公式の民衆の笑いとの間で争いが行われてきているが、偶然が重なってまだ決着がついていない。笑い――最初は、毎年謝肉祭の行われる飛地に、空間的にも時間的にも限定されていた――は、「全く異なった、明確で、非公式で、超教会的で、超政治的な側面の世界」、――「人間関係のなかの人間」の世界――を提供した。実際問題として、カーニバルの笑いは、退屈な日常性の公的な真面目さと全く対立する陽気な別の世界をつくりだす。その別の世界が訪れるのは、最初の、公的で真面目な世界の支配が一時緩和され、あるいは、中断された時である。そのもう一つの世界、すなわち、笑いの世界が訪れると、「人々は恐怖から解放され、世界が人間に近いものになる」。これから先も、一つではなく、二つの世界が存在するはずであり、したがって、ちょうど人間的共存が、法律（戒律）の遵守と、全く訓化されず、明らかに放埓に繁茂した人間的結合との間を交互に動くのと同様に、人間の生活も、恐怖と笑いの間を交互に行き来するはずである。

二つの世界――それらは互いにどのような関係にあるのか？　この質問に対する解答のどれ一つとして、それだけでは正しくないように思われる。二つの世界の相互の関係は、おそらく非常に複雑であるので、まともな解答を見込むことはできない。あるいは、むしろ、その関係は多面的であるので、多くの異なる解答がありうる。一つの解答は戦争である。――正規の継続的な塹壕戦、定期的な軍事行動と穏やかな休止とに二分した戦争、多くの散発的な小競り合いや決闘へと分割されたゲリラ戦争。もう一つの解答は、来世への怯えと現世での乱痴気騒ぎとの間で永久に引き裂かれたままの、絶望的に二元的な、全く異なる矛盾した人間の欲求を満足させる、労働の区分である。だが、そのもう一つの解答は、相補性である――笑いは、恐怖を耐えうるものにし、恐怖は笑いの度を越さないようにする。笑いは、昨日の恐怖から立ち直るために必要な猶予期間を提供し、明日の恐怖に直面するうえで必要な強さを結集させる。拷問室や強制収容所を補完するために必要なものであった歓喜力行、大衆テロに不可欠な補遺としての街の広場のダンス、見本市、祝祭。したがって、また、安全弁効果もある――恐怖の生み出すくずのためのごみ捨て場、公的な恐怖の過剰生産へと向うすべての権力の当然の傾向の帰結に対する安全装置としての笑い。満足のゆく解答は、たとえみつかったとしても、おそらく、こうした類のもの、および、それ以上のものの混合物であろう。

近代性は、独特の「逸脱」形式である。近代性は、多くの厳格な境界線を破壊した。近代性の時代に壊され、掠め取られ、あるいは、消し去られた他の区分線のなかには、恐怖と笑いの区分線もあった。それは、あたかも、暗くて恐怖で一杯になった日常性と、明るくて笑いに包まれたカーニバルとが、完全に砕かれて、漆喰の中に押し込められ、もはや混合物のなかの一つの要素が他の要素と区分できなくなっているかのようである。――何ら違和感もなく。黒雲が銀白に裏うちされるように、恐怖もよく笑いに裏うちされる。これに対して、遠い恐怖の反響（エコー）は、笑いの迸りのなかでかすかに聞き取ることができるだけである。カーニバルの開催地や開催日時に限定されてきたものは、いまや、生活の時間／空間全体にわたって撒き散らされている。恐怖も全く同様である。――立ち入りを禁じられているどんな飛地にも。

だが、バフチンにならって、笑いとは、無力な人々の権力であり、また、臣下の抵抗を打ち砕くときに現行権力によってつくりだされる公的な恐怖の浸透を阻止するためのものであると、繰り返し言いつづけることに意味があるかどうか疑わしい。むしろ、近代権力は、かつての敵である笑いをその二輪馬車に利用する――それからサービスを受ける――方法を発見したように思われる。もはや恐怖は、笑いを隠蔽したり、沈黙させたりしようとはしない。あたかも権力は、笑いをその最も確実な避難所とみなしているようである。あたかも恐怖は、隠れるための多くの余地をもつためにもっと多くの笑いを望んでいるかのようであり、また、恐怖を生み出す権力への抵抗が、それが始まる以前に麻痺状態になるように、そして、もし抵抗が実際に発生したならば、臆病者には何も手を下さないようにさせるために、もっと多くの笑いを望んでいるかのようである。不死鳥《フェニックス》が灰のなかから再生したように、あるいは、年老いた魔女が処女の血で一杯の風呂桶から再生するように、権力は、笑いから再生し、若返るのである。

テオドア・W・アドルノが述べているように、恐怖と笑いの相互関係における大きな変化は、他の大きな変化、すなわち、本質／現象関係における方向性の逆転とパラレルである。真の、あるいは、切望されている本質は、もはや真実の自我あるいは個性あふれる自我（ジョン・キャロルの「魂」の思想において把握される概念）のなかにあるのではなく、むしろ、それは変化して、「直接目に見えるものの下に、すなわち、想定された事実の下に隠されてしまい、そのことによって、諸事実は現に存在するものとなっている」。そうした本質は、「人間をその自己保存（sese conservare）の手段に格下げしようとする世界、人間の生命を再生産することにより、また、人間の生命には人間の要求を満足させるためにこの特徴があるのだと信じさせることにより、人間の生命を短縮し、脅かす世界の決定的な害悪の原因」なのである。(2)

本質が現象の側へ動いたので、本質に達しようとするすべての努力は現象の茂みの中に入り込むということ、また、笑いは恐怖を聞き取らせるための音であるということは、一つの同じプロセスについて述べていることなのである。笑いは、もはや反抗の前兆とはならない。むしろ、笑いは、恐怖との和解、恐怖への服従、そして、恐怖の手に負えないことの認識、恐怖を軽く受け取る決意、恐怖を飼いならし自己の利益のために利用する企図、生活を私事化することによって存在の恐怖から身を守ろうとする企図を意味している。人々は、もはや恐怖の権利を認めることなしに笑うことはできない。アドルノが述べているように、「個人は、いまや、ほとんど衝撃力をもちあわせていないので、個人は、あれこれの公的に認められた卓越した人々の一例として区分できない[3]」。

かつて、権力の生み出す公的な恐怖が、その宇宙の原型と先祖に対して仲介役を務めていた。現在、我々は二つの仲介点を越えて生きている。厳しく保護された官庁街のどこかに一定の居場所をもつ濃縮された公的な恐怖は分離され粉砕され、粉砕場所から生じた塵は広範な個人生活全体にふりかけられている。つくられた恐怖(それ自体が仲裁)が仲裁されるという変化が生じているのである——人間のつくりだした運命の非人間的力を(率直に、しかし様々な率直さで)示している、不確実性、不安定性、不安という項目の下に包含された無数の個人的恐怖(テロ)によって仲裁されているのである。

個人は、自由に、自らの恐怖を解釈し、それに、私的に選んだ名称をつけ、それと自分自身の恐怖を一致させることができる。大きな恐怖は、小さな単位の恐怖へと区分され、次に、私事化される。——笑いも同様である。そのどちらにも、大きな抑圧や大きな反逆へと合流するチャンス、あるいは少なくとも、実現可能なわずかな展望さえ与えられていない。恐怖と笑いは、街角に放置され、私的な家庭のなかに安置されている。私的な恐怖は、他の私的な恐怖とめったに出会うことはないし、また、双方が出会っても、互いを容易に認識しあわない。協力しあって一点に結集し、結合したり、結合させられたり、加入したり加入させられたりするその努力が、個人的自由と呼ばれるようになったのである。

自由はどれだけ自由であるのか？

個人であることは必ずしも自由であることを意味しない。後期近代あるいはポスト近代の社会において特売されている、また、この種の社会に共通する個性の形式――私事化された個性――は、本質的に不自由を意味する。

アラン・エーレンベルクは、つきまとう不確実性から逃れようと苦闘する現代の諸個人に利用可能な方法について、洞察力に富んだ研究を行っているが、そのなかで、一九八三年一〇月のある水曜日の夕方を突破の日（画期的躍進の日）として選んでいる。その日の夕方、どこにでもいるごく普通の、全体として目立たないカップル、ビビアンとミッシェルが、フランスのテレビ・カメラの前に現れ（したがって、何百万というテレビのスクリーンにも現れ）、ビビアンは、ミッシェルについて「私の夫は早漏に苦しんでいる」と語り、自分は彼と一緒にいて「一度も喜びを経験したことがない」と不満を述べた。まさにこれこそ、フランスにとって突破の日（画期的推進の日）であった（同様の突破は、他の日時に他の国で起こっている）。

すなわち、重要なタブーが、完璧に破壊されてしまったのである。公的に語ることのできない言葉を語ることができるようになったし、近親者たちの間でのみ打ち明けられていた経験が公的告白にふさわしいものとなった。ジャック・プラデルがその事件の一〇年後に述べたように、[4]「我々は、これまで学んできたすべてのことと決別する。たとえば、喜怒哀楽の感情は弱さの兆候であるということ、泣き叫ぶことは悪いことであり、醜いことであるということなどである。我々は、タブーを破り、個人的領域を探索し、親密さという誰のものでもない土地を渡って行く」。こうしたすべてのことは、その記念すべき水曜日の夕方に始まった。すなわち、感情を公的に誇示し、友人関係の最も内奥の秘密――秘密であるために、友人関係をより密にし、あるいは、親密さを友人関係に変える秘密――を見せびらかすことの容認が始まったのである。

奇妙な裏返しであるが、秘密性への権利を守るために抵抗していたあの私的領域は、同時に、公開性への権利をもつ領域として再定義されている。搾取は、賦与という装いを凝らしてやってきた。介入は、解放というマスクをつけて行われた。

しかし、すでに述べてきたこと以上に多くのこと、そして、より以上に重要なことが、その運命の夕方に起った。まず第一に、以前には私的領域に限定されていた事態が単に変わっただけではない。この事態を変化させることができたのは、「公的なもの」という意味に同様の変化があったからなのである。後者の概念は、「集団的」という性質をもつ事物や事象に対して、すなわち、独占的所有物はさておいて、誰もが自分の私的問題であると主張できない事物や事象、しかも、そうした事物や事象が自分たちの私的利益や所有に影響を与えるという理由から誰もが発言を要求できる事物や事象に対して、留保されてきた。

いまや、公的なものの定義もまた逆転している。公的なものは、私的問題や独占的所有が開示される領域となっている。しかも、私的問題や独占的所有が自分たちの私的利益あるいは福利に影響を与えているなどとても主張できない事実があっても、その事実は、そうした開示の問題とは無関係であると言われている。確かに、開示は「公共の利益になる」とアナウンスされてきた。――しかし、それと全く同じ理由で、「利益」の意味も、根本的な変化を被り、いまや、好奇心という意味に、そして、その好奇心を満足させる「関心」へと貶められている。好奇心をかきたてるすべてのもの、あるいは、好奇心をかきたてることのできる全てのものを公開するということが、いまや、「公共の利益になる」という観念の中心になっている。したがって、公開されるすべてのものが、好奇心を十分かきたてることのできる魅力的な形式で開示されるように注意することは、「公共の利益に十分奉仕する」主たる尺度となっている。

「公的なもの」は、それ独自の内容を失っている。すなわち、「公的なもの」には、もはや独自のアジェンダ（議題）がなくなっている――「公的なもの」は、いまや、一連の私的なトラブル、心配事、問題のかたまりにすぎない。それは、私的な、まだはっきりしていない感情や心的状態の意味を理解するうえで援助を求めたり、他者の理解する言語でそうした感情について表現する方法の教授を求めたり、さらに、諸個人では対処することの困難な一連の経験の取り扱い方について助言を求める個人の願望の寄せ集めからできている。「公的問題」のリストは、「私的問題」のリストと異なるものではない。しかも、そのリストは「その項目の総和」以上に多い特別のリストではない。

せいぜい、フランスでビビアンやミッセルの公的告白を契機に行われるようになった数多くの「トークショー」は、正当化機能を果たしているだけである。数を笠に着て（「誰もがそれを経験している」、「それは誰にでも起こりうることである」、さらに、「この種の経験をしていることはさておいて、この種の経験を認めることも恥ずかしいことではない」）、そうした「トークショー」は、ある感情に公的受容（それ以上に、公的に支持された願望）のお墨付を与えている。そうした「トークショー」は、そうした感情を表現する言葉や、その意味を解釈するための認識枠組みを提供している。そうした「トークショー」は、言葉や解釈の手がかりを提供しながら、しきりに、諸個人に同じような感情を追求させ、同じような感情を経験させ、なぜ同じ感情に到達するのに時間がかかり、なぜ到達した時には当初よりも激しくないのかということに疑問を抱かせる。それゆえ、トークショーは、その表現を保障すると同時に、表現されることを強く要求されていると思われる、真の、あるいは推定上の、苦しい、あるいは念願の経験を仄かし／誘発し／移植する。

しかし、ここで公的援助は終わる。公的援助は、もはや何も提供できないので、提供リストから最も大きくはずされていた品目（アイテム）のなかでも、個人の問題を共同で処理／解決するために共同の手段を使用するという可能性が出てくる。公的なもの――他の諸個人の集合――のできることは、拍手喝采するか、口笛を鳴らすか、賞賛するか非難するか、尊敬するか嘲笑するか、唆すか妨げるか、肘でつつくかうるさく小言を言うか、刺激するか落胆させるかだけである。すなわち公的なものは、個人が一人ではできないことをするなどとけっして約束しないし、不平を言う個人（聞いたり／コメントしたりする公的なものは、個々のエージェントの集合体にすぎないので、もともとエージェンシーではない）のためにその問題に取組んだり、個人の肩から責任を取り除くことを約束しない。

諸個人は、各自のトラブルを抱えて一人でトークショーにやってくる。そして、諸個人は家に戻ると、その孤独のなかによりいっそう深く沈潜する。諸個人が学んだこと――もし彼らがそのことを以前に知らなければの話であるが――は、次の行動、その次の行動、さらに、将来において重要かつ真に決定的な全ての行動は、彼がおこすべきであるし、おこすべきであろうということであり、彼らの頼れるものは彼ら自身のスタミナと勇気しかないということである。他の人々は、助言してくれるかもしれない――とるべき最良のステップを示唆してくれるかもしれない――しかし、相談をもちかけたり断念したりすることができるのは、本人しかいない。したがって、結果がどんなものであれ、その結果は、本人が担わなければならない。最も受け入れられやすく、特に心を打つと思われる一つの教訓は、以下のようなものである。すなわち、諸個人が、目標を見失い、目的を達成できなくなった場合、責められるべきは自分自身だけだということである。視聴者は、戦いの場に入る前に、前もって次のことを十分知っている。すなわち、敗北——敗北したならばであるが——は、自分自身の誤り、怠慢、怠惰のせいである、と。公的フォーラムというトークショー風の代用品においては、客観性は、諸個人のモナド（単子）的主観性を保証するという唯一の目標に奉仕する。したがって、「主観性」は、自我を意味するようになり、一方で、タイタニック号を沈没させるような誤りを回避しつつ、他方で、荒れ狂う潮流と危険な暗礁との間で人生を操縦する必死の戦いにおいて各自の筋力と気転にゆだねられる。

けれども、モナドをまず第一に際立たせているものは、モナドという隔離された状態から逃れたいという率直な、あるいは、漠然とした願望であった。モナドは貪欲に見聞する。なぜなら、モナドは自らの状況を不愉快に思っているからであり、おそらく、明らかに耐がたいものだと思っているからであり、また、もう二度とモナドでありたくない思っているからである。諸個人がモナドとなったのは、諸個人が、彼らを他の人々と結びつけ、彼らを「より大きな全体」の一部にしていたネットワークが徐々にばらばらになり、まさに分裂しかかっていると感じたからである。

かつての濃密で無数の安全策（セーフティ・ネット）のなかでいまでもまだ残っているものがあるとすれば、そのすべてはもはやしっかりとした信頼できるものとはみなされていない。なぜなら、そうしたネットは、苦労して織りなされたにもかかわらず、ほんの少し注目されるか、あるいは、全く注目されることなく、ほとんど、あるいは、全く努力の成果もなく、壊され、引き裂かれているからである。かつて期待していたように、ネットは一度規則に従って組織されると、時折修繕する必要があるにしても、そのまま存続するだろうなどということはもはや期待できないということが、全く明白になってきている。いまそれらを順調に維持するためには、全く新しいタイプのスキルが必要である。すなわち、通常の細かい骨の折れる、「ただ一度きりの」縫合テクニックは、アド・ホックで、即興的で、柔軟な危機管理の手段に置き換えられる必要がある。モナドの目は、他のモナドの経験からそうした新しいテクニックを学びたいという希望にもえて、スクリーンにくぎづけになっている。トークショーは、彼らにその方法を教える。表向きには、トークショーは、モナドの置かれている状態から抜け出るための手段に関する知識を彼らに提供する。しかし、トークショーはまた、その偉業を成し遂げるには、自力によって自らを悲惨な状態から引き上げるしかなく、自分以外の他人の力に頼ることはできないということを彼らに教える。

新しいノウハウの提供は、商業契約の制限内で行われる。こうした契約は「あなたが意見を述べるのであれば私も言いましょう」という、売りことばに買いことばの契約である。したがって、そうした契約は、厳密な査定を受けて更新されるまでの期限付きの契約であるか、あるいは、第三の人物がより魅力的な商品を譲渡すると約束したり、あるいは、より安い価格で商品を譲渡すると約束すれば、いずれかのパートナーによって解約できる、全くオープンな契約である。そうした契約は、また、ほとんど両立不可能な諸利害の間に、浮動する最良の妥協点を想定するタイプの契約である（もし両立可能であるならば、諸利害は当然に一点に収斂し、契約は必要でなくなる）。その点をまさにどこに置くべきかについては、諸勢力のバランス次第である。その点はそのバランスの別の変化に従って動くかもしれないので、正式に契約を結んだからといって、パートナーに、その推移の結果をすぐにはあまり魅力的なものにしない方がよい。最後に、契約から可能なかぎりの最良の利益を引き出すためには、とりわけ交渉術と自己表現の経験を必要とする。自分自身および自分の真の、あるいは、暗黙の資産を「売り込む方法」を知る必要があるし、また、どちらともあまり安売りしない方法を身につけなければならない。

要するに、モナドの求める共同性に再び参加する方法は、取引／交渉／妥協といった手続きにならって形成されがちである。新しいネットは、全く重複していない諸利益が政治場裡において一時的に接触することによって達成されるようなやり方で形成されるべきである。なぜなら、政治場裡そのものがより綿密に商品市場にならって形成されてきているからである。これは、大雑把に言えば、トークショー文化が奨励し普及させた「ライフ・ポリティックス」の哲学と言えるものである。アラン・エーレンベルクが述べているように、(5)「家族は、現代のカップルのように、交渉による妥協に依拠しがちである。すなわち、私生活は、政治領域における審議、交渉、妥協の手続きにならって形成されつつ、公表されている」。まさにその理由から、視聴者は、その情景が彼ら自身の経験を表現していると感じるのであり、あるいは、少くとも、彼らに起こった事柄に対して彼ら自身が行う解釈を表現していると感じるのである。まさにその理由から、伝えるべきメッセージは、彼らの耳に届いているし、信用のおける、また明らかに、信頼する価値のあるものにみえるのである。「現実ショー」によって示される「現実」は――エーレンベルクが指摘しているように――まさしく、視聴者がそうあるべきと期待した当のものなのである。その映像は、「時代精神を確証し、支配的な意見を再生産する」。これは、リアリズムにおける実践というよりも、心象をリアリステックにするうえでの実践である。

その情景は、現実そっくりなものであるが、しかしその情景は、それもあるがままの現実であると認められるべきであるならば、現実が見習わなければならないような納得のいく現実である。

心象となったその現実において、個人は解放される。個人は、現に、また、真に自由であり、自らの資源を自由に使用し、もはや、いかなる他人の資源にも依存しない。人類がかかわらないものは何もないとか、必要な知識を蓄積する十分な時間が与えられてさえいれば、人間にできないものなど何もないという啓蒙主義の約束は、他の多くの物事がそうであるように、私事化されてきている。人類の自由は、その個々の成員一人一人の自由として移し変えられてきた。大きな紙幣が多くの硬貨に交換されたので、すべての個人がいくつかの硬貨をポケットに入れて持ち運ぶことができる。そして、彼らは、賢明にもそうしてきたし、必要ならば、ポケットを探って金を出しもした――なぜなら、かつて人類の全体的信頼を保持し、かつ、各人およびすべての人々の支払い能力を保証した大きなデノミ紙幣は、もはや確実なものではないからである。思い出してほしいのだが、私事化は、私人の基本財産についてだけではなく、（また、長期的には、最も激しく）公的財産の閉鎖や、私人の財産を自由に処理する義務の取消についても行われている。ピーター・ドラッカーが見事に言い当てているように、「もはや社会による救済はない」。さらにマーガレット・サッチャーがよりいっそう見事にそれを表現しているように、心象が現実となっているので、「社会のようなものは存在しない」。

しかし、想像上の社会は、近代を通じて、人間の全能性への信頼を支える基本的基盤であった。しかも、想像上の社会は、すべての社会の構成員が成長して大人の権利を手に入れるようになるにつれて、徐々に、しかし、執拗にかかわらされる義務と責任の濃密なネットワークによって、もっともらしいものになったし、実現可能となった。全体としての社会、すなわち、自分自身ではどうしても答えられないような面倒な質問を個人にさせなくてすむほど強力で自律的で資力のある社会、によって提示される何らかの優れた論理や目的に対する信念を支えていたものこそ、各人が人生において、また、人生とともに行うことを期待されているもの、あるいは、行わなければならないこと（行われるべき確かなもの、疑う余地のないものが存在したというまさにその事実）であった。そうした信頼を、後期近代の、あるいは、ポスト・モダンの生活の経験によって支えることは困難である。多くのことを要求しないし、また、交換するために提供できる多くのものをもたないので、多くのもの、おそらく、その肉づきのよい体や堅い筋力を失ってしまった社会、かつてその名前において発せられた命令や、その工場のラベルのついたセイフティ・ネットとともに個人生活から消えうせている社会によって支えることは困難である。ジョン・キャロルが考察しているように、

今日、生活の二つの主要な領域である恋愛と仕事には、自由に行使できる特権など存在しない。一方では、結婚や家族は生活の安寧にとって中心的なものであるという信条が弱まり、また、それとともに、通過儀礼や共同体支援組織も弱まっている。他方では、若者の高率の失業と就業年限に関する不安の増大によって、社会は自分を必要としていないし望んでもいないという意識がますます先鋭化している。もし予見できる唯一の家庭が、自分の成長した家庭でしかないとすれば、そのとき、永遠の幼児期と死という二つの選択肢の間で若者は行き場を失う。したがって、パンク（ファッション）は、未来を信じることなく生きようとする人々に向けられた、現代の典型的な音楽となるかもしれない。

急速にグローバル化し、しかも、ますます増大する超地域的（治外法権的）な知識エリート――ジョナサン・フリードマンが簡潔に「近代主義をもたない近代主義者」（たとえば、既存の状態よりも本質的により良いグローバルな状態に関するいかなるビジョンもなく、あるいは、そのより良い世界を実現しようといういかなる決意もない近代主義者）と記述したようなエリート――を筆頭に、精神的なリーダーシップは時代遅れとなってきている。精神的リーダーシップは社会統合においてその伝統的役割を果たさなくなっている。キャロルによれば、「無社会」という新自由主義的ビジョンを受け入れてもよいという知識階級の大部分の意識は、「重要なエリート制度の社会的責任が減少している」ことを立証しているし、また、潜在的な、しかし、早い時期に第一線を退いた、かつて社会的意味や社会的価値を供給していた人たちが「退廃」し、「利己的」になっていることを示している。いずれにしてもこれは、社会の他の人々がそれをどのように見ているかということである。それゆえ、非常に多くのことが起こっているということ、そのいくつかはうれしいことであるが、ほとんどは、暗鬱な様々な諦観の念をもってしかみられないような、すなわち、ピーター・ドラッカーが鈍く指摘しているようなことが起っているということは、決して不思議なことではない。

社会全体の運命や目的に対する信頼がないならば、生活追求に意味を与えなければならないのは、個人、それぞれ一人一人なのである。それは、状態の一番良い時の容易な仕事ではなく、いかなる意味も確実な――その教化に必要な努力に耐えうるほど十分に確実な――保障を得られない時の困難な仕事である。

社会的リーダーたちからはいかなる援助も期待できない。たとえリーダーたちが彼らの説教に、持続的で信頼に足る堅実な雰囲気を与える十分な力をもっていたとしても、彼らは、それほど援助を与えることはできないであろう。すなわち、彼らは、説教の話題を使い果たしていたので――脱会したも同然と宣言された会衆の元メンバーに責任を転嫁するという、時間をかけて考え出された話題を除いて――説教者ではなくなっていた。高い所には捜し求めるものが何もないので、周りを見回すことしかできない。しかもこれは、まさに、良い方向が欠如しているために、ほとんどの人々が行っていることなのである。キャロルに従えば、「我々は実例から学ぶ。したがって、模範となるものやヒーロー、野心、努力、失敗、成功についての寓話に対する欲求は依然として存在する」[6]。まさに、私と同様に、成功と失敗を区分しようとする野心とスタミナしかもたず、また、私と同様に、人生において達成されるべきどんなものも社会のおかげではなく、社会とは無関係に達成されうるということを知った（あるいは、厳しい道程を学んだ）他の人々の、模範に対する、すなわち、私と同様に孤独な他の個人にとって模範となるものに対する欲求である。実例から学ぶことこそ、モナドの宿命であり、諸要求を内面化しモナド的存在のルーティンを修得する方法なのである。これこそ、トークショーが、現在脚光を浴びている名士の「人間味あふれる物語」によって、主として行っていることなのである。すなわち、歯ぎしりをしたりこぶしを握りしめたり、罠を仕掛けたり罠を避けたり、良い印象をつくったり、印象づくりをしない人々の罠にはまったりすること、などである。

トーマス・マチーセンが示唆しているように[7]、近代がその疾風怒涛の段階をすぎ、後期の段階に入るにつれて、パノプティコン（一望監視式刑務所）、すなわち、「社会」として知られるようになったものにおいて人々を結びつける主要な道具は、徐々にシノプティコン（共同監視式刑務所）にとって代わられた。今日、少数のものが多数のものを監視しているのではなく、多数の者が少数の者を監視しているのである。多数の人々には監視すること以外の他の選択はない。公共の美徳のなかから教訓の源が全く失われてしまえば、彼らは、生活努力のための動機を私的な才能とその報酬という有効事例のなかにのみ求めるであろう。さらに、彼らは楽しんで監視し、また、彼らはもっと多くの同様の監視スタッフが必要であると声高に、かつ、明確に要求する。私生活を公衆の凝視から避けることは、もはや、「公共の利益」には含まれない。

偉大で有名なもの（有名だから偉大なもの）は、もはや司牧的権力を熱望しない、したがって、もはや公共の美徳に教訓を提供しない。彼らがかつての信徒に対して提供する最後のサービスは、他の人々が尊敬し、しかしまた、模倣したいと望むような彼ら自身の生活を提示することである。もしパノプティコンが、私的なものに対して向けられた消耗戦を表象しているならば、また、私的なものを公的なもののなかで解消する努力、あるいは少なくとも、公的に受容されうる形で提示されることに反対し、あらゆる小さな私的なものをカーペットの下に隠す努力を表象しているのであるならば、シノプティコンは、公的なものの消滅しつつある過程、私的なものによる公的領域の侵食、すなわち、その征服、占領、そして、漸進的な、しかし、無情な植民地化を反映している。公的なものと私的なものを区分／結合する境界線に加えられる圧力は、逆転している。

これは、本当に、最初に約束されていた種類の自由であるのか。元来、近代性を推進する思想家によって約束されたものは積極的自由、すなわち、物をつくったり、人間存在に適合させるように物を改造する自由であった。彼らが念頭においていたものは、人間の自由であった。そうした自由には、人類の構成員が、その生来の能力のなかでも最も人間的な能力、すなわち、合理的判断を下す力に従って行動し、また、理性の命ずるままに行動しようと思ったときにけっして妨げられないような形で物事を進める能力が、その主要な構成要素として含まれている。個人的自由――理性の道理に従う自由――がその不動の基礎をみつけたいと願っているのは、人間の行動能力、自然の誤りや無頓着な行為、人間自身の過去の誤りや無頓着な行為を修正する人間の集団的能力のなかにおいてであった。全能なる人間集団内部においてのみ、個人は真に自由でありうる――すなわち、その前人間的および非人間的な情熱と熱望の奴隷ではない。

その思想については多くのことが語られてきている。すなわち、その温和な側面と邪悪な側面、そして、そのように理解された自由への共産主義的およびファシスト的跳躍のなかに余すことなく示されているその破壊的な潜在力について、多くのことが語られている。いま、そのすべてを繰り返す必要はない。しかしながら、言っておかなければならないことは、これまでにその思想の信頼性はほとんど失われているということ、その思想を実行するという約束は撤回されているということ、そして、到達したと宣言される自由は、約束されていた自由とほんのわずかしか似ていないということである。

到達したと宣言されているその自由は、アイザイア・バーリンが「消極的自由」という哲学的名称を与えたまさにその人間的条件の側面である。すなわち、一般的に用いられるときには選択の自由として説明され、また、人民主義的な表現方法を用いれば、「国家はより小さく、ポケットにはより多くのお金を」（マーガレット・サッチャーが極めて印象的にそれを、「行きたいときに行きたい医者に行く自由と表現したように）として説明される側面である。現に存在している自由は、政治的権威によって課せられる制限の欠如として説明される。新自由主義哲学および自由放任主義的な自由の実践は、あらゆる「欲求への独裁」（アグネス・ヘラー、フェレンク・フェーア、ジョージ・マークスがそれを「狂乱する近代性」と記述している。それこそ、まさに全面統制を伴う共産主義的実験であった）に対して戦いをいどむのではない。それは、欲求への政治的独裁に対する消耗戦を宣言したにすぎない。

個人的選択の強制的制限によって課せられる抑制からの自由、すなわち、「消極的自由」が、まさに、望まれる人間的条件の唯一自由主義的な（リバータリアン）側面であると仮提するならば、政治権力の過度に規制しようとする意欲は、消極的自由にとって唯一の、あるいは、少なくともその主たる敵であるのか？　「規制緩和」という徒名のついた、人間の選択に対する政治的、法的干渉の解消は、「消極的自由」の真の拡大に通じる道であるのか？

政治の脱構築

個人的選択は、あらゆる状況において、二つの抑制のセットによって制限されている。一つのセットは選択のアジェンダ、すなわち、実際に提供される選択肢の範囲によって決定される。あらゆる選択は、「内部の選択」（choosing among）を意味し、選択者の決定できる事柄から選ばれる一連のアイテム（品目）であることはめったにない。もう一つの抑制のセットは、選択コードによって決定される。すなわち、他のアイテムよりもあるアイテムを選択する根拠や、その選択を適当ないし不適当とみなす時期について個人に伝える規則、によって決定される。二つの抑制のセットは、個人の選択の自由が機能する枠組を設定する際に、協力して機能する。

近代の初期段階において、選択のアジェンダを設定する基本的手段は立法であった。個人を選択者とする観点に立てば、立法は、まず第一に、事前選択権である。諸個人がそれぞれの選択を行う前に、立法者たちが自らの選択を行う。立法者たちは諸個人に開かれた選択の範囲を削減する。すなわち、抽象的に可能ないくつかの選択は、実際に可能な選択の範囲から排除されるか、あるいは、それらを過度にコストの高いものにし、したがって、通常の選択者によって実行可能とはみえないような、いうまでもなく、とても魅力的なものとはみなされないような厳しい刑罰上の制裁と結びつけられる。立法は、言い換えれば、抽象的な可能性の範囲と現実的な有効性の領域とを区分する。すなわち、前者の形態は後者の形態とは異なる（とりわけ、かなり狭い）。

選択コードを設定する主たる近代的手段は教育であった。教育は、法に設定されたアジェンダの範囲内で個人にその選択の自由を使用する技術を教え込み訓練するための制度化された努力である。教育は、選択者に方位測定点、行為の諸規則、しかしとりわけ、選択を導く価値、すなわち、選択するうえで正しい理由と間違った理由を見分ける能力、そして、後者をさけ前者に従う傾向を提供することである。教育は、今後、彼らの行動を導く規範を内在化するように諸個人に勧めることを目的としている。もし立法が、抽象的に可能な選択を、そうすることが許されるような選択と禁じられ罰せられるような選択とに区分することによって、そのアジェンダを設定するならば――教育は、有効な／認められた一連の選択を、望まれる／勧められる／適当な選択と、歓迎されない／勧められない／適当でない選択へとさらに区分することによって、そのコード設定機能を遂行する。

明示的にせよ黙示的にせよ、現存している政治制度は、今日、アジェンダやコードを設定する役割を放棄したり、あるいは、削減する過程のなかにある。しかし、このことは、消極的自由の領域が拡大されているということ、あるいは、個人の選択の自由が拡大しているということを意味しない。それはただ、アジェンダやコードを設定する機能が、ますます政治的（すなわち、選挙され、したがって、だいたいコントロールされている）制度以外の諸力に譲渡されているということを意味しているだけである。「規制緩和」は、必ずしも「規制」の衰退や崩壊ではなく、国家の規制機能の抑制を意味している。国家の退却あるいは自己制限による最も顕著な影響は、本質的に非政治的な諸力―基本的には金融市場および商品市場と結びついた諸力――の強制的な力（アジェンダ設定）および教化的な力（コード設定）の前に、選択者をさらに大きく露出させたことである。

最も重要な選択のためのアジェンダは、けっして現在の状況下では政治的に構築されることはない。現代の顕著な傾向は、政治からの権力の分離の進行である。すなわち、現実的な選択の範囲を決定することのできる真の権力は、流動している（フローである）。これまでほとんど抑制されてこなかった可動性のおかげで、その傾向は実質上グローバル――あるいは、むしろ超地域的（治外法権的）――である。現存しているあらゆる政治（選挙可能で、代議制的な）制度は、かなり強固にローカル（地方的）で、事実上、土地に所属している（glaebae adscripti）。もしアジェンダを設定する任務が、領域国家の当局によって放棄されないならば、その任務は、いずれにしても有効ではないであろう。すなわち、現在の政治過程の危機の中心は、諸価値の欠如あるいは諸価値の多元性によって惹起された混乱というよりもむしろ、あらゆる価値のセット、あるいは、首尾一貫し、かつまとまりのある選択のアジェンダを正当化し、促進し、設定し、修正することのできるエージェンシーの欠如である。

政治的国家の伝統的なアジェンダ設定機能は、現在、ある社会的カテゴリーに対する「直接支配」に極めて狭く集中している。すなわち、想像力によってよりもむしろ幻想の力を借りることによってのみ市場圧力にさらされ、鋭敏になり、それゆえに、そうした圧力によって設定、維持されたアジェンダの枠内で動くことを期待されている（政治当局の観点からは――「自己規制」している）社会的カテゴリーに対する「直接支配」に集中している。こうしたカテゴリーには、最も顕著には、「傷ついザは、市場を設定するアジェンダ化された消費者」として改鋳されたポストモダンな貧困者や、より一般的には、市場を設定するアジェンダへの参加を許されなかったため、そのアジェンダが無視してきた他の選択肢を頼りにすることに対して疑念を抱いている、あらゆる危険な（潜在的に犯罪性のある）階級が含まれている。その他の人々にとって、これまで以上に広い別の選択は、（明示的に、あるいは、暗黙のうちに）政治的に「中立的（無益無害）」であると、すなわち、政治当局にとって何の関心もないものであると宣言されている。

もし自由という主たる近代の戦場図に従来どおり従うならば、あの後者の傾向は、そうした強制的なアジェンダ設定の消滅傾向として解読されても差し支えない。しかしながら、問題は、選択のアジェンダはまだ設定されているということであり、したがって、選択のアジェンダは、政治的に設定されていないという理由で、頑強でなくなったり強制的でなくなったりしているというわけではないということである。アジェンダは、以前と同様に設定されていて、ただ新しい、非政治的に行動するエージェントのみが、その政治的先達を押しのけたり、あるいは、少なくとも、いまでも、これまで以上にしばしば脇役（第二バイオリン）ではなく主役を務める（第一バイオリンを弾く）ようになっている。主たるアジェンダ設定者として、市場圧力が政治的立法にとって代わりつつある。アドルノとホルクハイマーが考察したように、消費者選択の分野では――選択がいかに広くかつ多様であろうとも――誰もが、「以前に決定され表示されたレベル……に従って行動（自発的であるかのように）し、また、すべての人々のためにつくりだされた大量生産というカテゴリーを選択しなければならない。……良い点、悪い点などという鑑定家による議論は、競合という外観や選択の範囲を固定化するために役立っているだけである(8)」。

けれども、政治的オペレーターの場合とは異なって、現在のアジェンダは、市場操作の余波あるいは副作用として具体化されている。すなわち、現在のアジェンダは、慎重な企図あるいは明確化された目的としても、また、その動機としても市場操作を先導していない。それは、「自然な産物」——したがって、計画されたものでも予期されたものでもない偶然の、そして、選択されたものでもない産物——という特徴をもっている。それゆえ、かつて近代政治制度のアジェンダを設定する活動を導くために採用された、理性や行為の合理性という基準は、市場諸力の活動（play）から生まれるアジェンダには当てはまらない。このアジェンダは、合理的でも非合理的でもなく、理性の命令と共鳴するわけでもないし、それらに逆らうわけでもない。それはまさに、山が連なり、海が存在する状態——「選択肢なし」という政治家たちの好きな言葉においてしばしば裏打ちされる現象——である。まさに、「目的（意味）のある行為」という要素は、最終的にはほとんど隠されていて、したがって、どんな種類の目的のある行為がアジェンダを変化させることができるかということは、すぐには明らかにならない。

同じような観察は、選択コードに関する現在の状況に多くあてはまる。選択のアジェンダと同様に、そのコードは、元来、市場圧力によって形成されるし、また、再形成される。たとえ他の制度（教育制度／訓練制度を含む）がコードの設立を仲介したとしても、その制度の推進するコードは、諸個人が市場圧力に敏感であるならば採用せざるをえない、模範的行為にならって形成されがちである。まさに、今日の選択コードが、言明され、明快に説明され、しかも、はっきりと表現された目標のレベルに達することであるならば、それは、十中八九、市場の示唆や誘惑に対するあの敏感さ、感受性を、その最良の目標として掲げるであろう。このコードによって、世界は、元来、潜在的な消費対象者の容器として取り扱われるようになる。すなわち、消費の原則に従えば、満足感の追求が促進され、また、消費者社会の原則に従えば、個人は、選択者の生活の主導的規則として、また、価値のある、成功した生活の基準として、満足させるべき欲求を覚醒することになる。

選択者たちが選択するようにしむけられる諸価値のなかで、最高の位置を与えられるのは、諸対象および諸事象の、人を喜ばせる力である。ピエール・ブルデューが約二〇年前に指摘したように、新しい欲望の製造工場は、今、かつて規範的規則の果たしていた仕事を行っている。したがって、宣伝や商業広告は、かつて治安維持活動によって独占されていた地位を奪うかもしれない。欲望を誘発するのは、楽しくて、しかも、以前には経験したことのない興奮への期待である。一般的に、多くの興奮をもたらす対象の提供は、欲望の出現に先行する。したがって、後者は当初から対象に拘束されている。それゆえ、現代の選択コードは、楽しい興奮を期待できるものを見つけ出し、次に、それを充用する道筋を明示するヒントや手懸りを追求できる技術をもったエージェント（代理人）を生むのである。

しかしながら、コードの適用がうまくいったかどうかを査定するための結果とは、エージェントそれ自体の享受した経験である。すなわち、エージェントは、その対象に拘束された活動において、自己中心的で、自己熱中的な個人として行為する。したがって、その選択がそれ自身の興奮とは別の何かに対してもたらすかもしれない影響にはほとんど関心を示さない。また、そうしたエージェントは、選択の長期間にわたる影響に対して過度に拘泥することもない。エージェントの追求する楽しい興奮は一般的に短命であり、多くの場合即興的である――即興的に生まれ即興的に消滅する。すなわち、どんな欲望も必ず満足感を求める。したがって、エージェントに行為する動機を保持させるためには、より新しい欲望あるいは欲望の新しい対象が必要となる。

現在支配的な選択コードによって整備された生活戦略の内部において、人間諸集団が価値を獲得するのは、ほとんどそうした自己志向的エージェントの集合体としてである。すなわち、諸集団の獲得する価値とは、主として、同じようなエージェントによりコピー（模倣）され、また、数の力によって強化されながら、興奮を追求する努力によって付加価値が得られるような状況の価値なのである。しかしながら、その反復／模倣は、それを形成する諸個人の特質とは区別された（言うまでもなく、それより優れた）性質を、共通するすべての欲望に与えるものではない。エージェントが共同して追求する興奮は、エージェント一人一人個人的に経験されるだけかもしれない。なぜなら、喜びは、たとえそれが他の、あるいは同様の、あるいは同一の喜びを追求する人たちの仲間のなかで経験されるとしても、全く私的な「経験」だからである。仲間の提供するものはほとんど、欲求することの望ましさの保証であり、また、欲求の対象が正しく選択されていることへの強い確信である。

その結果として、共同体の分解が進めば、それに伴って、共同体の構成単位である一人一人の生活の断片化が進行する。各エージェントの生活過程は一連のエピソードへと分裂する傾向にあり、一つ一つのエピソードは原則として自己限定的で自律的である。サイトを整理し、他の興奮を追求するエピソードを準備しておくことこそ、おそらく、そのコードが勧める唯一の自己限定的配慮である。いかなる欲求も追求しないということは、未来の欲求の追求を掘り崩すだけでなく、未来の欲求の追求を封ずるであろう。アドルノとホルクハイマーは、この状況を次のように鋭く表現している。「個人は、即興的な経験の単なる一場面へと還元される。その経験にはなんらの足跡も残らないし、残ったとしてもその足跡は非合理的で、不必要であると嫌われ、したがって、文字どおり『置き去りに』される」[9]。

コードにおけるこの決定的な変化——業績の増加と蓄積から経験のエピソード性へ——を例証するものとして、健康という価値からフィットネス（好調な健康状態）という価値への漸進的な置換がある。一つの価値としての健康が示唆しているものは、一つのパターンへの到達と保持をめざした目的志向的活動である。他方で、フィットネスは、開放的であり、ひとたび達成されると、努力の目的を正当化するような特殊な目標や理想的パターンをもたない。健康は、体系的で、堅実的で、単調な努力によってつくりあげられた恒常的理念を示唆しているのに対して、フィットネスという理念は、逆に、新しく、未知の、しかも、思いもよらないないものに対する準備である。健康は均衡と継続を示唆しているのに対して、フィットネスは断絶と不連続を示唆している。健康は同一性を前提とし、フィットネスは差異を強調する。健康というビジョンは、諸関係をつくり、生活過程の統一性を示唆するのに対して、フィットネスのビジョンは、隠喩的には、数珠をつなぐ一本の糸によって最もよく表されるように、生活過程を一連の一回限りの事象へと分離する。

　健康からフィットネスへという変化は、時間の取り扱い方におけるより根本的な変化とパラレルである。時間の長さがその意味を獲得してきたのは、多くの連続した時間がまだつづくであろうという予感からである。だが、いまや、時間の長さがその意味を引き出そうとしているのは、いわば内部から——未来とは関係なく、あるいは、未来とのおざなりな関係だけをもって自らを正当化するために——である。

　時間の長さ（タイム・スパン）は、論理的進行においてではなく、並列的に区分される。すなわち時間の継続には、いかなる予定された論理も存在しない。時間の長さは、けっして一定の厳格な規則を犯すことなく、容易に場所を変えることができる。——一連の連続した時間は、原則的に交換可能である。いかなる瞬間もそれ自身の正当性を提供しなければならないし、また、十分な満足感を提供しなければならない。したがって、表面的には、至福、すなわち、欲望と楽しい興奮の絶頂は、いつでも平等に起りうる。うれしい経験の場所と同様に、時間も異ならない。ヘミングウェイの有名な格言、「釣りをする時間と綱を乾かす時間がある」は、典型的に近代的なコードの所産であり、ポスト・モダンなコードの所産ではなかった。

右の議論から引き出されることは、近代後期の状態あるいはポスト・モダンな状態へ移行しても、より多くの個人的自由はもたらされない――選択のアジェンダを構成する際の多くの発言という意味においてもそうではないし、また、選択コードを交渉するためのより多くの能力という意味においてもそうではない――ということである。そのことによって、個人が政治的市民から市場消費者へと変ったただけである。もし「安全」の三要素の損失が全く真実であるならば、すなわち、近代の初期段階の自由の損失と同じ程度に真実であるならば――近代後期あるいはポスト・モダンの段階で交換して手に入れたとされる自由の増加は、大部分、幻影であった。しかしながら、その幻影は、アジェンダやコードを設定する過程が大なり小なり不可視であるような文脈においては、また、そうした過程の所産が命令という形ではなく、「拒否できない提案」の形をとって個人の側に届くような文脈においては、暴露されないように安全に保護される。コードへの服従は、自己推進的行為として偽装される。圧迫という毒は、不自由という棘から搾り出される。

私的なものと公的なものとの出会う場所

不自由が圧迫となるのは、エージェントがその意志に反して行為することを強制されたり、また、その希望に従って行動できないようにさせられたり、また、自らの意志で行いたくないことをさせられたりするときである。しかしながら、必ずしもすべての不自由が、圧迫として経験され、我慢されるわけではない。しばしば、主体的行為者（アクター）が作成したわけでも選択したわけでもない規則や命令への服従は、苦しくも感じないし、悲しくも感じない。あらゆる日常的な行為には、強制、すなわち、不自由のかなりの要素が存在する。しかし、ルーティーン（日常的な決まりきった仕事）は、圧制的ととらえられているのではなく、むしろ、全体として全く満ち足りた安全性や平凡さの感情の基礎となっている。不自由な状態はそれなりにアンビバレント（両義的）である。このことによって、あらゆる権力の任務、すなわち、権力の命令に対する規律と服従を引き出す任務が容易となる。すなわち、尊大な司牧的権力は常に圧迫と紙一重であるが、しかしそれはほとんど、多数の人々によって徐々に受け入れられ、おそらく、熱心に追求される傾向にある――安全かつ確実なルーティーンの信頼できる根拠として。社会学のほとんどの教科書が初年度の学生に教えているように、社会化とは、国民がしなければならないことをすすんで国民にさせることである。

だが、すべての不自由が抑圧的で不愉快極まるものと感じられるか、あるいは、親切で心慰めるものと感じられるかは別として、他律性、すなわち、他の人の規則や命令に従う状態であり、代理人的状態、すなわち、行為している人物が他の人の意志の代理人である状態を意味する。人は、他者の意志に憤って、欺いたり、反抗したりする機会をうかがうかもしれない。また、彼らは、あらゆる抵抗の無益さを——いやいやながらも——受容するかもしれない。彼らは、他の誰かが彼らの行為に対して責任をとり、選択したり決定したりする有害な要求（ニーズ）から彼らを解放したことをうれしく思うかもしれない。彼らは、彼らが行っていることや行いつづけていることが強制の下に行われたことに気づきもせず、また、彼らの日々の仕事を行うために別の方法をけっして想像しないかもしれない。そうした場合にはいつでも以下のような事実が残っている。すなわち、エージェントは自律的ではないという事実である。なぜなら、エージェントは、自分の行動を導く規則をつくらないし、また、自分たちの大小の選択を行うときに、慎重に考慮する選択肢の範囲を設定しないからである。

現代の最も偉大な政治哲学者の一人、コーネリウス・カストリアディスは、その死の直前の、一九九七年三月二二日に行われた彼の最後の講演のなかで、以下のように示唆している。すなわち、自律性（自治）への決定的な一歩が踏み出されたのは、かつて古代ギリシア人が彼らの法律に、「それは評議会（民会）や人民にとって良いように思われる」（edoxe te boule hai to demo）[10]という前書きをつけるようになったとき以来である、と。カストリアディスは、「それが良いように思われる」ということは、「それが良い」ということではないと指摘している。自律性の領域は、確実性の領域が終わるところから始まる。人間は、自律的あるいは自制的でありうる——けっして双方が同時にあるということではない。

ギリシア的方法に関して、極めて異例な、まさに革命的であった点は、以前の他のすべての社会およびその後のほとんどの社会が、自ら公布し施行した規則について、そうした規則は良いものであり、したがって、まさにその理由から、遵守されるべきであると主張していたという点である。そうした他の社会——ごくわずかなヘレニズム社会および近代的社会という例外を除いてほとんどすべての既知の社会——は、他律的社会、すなわち、以下のような種類の社会であった。

そうした社会は、確かに、独自の制度と意味を創出するが、しかしまた、この自己創造を社会外の原因——いずれにせよ、有効に存在する集団性の有効な活動の外部にあるもの、すなわち、祖先、英雄、神々、唯一神、歴史の法則、あるいは、市場の法則——のせいにすることによって、隠蔽《ぺい》する。こうした他律的な社会においては、社会制度は、一定の意味の内部で成立する。当該社会が定式化できる全ての質問は、その想定している意味の内部で回答を得ることができるけれども、定式化できない質問に関して回答を得ることは、その社会のメンバーにとっては、禁止されているというよりも、むしろ、心理的にも物理的にも不可能である。(11)

以下の点に注目しよう。すなわち、あらゆる社会が、そのことを知っているか否か、そして、その知識をもって生きる覚悟があるかどうかは別にして、あらゆる社会は自律的である（あらゆる社会はその制度を創造し、何とかして、それらを活性化し、機動的、有効にする）。しかし、いくつかの社会だけが、まさにごくわずかな社会のみが、率直にそのことを認め、そのことを強調する。おそらく、社会を他律的な社会と自律的な社会（「他律的」社会について述べながら、人は、ほとんどの社会が故意に、あるいは、怠慢のせいで行われている隠蔽作業を遠まわしに支持している）に区分するのではなく、即自的な自律的社会と対自的な自律的社会に区分する方がよい。二種類の社会の差異は、自律性ということの自覚の有無と、その自覚が社会の毎日の機能において制度化されている度合の差異である。

社会を対自的な自律的社会にするためには、人間制度の不可避的な人間的起源を発見し、そのことを明確に認めることであり、したがって、そうした制度の長所と短所に対して全体として責任をとることである（ちょうど、ある人間の行為の長所と短所に対してその人自身の責任を認めることが、個人を真に自律的にする、すなわち、対自的意味において自律的にするのと同じように）。自律的——すなわち、自意識的に自律的——であることの結果は、社会の制度が現にあるものと異なり、それよりも良いという自覚であり、したがって既存のいかなる制度も、すなわち、どんなに古い制度であれ、尊敬されるべき制度であれ、精密な検査、再検証、批評、再評価を免除されない。

即自的な自律的［社会］であるということは、社会の歴史性、とりわけ、社会の、前進し、継続し、したがって恒久的な歴史性に対して自覚的であることを意味する。それは終結神話の拒否を意味するが、また、過去の決意という神聖かつ手に触れることのできない遺産によって、あるいは、それが達成されたら、自省および自己変革の終結を正当化——まさに推進——する完全な社会という理想的パターンによって、いまも、今後も、閉ざされてしまうことの断固たる拒否を意味する。真に自律的な社会は、それ独自に構想された形式以外のいかなる形式においても存在しえない。すなわち、そうした社会は、予め与えられた幸福のパターンを社会の唯一の目的および存在理由（レーゾン・デートル）として認める社会ではなく、自己検証や、批評、改革というより大きな自由を認める社会である。

そのように理解される自律的社会は、人間的共存という独特の傷つきやすい形式であるとみることができよう。しかしながら、この傷つきやすいことは、同じように独特で、さらに、不可避的に傷つきやすい人間存在の状態と十分に調和している。その自律的社会は、そのあらゆる創造物の生来の可死性を素直に認め、その選択の余地のない脆さから、恒久的な自己変革、おそらくはまた、自己改善のチャンスを引き出そうと試みる。自治とは、可死性を不幸から幸福へと変えるために協力しあう共通の努力である。……あるいは、人間社会を恒久的に存続させようと努力することによって、可死的な人間的制度を発展させようとする大胆な試みといってよいだろう。

　現代において最も偉大な倫理哲学者の一人ハンス・ジョナスは、その死の数ヵ月前に、次のように述べている。すなわち、「人間」の不可死性という観念は、元来、逆説的であり自滅的である、と。[12] 人間の不可死性は、もしそういうことが考えられるとしたら、人間生活においては達成することも想像することも不可能なあらゆることを、真に価値あるものにするであろう。すなわち、超越性の可能性やあらゆる価値の可能性の背後にあるものは、人間の可死性なのである。この争うことのできない事実が、可死性を幸福に変える。「我々一人一人にとって、我々がごく短い間しかここにいないという知識や、我々の期待する時間に譲歩不可能な制限が設定されているという知識は、我々の〔生きている〕日数を指折り数え、また、日数を計算させる刺激（誘因）として必要でさえある」（〔　〕内は訳者。傍点は著者）。その知識のおかげで、我々の一日一日に価値が生まれ、一日がそれ以前、および、それ以後の数日と同じではなくなる――同じではありえないし、同じであることも許されない。豊富さ、創造、想像力――それらはみな可死性という文脈においてのみ意味をもつ。すなわち、生活に、生きるに足る価値を与えるのは、まさにその文脈である。そして、ここでの「生活」は、人間個人の人間らしい生活ではなく、人類の存続およびその中心に位置する各集団性である。ジョナスは、彼自身の生活経験を次のような判断の基礎にしている。

視覚芸術および詩的芸術に対する生得の感受性は、老齢になってもそれほど鈍くならずに、持続している。すなわち，私はまだ、私が愛するようになった諸々の作品に、また、私と共に成長してきた諸々の作品に感動することができる。しかし、現代の芸術は私にとって異質であり、私はその言語を理解できない。したがって、その点において私はすでにこの世界のよそ者だと感じている。

人間社会が一連の終わりなき新しい始まりにおいてその若さを保つことができるのは、まさしく、個人の若返りがおとぎ話やSF小説の単なる話題でしかないからであり、「新たにスタートすること」(「スタート地点に立ち返る」ことはいうまでもなく)は、目覚めたときには跡形もない単なる夢だからである。誕生という「自然の補充を受けるもの」としての可死性こそ、世界の表面を恒久的に更新し活性化する、あの驚異の絶えざる源なのである。すなわち、人間の若さと創造力は一人一人の人間の加齢とは関係なく、持続する。

進化という言葉そのものが、すでに、有限な個人の創造的役割を示している。また、その言葉は、生きている全てのものは必ず死ななければならないということも告げている。……常に更新される終焉を犠牲にして初めて手に入れることのできる、常に更新される始まりは、退屈で決まりきった日常性へ堕落することに対する人類のセーフガード(安全装置)であり、自発的な生活を保持するためのチャンスなのである。

社会がその選択肢をたえずオープンにし続けることができるのは、可死性と無関係なのではなく、まさに可死性のおかげなのである。選択肢をオープンにし続けるということは、アクシデント（偶発事）や危険を受け入れるということである。そのことはまた、いかなる解決策も、それがどんなに巧妙かつ完全にみえようとも、永久に維持できるものでもないということ、また、いかなる解決策も永久に維持することが望まれていないということを受け入れることを意味している。社会の永続性は過渡的かつ可死的な要素から成り立っている。したがって、老齢の無気力、麻痺、昏睡（人事不省）、死後硬直に逆らっても、存続できる社会が可能なのは、社会の存続と、社会がその歴史において取捨選択するあらゆる形式の永続性との間に混乱がないかぎりにおいてのみである。

カストリアディスの簡潔な表現によれば、「自由のテスト［l'epreuve：他の事柄のなかでも、すなわち、試練と困難のなかでも、意味論的に複雑な言葉、または、意味］は、可死性のテストと分離できない。……いかなる存在も――個人であれ社会であれ――可死性を受容することなしには自律的でありえない」[13]。したがって、可死性を受容するということは、あらゆる判断や判決、また、その判断の依拠した根拠やその判決を導いた前提に絶えず疑問を投げかけ、再検証することを意味する。別の言い方をすると（カストリアディスが他の文脈でそうしているように）、可死性を受容するということは、制度や意味の事実上の有効性に対するあらゆる持続的な根拠および不可死の／永遠の／即興的な基礎の否定を意味する。なぜなら、その有効性とは、過去の自律的な選択の単なる沈殿物にすぎないが、にもかかわらず、より大きな内容をもつ虚偽の希望において、それ固有の自律性を「他律化」しようとするからである。

事実上の有効性は、理性の鋭敏さに対抗する制度的慣性の所産である。すなわち、事実上の有効性は、死——あるいは、そのパターン維持のために死を選ぶ生——の前兆、予兆である。試練の只中にある社会が敬意を払うのは、法律上の有効性のみ——反省と熟慮の所産であり、これしかないということが分っている有効性——である。事実上の有効性が所与のものであるならば、法律上の有効性は常に一つの課題である。すなわち、いつかは確立されるべきもの、追求するけれどもけっして「絶対に」一度たりとも永久に見い出せないものである。事実上の有効性は、それ固有の超科学(transcience)や可死性を否定する(あるいは忘却する)という原罪のために、まさに消滅寸前である。法律上の有効性は、それ固有の過渡性と一時性を受容したことによって、永久に成長可能であり、かつ、豊かである。

法律上の有効性の探求は、それゆえに、批判的考察を要求し、また、何かを免除すること、包含することを抑制する。それこそ、絶対的かつ究極的な基礎を擁護する全ての人々のあのお好みの議論、すなわち、「無限の後退」という非難を自信をもって退けることのできる唯一の人間的能力なのである。無限の後退——、他の過渡的な基礎のためのサイトを暴露し、整理する仕事のなかにすでに植え込まれている基礎を用いる——とは、過渡的な存在から、また、過渡的な存在によって、組み合わされた継続というパラドクスの一つの表明にすぎない。それは、無限の進歩のもう一つの側面である。批判的考察とは、——生活そのものと非常によく似ている——基礎をもたないし、また、基礎を必要としていないし、また、有用性や手段性に関する質問——「何の権威に基づいて」「なぜ」あるいは「何のために」といった質問——を受けたとき、弁解する必要性も感じないし、自己を正当化する必要性も感じない一つの人間的活動である。

批判的考察が必要となるのは、人間的制度およびその意味の法律上の有効性をこまかに調べるためである。しかしそれは、それ自身の原動力以外の基礎を欠いているとともに、到達点も欠いている。批判的考察は、冒頭陳述や、離陸点の前にあるテロス［目標］によって妨げられない（妨げられることを拒否する）。批判的考察は、それが進むにつれてそれ自身の基礎と目標を樹立し、また、取り外す。批判的考察こそ、あらゆる真の政治（単なる「政治的なもの」——すなわち、権力の行使と関係したもの——とは異なる）の本質である。政治は、事実上の有効性を誇る諸制度を、法律上の有効性に照らしてコントロールするための有効かつ現実的努力である。したがって、民主主義は、批判的考察を行う場所（サイト）であり、その考察から民主主義固有のアイデンティティが引き出される。あるいは、もう一度カストリアディスを引用するならば、以下のように政治を定義することができる。

明白な集団的活動に依拠した社会諸制度のなかで、できる限り明白で透明な自己編成の制度としての民主主義や、望ましい諸制度の復興にかかわる明白で透明な活動。

この自己編成が止まることのない運動であるということや、この編成が「完全な社会」（全く無意味な表現）を目指しているのではなく、むしろ、できるかぎり自由で公正な社会を目指しているということを付け加える必要はない。この運動こそ、私が自律的社会のプロジェクトと呼んでいるものであり、したがって、もしこの運動が成功すれば、民主主義社会を確立するにちがいない運動なのである。(14)

もちろん、上述のことは、政治や民主主義の理念型の表現であり、「現に存在する」政治や民主主義の記述でもないし、また、その代弁者たちによって「民主的」と呼ばれる社会や、一般的に政治として示される統治過程についての特徴でもない。現に存在する政治や民主主義は、現代社会が自律的社会のモデルから遠くかけ離れているのと同じくらい、それらの理念型から遠くかけ離れている。後者は、現代的な実践においてはせいぜい一つのプロジェクトとして存在するのであり、したがって、あらゆるプロジェクトと同様に、それは、それが変革しようとしている現実において強力な敵をもっている。社会的自律性の基準に基づいてつくられた政治の主要な特徴であるとして、カストリアディスの名づけた「明示性と透明性」は、あらゆる思考とそれに基づく活動の行動範囲が「伝統」によって提供される認識枠組のなかでしかないという事実――したがって「伝統とは、伝統の正当性についての疑問が提出されえないことを意味する」[15]――によって、たえず妨げられ、また、妥協させられている。

だが、伝統のなかで次第に成長し、他の場所で生まれたり形づくられるはずもない自律的な思考や行為は、そうした疑問なしに進むことはできない。自律的思考は、基礎をそれ自身の外に求め、しかもそれを、その正当な目標のリストから除外するという、人間の――必ずしも十分確信のあるわけではない――理性の自然な傾向に反対して、それ自身の明示的ないし暗黙の前提を含むあらゆる思想構成を、その告訴状から除外することに対して断固拒否する。そうした包括的な課題（タスク）は、途方もなく大きいに違いない。自律的理性は、恒久的創造という状況のなかに投げ入れられ、したがって、信頼できる、しかもすでに検査して、その信頼性は証明済みであるといえる、いかなる指針も処方箋も存在しない。まさに、真の自律性（自治）の必然的制約（conditio sine qua non）とは、以下のことである。すなわち、「いかなる問題も前もって解決されない。我々は、不完全な知識と不確かな条件の下で、よいものを創造しなければならない。自律性（自治）というプロジェクトは、目的でありかつ手引きでもあり、それは、我々にとって現実の状態を効果的に解決するものではない」[16]。

自律的な理性が頑固に提供することを拒否する（したがって、現状のままでありつづけるかぎり、提供できない）一つの事柄は、ハッピー・エンド――良い解決方法――の前保証（advance assurance）である。さらに、一度変化が起これば不確実性は止まらない。自律的な理性は、その他律的なライバルとは異なって、過去と未来とを明確に区別しない。過去は、現在の行為の未来の帰結と同様に、不確かで終わりがなく、不完全で再検証にさらされるもの（遅かれ早かれ、再検証されなければならないし、また、その現在告発されているアイデンティティとは異なることがわかる）である。不確実性、さらに悪いことには、限界のない不確実性、プロジェクトや立場の不確実性は、自律的理性の恒久的な条件である。

自律的理性の強さと弱さは同根である。その理性は、安心を求めるすさまじい人間の欲望を嘲笑する。これこそ、理性が、往々にして、また広く、不快に思われる理由である。その弱さはその他律的な敵の手を強める。すなわち、行為の絶対的基礎およびコードに対する渇望は、そう簡単には抑制できないものであり、むしろどちらかというと、より強度になるだけである――自律的理性のつくった、自由・不確実性というカクテルを一口ずつ飲むことで。

自律的理性にチャンスがあるかどうかは、将来においてそれを使用する者の存在状況に依存している。しかし、この依存の性質は、一般的な社会学的知識が示唆するものとは反対のものであるように思われる。その知識とは反対に、自律的理性の声に耳を傾け、その使用者／実行者の数が拡大するチャンスは、その受取人の経験に対する自律的理性のメッセージの妥当性の度合に比例して、大きくならない。自律性（自治）の励ましの言葉が人々の日々の生活の現実と一致すればするほど、人々が自律性（自治）のはげましの言葉に対していっそう熱心に耳を傾けるという希望はほとんどない。人々の不安定性の感情が強くなればなるほど、人々がその耳を反対の方向へ――新しい他律性の約束へ――ますます鋭く向けるように思える。おそらく「他律性プロジェクト」を最も魅力的だと思い、また、諸結果のアプリオリな確実性なしに行動するというビジョンを最も快いことと思うのは、自分たちの生活を確実だと感じ、自分たちの生活を支配できていると感じている人々である。それゆえ、自律性（自治）のメッセージが、単に啓蒙、教育あるいはプロパガンダの努力を通じてそれを最も必要としている人々に達するということは、なさそうである。より深いレベルでの既存の苦境に対する何らかの改革が必要とされている。自律性（自治）への鍵は、哲学者の手の中にあるのではない。その運命は、概して、政治の問題である。

攻撃されるアゴラ――二つの侵略

「自律性（自治）プロジェクト」は両刃の剣であり、しかも、他の方法ではありえない。すなわち、社会が自律的であるためには、自律的な個人を必要とし、個人は自律的な社会においてのみ自律的でありうる。この状況は、一般的には政治理論が、特殊には民主主義理論が、公的領域と私的領域との分離およびその相互の独立性に対して最大の関心を抱いていることに疑問を投げかける。双方の理論の中心になければならないのは、むしろ、二つの領域の間の結びつき、相互依存性、コミュニケーションである。公的なものと私的なものとの境界（こうした理論は線引きに関して非常に敏感である）は、インターフェース（接触面、共通領域）としてみるべきであり、もともと国境横断の交通量を減らしたり制限したり、また、非合法な旅行者を精査するために厳しく防御された国家間の国境をモデルにしてみるべきではない。

私的領域と公的領域の区別の起源は古い。その起源は、家事（家政）を意味するギリシアのオイコスと、ポリスのすべての構成員に影響を及ぼす問題が取り扱われ決定される政治の場所エクレシアにまでさかのぼる。しかし、オイコスとエクレシアとの間に、ギリシア人は、もう一つの領域、すなわち、二つの領域の間のコミュニケーションの領域をおいた。すなわち、私的なものと公的なものを分離し、それぞれの領土保全を監視することではなく、それらの間の円滑かつ不断の交通を保障することを、その主要な役割とする領域である。その第三の中間の領域、すなわち、アゴラ（カストリアディスの表現を用いれば、私的／公的領域）は、二つの極端なものを結び付け、それらの統一を保つ領域であった。その役割は、その構成員の真の自治に依拠する真に自律的なポリスの維持にとって決定的であった。それなしには、ポリスもポリスの構成員も、彼らの共通善の意味やそれを達成するためになすべきことについて決定する自由を獲得できないし、保持することもできない。しかし、その私的／公的領域は、あらゆるアンビバレント（二律背反的）な状況、あるいは、所有者のいない境界地（あるいは、むしろ、非常に多くの所有者がいて所有権争いのある土地）と同様に、絶えざる緊張と綱引きのある領域であり、また同時に、それは、対話し、協調し、あるいは、妥協する場所である。

アゴラは、二つの点で攻撃されるかもしれない。すなわち、アゴラの元の姿が危うくされ、また、その役割が歪められるか、あるいは、傷つけられて、社会の自律性（自治）、および、その個々のメンバーの自律性（自治）がむしばまれてしまう。一つは、「近代的プロジェクト」の中に深く巣くっている全体主義的傾向、しかし、いまやその終末にきている世紀［二〇世紀］の血だらけの歴史において特に顕著になってきている全体主義的傾向である。二つの巨大な全体主義の実験と、それらの多くの青白く、醜いコピーの記憶は、世紀の転換の世代においてもまだ新鮮である。疑いもなく、それは、現代の政治的想像力に差し迫るものであり、他のあらゆる歴史的記憶と同様に、恩寵であると同時に、呪いでもある。現代のほとんどの「市民社会」モデル、いわば、アゴラの現代版は、その記憶の庇護の下に、その形態を獲得した。そのことによって、一方では、現代のアゴラの上を舞う、ある恐るべき脅威に注意しながら、他方で、他の脅威（人間の条件にとってその真の性質、とりわけ、その真の結果はさらに詳しく明らかにされなければならない）を軽視することになる。

　全体主義的傾向とは、ハンナ・アレントの簡潔な警句的定義によれば、「人間を不必要なものにする」傾向である。すなわち、個人として、それ自身の動機、思想、嗜好、夢をもつ独立した存在として、また、各人間の削減できない特性や固有性（ユニークさ）を無視したあらゆる分類行為を回避するという意味での「私的」存在としての人間を、余計なものとして処理する傾向である。

> 秘密警察のある特殊な性質は、全体主義的秘密警察の特殊性というよりも全体主義社会の一般的特性である。したがって、疑惑というカテゴリーは、すべての人々を全体主義的条件の下に包含する。すなわち、公的に命じられ、しかも、常に変化する路線から逸脱したあらゆる思想は、人間活動のどの分野においてであろうとも、すでに疑わしいものなのである。人間は、まさにその考える能力のゆえに、明らかに疑わしい存在なのである。したがって、この疑惑は、模範的行動によって回避することはできない。なぜなら、考えるという人間の能力はまた、人の心を変える能力でもあるからである。

全体主義的傾向が狙っているのは、私的領域の全面的絶滅であり、個人の自己決定の領域の全体的絶滅——公的なもののなかでの私的なものの究極的かつ不可避的な解体である。その狙いは、諸個人が思考することをやめるということではない——そんなことは、最も狂信的な基準によってさえ不可能である——むしろ、その思考を、権力の成功ないし失敗に関して無力なもの、無関係なもの、成果のないものにすることである。全体主義的傾向の終局においては、私的個人に残されているすべてのものと公権力との間の通信経路が閉ざされる。対話の必要性がないのである。なぜなら、話すことがないからである。臣民は権力の問題にかかわる重要なことについて語ることはできないし、現行の権力も、その臣民をさらに説き伏せ、転向させ、あるいは、教化する必要はない。権力の独白さえ、色褪せ、徐々に静まる。威勢のよい命令と「その日のための注文」のみが問題とされ、あとは、決まりきった日常的なことへ思慮もなく身を任せるようになる。決まりきった日常的なことの論理が、イデオロギーにとって代ったのである。すなわち、全体主義的思想が、あらゆる近代の「完全な秩序」の夢想者たちの想像力を捉えたときの主要な魅力は、論理、要するに、自由に浮遊する論理、自己中心的で自己関係的な論理、物事の抵抗によってけっして邪魔されず、あらゆる現実検証を免れる論理であった。アレントは、スターリンの以下のような告白を引用している。すなわち、観念や修辞ではなく、

論理の抗い難い力こそが、［レーニンの］聴衆を完全に圧倒した。……強力な触手のような［その論理は］万力のように、あらゆる側面で人々をとらえ、人々がその支配から身を振り離すには、

あまりにも無力である。人々は降伏するか、あるいは、敗北を口にする決心をしなければならない。

そして、次のようにコメントしている。

「氷のように冷たい論理」や「論理の抗い難い力」に完璧に従って、労働者たちは、ボルシェビキの支配の下で、ツァーの抑圧の下で認められていた権利さえも失ったし、ドイツ人民は、ドイツ民族を存続させるための最低条件に対して何の配慮も払うことのない戦争を経験した。(17)

全体主義的傾向は、手段としてイデオロギーを必要とするが、頂点へ上り詰めて国家権力になってしまうと、その手段は、もはや無用であった。その遠大な理念は、有力な星（スター）のように、不確実で混乱した存在のマグマから全体主義的傾向を引き出すのであるが、イデオロギーに支配された社会というビジョンではなく、イデオロギーを必要ともしないし、イデオロギーの入る余地もない社会というビジョンである。――なぜなら、イデオロギーは議論、すなわち、意見の争いや利害の衝突にけりをつけてしまうであろうからである。そうした社会では、論理が議論にとって代わるであろうし、また、既存の、乱雑で、無分別で、言うとおりに動かない社会において、事実の提示、実験、検証、意見の聴取（モニター）という骨の折れる、しかも、苦痛を伴うプロセスが必要とされるところでは、演繹で十分である。そのような、イデオロギーから自由な社会は、野蛮な夢でもないし、また、精神錯乱に陥った心の中で生まれた理想でもない。全体主義的傾向は、確実性の国に向かう、近代的な、あまりにも近代的な長い旅路というあの理想を共有していた。全体主義的傾向は、あらゆる近代主義的プロジェクトのなかに潜伏しているが、ときどき、完全に覚醒した。

多くの近代主義的知識人たち——前衛的な建築家、芸術家、小説家、詩人——は、近代的な秩序の夢を急進化した。彼らは、その夢を共有していて、その実現にあまりにも時間がかかりすぎると怒った。彼らは多くの時間を浪費することに納得しなかった。彼らは近代性の狂信者を含めて、あらゆる狂信者の欲求がそうであるように、行動したくて我慢できず、いますぐ行動したくてむずむずしていた。喜んでしたか否かは別として、「可能性の技術」を実践しなければならない政治家の実利的な関心とは無関係に、建築家や都市計画者、しかも、言葉の建築家やデザイナーさえ、街路ではないにしても、少なくとも彼らの書斎の机や製図板の上では、彼らの想像力を解放することができた。しかし、その自由のおかげで、彼らは、乱雑で混乱した現実に直面して秩序を維持しなければならないどんな政治家よりも近代性の精神を十分に、また、より生き生きと表現することができた。しかしながら、それと全く同じ理由で、思想と実践との間の裂け目や不一致の種がまかれていた。近代主義的な芸術家の勇気は、政治家の非現実性であり、芸術家の粘り強さは、政治家の軽率さと無責任さであった。

だから、一方の近代主義的芸術（また、より一般的には、近代主義的諸観念）と、他方の近代的権力との間の一風変わった、そして、謎めいた——アンビバレント（二律背反的）で、複雑で、精神分裂症的な、愛憎のような——関係。あらゆる現行の権力に対する長期間の幻滅や憤りにとって代わる暴力、権力、とりわけ、強制力への熱狂と誘惑。魅力と反感の不適当な混合——力強い上位のものへの一点のくもりもない愛情と、魅力を十分伴った憎悪。愛は報われないままに終った。しかし、恋する人は確かに、愛しい人の裏切りに大いに頭を狂わせたけれども、憎悪によって、裏切られた恋人の苦痛のあらゆる兆候に耐えることができた。したがって、近代主義的芸術の歴史に銘記されるべきあの解決できないアンビバレント（二律背反性）に関しては十分な理由があった。

多くの近代思想家たち、そのなかでも、著名な近代主義的芸術家たちは、すでに古くなった方法や手段に固執する多くの人々、すなわち、前衛たちの洞察を理解できないし、あるいは、理解するつもりもない時代遅れの趣味をもつ人々（すなわち、近代主義的言葉では、趣のない人々）に、罪をなすりつけた。彼らは、そうした俗悪で卑しい人々をブルジョアジーの集団的イメージとダブらせ、彼らにペリシテ人（ユダヤ人の敵）というレッテルを貼り、彼らを下品で、粗雑で、無教養で、俗物的（ディレッタント）として非難した。彼らは、そのように解釈した敵には、芸術的判断をする権利や特に正しい判断を下す能力がないと主張した。そうした敵――数のうえでは有力で、精神のうえでは、通俗的で平凡な――の下すいかなる判断も、後向きで時代遅れな判断以外の何ものでもない。現在を拘束することのできる権威をもって語る権利は言うまでもなく、存在する権利すらすでに失ってしまっている、まさに過去の表現なのである。したがって、彼らは、怠惰で、鋭さの欠けた、おとなしいだけの民主主義を、下品な人々や無知な人々の要求を正当化し強化する平等、自由、そして、自由のなかの平等という諸観念（そうした諸観念は、彼らの考えでは、凡人の支配にしかなりえない）と結びつけて、非難した。オルテガ・イ・ガセットが詳細に説明し、彼の言っていることを多くの人々が繰り返しているように、民主主義体制の欠点は、「凡俗な人間が、おのれが凡俗であることを知りながら、凡俗であることの権利を敢然と主張し、いたるところでそれを貫徹しようとするところにあるのである。……すべての人と同じでない者、すべての人と同じ考え方をしない者は締め出される危険にさらされているのである(18)」。

エドワード・ティムズによれば、二〇世紀初頭の知識人の特徴は、「単に世界を解釈するだけでなく、世界を変えるという先例のない関心」にある。知識人たちは、世界──を変えるために──は権力が必要であり、しかも、どんな権力でもというわけではなく、巨大で、自信に満ち、断固とした権力が必要であることを知っている。しかし、彼らは、用心深く臆病なブルジョアジーの尺度に見合った自由・民主主義政治が意をけっしてその種の決定をするなどという楽観的希望をもたなかった。当然のことながら、多くの近代主義的思想家や前衛的芸術家は「自らを社会的抗議（プロテスト）や文化的変革のエージェントとみなし始めた」。また、当然のことながら、彼らは、ゆっくりとした変化の歩みを装いながら、しかし、あらゆる社会的現実についての真の完全な分解修理（オーバーホール）を約束する彼ら自身と同様に、急進的でせっかちな政治暴力を熱狂的に求めた。ボルシェビキ革命とムッソリーニのローマ進軍は、「この時期の指導的なヨーロッパの作家たちにとてつもなく大きな魅力を振りまいた。……多くの立派な人々が、より急進的な解決を約束するイデオロギーへと引き寄せられた。……こうした新しいシステムは、魅惑的でダイナミックで、同胞的連帯や集団的行為というビジョンを提供しているように思えた(19)」。

ほとんどの近代主義者は、非党派性、政治的不介入、および、中立を求めるユレス・ベンダの呼びかけに従わなかった。むしろ、政治的スペクトルの穏健中道派を快く思う人々はごく少なかった。ほとんどの人々は、革命的スローガンを全く居心地良く感じ、暴力を歓迎した。ハンナ・アレントが、近代主義者の現実への反乱やそれを擁護する「ブルジョア政治」を厳しく告発する際に想起させてくれたものは、全生活構造が「鋼鉄の嵐」のなかへ飲み込まれることを望みつつ、世界大戦の戦場の殺戮を歓迎したエルンスト・ユンガーであり、また、戦争を「懲戒」や「純化」と記述したり、「勝利よりもむしろ戦争それ自体が詩人に霊感を与えた」と指摘したトーマス・マンの「精選された」言葉である。アレントは、以下のように読者に警告を発している。

戦前の時代に対するこの激しい不満とその後の、戦前期を復活させようとする試み（ニーチェやソレルからパレートへ、ランボーやT・H・ロレンスからユンガー、ブレヒト、マーロウスへ、バクーニンやネチャーエフからアレクサンダー・ブロクへ）を、単にニヒリズムの爆発と決めつけてしまうと、ブルジョアジーのイデオロギー的見解や道徳的基準が十分に浸透した社会において、嫌悪感がどのように正当化されうるかということを見過ごすことになる。だが、「前線世代（front generation）」が、彼ら自身の選んだ精神的父祖とは著しい対照をなして、まやかしの安全性、まやかしの文化、まやかしの生活からなるこの全世界の破滅を見たいという欲求に完全に吸収されたということも、本当である。この欲求が非常に大きかったので、この欲求は、衝撃度や明確性の点において、かつてニーチェが試みたような「価値の変革」へのあらゆる初期の試みや、ソレルの著作のなかで示された政治生活の再編成、あるいは、バクーニンにおける人間本性の再生、リンバウドの純粋かつエキゾチックな冒険における情熱的な生への執着よりも、勝っていた。容赦のない破壊、混沌、破滅といったものは、威厳のある至高の諸価値を前提とした。[20]

近代主義的人間が自由に呼吸したのは、急速に縮小する中道派と、次第に強力になった急進派という戦間期ヨーロッパの「原型全体主義的雰囲気」のなかであった。いく人かの芸術家たち——ゴットフリート・ベン、エズラ・パウンド、マリネッティとセリーヌ——は、流血、破壊、そして「大きな純化」を主義とするファシズム右派を選択した。彼らは、シュペングラーと同様に、「人間存在の優れた形式として」戦争や暴力にますます興奮するようになった。ユンガーは、「生を最大限に」表現できるものは戦争のみであると信じた。ユンガーは、自由民主主義の小さくてつまらない口論を、武力によって描かれた「夢の英雄的な景観」に置き替えることを提案した。アーサー・メラー・ファン・デン・ブルック（ヒトラーの国家がその国家名称として採用した本の著者）やヴェルナー・ゾンバルト、オトマール・シュパン、カール・シュミットといった人々と同じ位有名な人々を含む多くの国民主義的思想家たちは、無慈悲な断固たる暴力への誘惑にかられることに関して、けっして遅れをとってはいなかった。[21]

前衛的運動や前衛的な学派の他のいく人かの人々（もっとはっきり言えば、もし勝者が勝者のままであるかぎりで、ほとんど勝者によって書かれた知識人の歴史をもし信ずるならば）は、腐敗したうす汚いブルジョア社会の待望の崩壊をもたらし、歴史的必然性の足枷から人々を解放する（近代的知識人にとって嫌悪感を催させる、無計画で、偶発的で、ぎこちない歴史のコースが、打ったり擦ったりして仕上げられていたので）と断言する共産主義陣営の方に居心地のよさを感じた。しかし、彼らの選択したものが右翼の急進的政治であれ左翼の急進的政治であれ、彼らはみな臆病心や想像力の貧困、虚偽意識、そして、他のすべてのものを一挙に除去し、説得といった生ぬるい方法に従うことを拒否し、激怒したくなるほど鈍感で不活発であっけらかんとした、しかも、硬直した社会的現実と戦う努力を続けるという展望に引き寄せられ、唆され、熱狂した。近代主義者たちは彼らの野心の大きさに見合った強力な権力を求めた。すなわち、政治的過激派のみが、そのめがねに叶うように思えた。議会制民主主義は、近代主義者の心にとってかけがえのないものに門戸を開放することができるとはみえなかったし、また、よろこんで開放するとは思えなかった。

　レナト・ポギオリによれば、フィリッポ・トマソ・マリネッティの未来主義は、当初から、あらゆる前衛運動の組織的特徴である「活動主義とアゴニズム」を示していた[22]。未来主義者たちは、「近代的な首都における多彩で喧騒に満ちた革命の潮流」、あの「千年王国」に眩惑された。その「千年王国」とは、――彼らが思っていたように――近代主義的思想をもつ芸術家によって達成されるべきあの「人間的感受性の完全な更新」にとって、絶対に必要な状況を提供するものであった。彼らは、「機械人間」を、自然に対する吐気を催すようなめめしい感傷化と「私」への興奮した強迫観念――「新しい感受性」へ向かううえでの二つの主要な障害物――を拒絶するための正しくかつ適切な基礎であるとみなした。このすべてによって、彼らは、黒シャツ隊の市中行進を、それしか聞こえないように編成された呪文、議会主義的「談話室（トーキング・ショップ）」の解体、そして、力強く有力で、しかし、静かで恭順的な大衆の流れのなかへ「私」の弱々しさを洗い流すことができるという約束とともに、歓迎するようになった。

　イデオロギー主義者とそのイデオロギーは、権力の梯子を昇る際に全体主義的傾向に手をかした。イデオロギー主義者は、近代的アゴラの最も率直かつ騒々しい住民である。なぜなら、近代的アゴラは、私的問題を何とかして公的問題へと押し上げていくあの社会領域であり、また、現行ないし従来の権力保有者の宣言書が私的問題に対する公的な解決策として登場するあの社会領域だからである。全体主義的傾向の進行にとって最も有用であり、おそらく、絶対必要なイデオロギー主義者とは、現にそうである――すなわち、不満と要求の交錯する、うるさくて、始末におえない、狂暴な市場――という罪状によって告発するために、アゴラを使用する人々である。彼らのイデオロギーにおいて、アゴラが責められるのは、その犠牲者たちが治癒と改善を求めてそこへやって来る苦難のためである。さらに、アゴラは、決然たる有効な行為を邪魔しているとして告発され、アゴラの廃止こそ、まず第一に、アゴラへ原告を行かせるような問題を消滅させる根本的な解決方法であるとして賞賛される。

そうしたイデオロギーは、希望のヒントを捕らえようと懸命になっている人々には甘く、やさしく聞こえるにちがいない――したがって、そうしたイデオロギーは、私的な――また、不和を生じさせる――不安を、公的な――また、共通の――論点と関連づけることにアゴラがたびたび失敗したことから、よりいっそう甘く優しく聞こえる。「私生活を防衛すること以外何も考えない人々のプライバシーと私的道徳（行状）ほど破壊しやすいものはない」とハンナ・アレントは考察している。アゴラを誹謗したり嘲笑する知識人は、私生活以外のことについて考える唯一のチャンスや、またとりわけ、あらゆるプライバシーや道徳を守るための唯一信頼できる安全弁であった――時代が示しているように――ものについて考える唯一のチャンスを人々から奪うことを通じて、その破壊のための基礎を準備した。

けれども、忠実な同調者にふさわしい、無条件の愛と善行を提供した全ての者は、はっきりと黒シャツや褐色のシャツや赤シャツなどによって撃退されないにしても、報われないままであった――たとえば「行き当たりばったりの過程」への本能的な嫌悪と規律（Zucht）に対する純粋な熱狂を示すドイツのゴットフリート・ベンの場合や、あるいは、その生存権を超えて長生きするすべてのものに対していささかの同情も示さず、むしろ、「スキタイ人や新野蛮人」を賞賛するボルシェビキ・ロシアの近代主義的な詩人や画家、建築家たちの場合がそうであった。あらゆるところで、忠実な前進は同じ理由で拒絶された。ロマンス（恋愛小説）が片想いのままで、報われない愛であることの十分な理由があった。レイモンド・ウィリアムズが述べているように、種々の近代主義運動は、内輪もめが顕著であったが、以下の点でよく似ていた。すなわち、近代主義的運動は、

> 著述、芸術、思想において、新しい方法と目的を開拓している。だから、まさにその理由で、そうした運動が主流の政治勢力によってしばしば拒絶されたというのは、誇張のない事実である。ナチスは、文化ボルシェビズムとして、左派、右派、中道の近代主義者を一つの塊としてとらえようとした。一九二〇年代の中葉および後半から、ソビエト連邦において権力の座についたボルシェビキも、事実上、同じ種類の人々を拒絶した。(23)

当該の「主流の政治勢力」は、確かに、攻撃的で傲慢な近代性の全体主義的前哨部隊、あらゆる抑制——とりわけアゴラの抑制——から解放されて暴れまわる近代的勢力の分隊であった。約束が破られたり一向に実現されないことによって迷いから醒め、近代的生活の日々の決まりきった退屈極まりない平凡さに激怒し、また、飽き飽きとするような、明らかに無目的な取引、結託、妥協、くだらない「二番煎じの」解決に我慢ならない近代主義的魂をもつ人々にとって、あの狂気のなかには、ぞっとするほどの魅力的な何かがあった。しかしながら、その誘惑は致命的なものであった。すなわち、その誘惑には罠が仕掛けられていた。

最後の審判の時がついにやってきたとき、全体主義社会は、大胆で、不満を抱いて、反抗的で、執拗に実験する近代的精神をもつ人々に対して全く好意的ではないということがわかった。新しい全体主義的支配者の下で、そうした社会は、新しい日常性——そうした社会の嫌悪する「弱くて不安定な」

民主主義国において近代的精神をもつ人々を苦しめてきたどんなものとも比較にならないほど息苦しく無意味な日常性——を課すことにやっきになった。全体主義的権力は、いっさい実験を許さなかった。それは、実験はあくまでも実験であり、独断的で容赦のない独裁的支配者の苦労の種になるというまさにその理由からであった。さらに喜ばしくないことだが、全体主義的権力は、すでにつくりだし動かしていた現実から乖離したビジョンに悩まされた。全体主義的権力は、実験やビジョンと必死になって戦った。なぜなら、そうした実験やビジョンは、現行権力によって宣言され、正当化され、とりわけ、執行されている方法や目的や価値から生まれたものではないという原罪をもつものだったからである。全体主義体制が知識人や芸術家に提供しようとした唯一の自由は、聞いてメモをとり、従う自由であった。服従か死か。すなわち、全体主義の宮殿では、現実をつくりだすことではなく、支配者の選択した現実を表現するように命じられた宮廷詩人や宮廷画家にとってのみ存在の余地があった（ロシア人の反体制作家ボイロビッチの機智に富んだ定義では、「社会主義的現実主義」とは、支配者の理解できる言葉で支配者を賞賛する技術のことであった）。何が表現に値する本物であるかを決める権利とともに、現実を創造する権利こそ、支配者の唯一の特権であり続けねばならなかった。

ひとたび全体主義的傾向が、ファシスト的全体主義国家ないし共産主義的全体主義国家において実現されるや、全体主義社会——人間的共存の他の形式と比べて、イデオロギーの支えを余り必要としないような社会——のイデオロギーはもはや必要とされなかった。

> 全体主義運動が権力を掌握したところでは、この〔イデオロギーの〕支持者たちのすべてのグループは、体制が最大の犯罪へ向かって進む前に、追放された。知的で、精神的で、芸術的なイニ

シアティブ（創意）は、暴徒の悪いイニシアティブと同じくらい、全体主義にとって危険であり、したがって、双方とも、単なる政治的反対よりもずっと危険なものである。[24]

これこそ、全体主義権力をもっていた近代的知識人のロマンス（悲恋物語）がどのようにして終焉したかという理由である。しかしながら、そのロマンスとともに、他のものも、その終着点に到達した。すなわち、エクレシアの側からアゴラに対してなされた消耗戦の長い物語も終わったのである。公権力による日々の生活への侵害、あるいは、その密やかな植民地化について、しばしば警告がなされてきた。一般的に、その警告を正当化するために用いられる議論は、国家がアゴラに対して不法に単独統治を行うという、かつては十分根拠のあった恐怖についての現代的に焼き直された議論である。しかしながら、現在の状況下では、多くの焼き直された議論のなかでも、歴史的記憶を再利用したような議論は、現行の危機の診断からほとんど何も引き出されていないように思われる。記憶は、根絶し難しいものである。すなわち、記憶は、全体としてみれば、依然として現在の傾向を理解したり表現したりするための認識枠組である。結局、後の世代の思想家たちは、アゴラとエクレシアとの間の共有領域（インターフェイス）を、最も傷つきやすい前線、最も撃退されやすい前線とみるようになった。前の世代は、彼らの見ているものを好んでいたかもしれないし、また、差し迫った侵略や、征服につづく穏やかな占領の結果に対して高い希望を抱いていたかもしれない。後の数世代で、疑惑と警戒は、信頼と大きな期待にとって代わった。しかし、すべての世代は、ともに、一つの前線を固唾を呑んで見入っていた。彼らは、異なることがらを期待していたかもしれない。しかし、彼らは、一つの前兆においてはけっして異なっていなかった。すなわち、真に重要なすべての事柄は、アゴラとエクレシアとの間の境界で起きるであろうということ、そして、その境界の側で行われる戦いは、来るべき人間社会の形態にとって決定的であるということ、これである。

エクレシアとアゴラとの辺境だけを見ていたために、他の境界線――アゴラとオイコスとの境界線、すなわち、「私的／公的」領域と「私的」領域とを統合／分離する共有領域（インターフェイス）――に関してあまり考えてこなかった。アゴラでは、私的利益は、公共の利益の要求／必要／圧力に適応することが期待された。アゴラで起こると期待されている事柄には、明らかに教育学的／啓蒙主義的／訓練的色彩があった。すなわち、これは、基本的に、以下のような領域であった。矛盾する諸利益の鋭い切先が鈍化し、相反する圧力が均衡し、夢と欲望が互いに衝突しなくなるように変更され混合されて、調和的な全体に適合する領域、したがって、大災害となるような分野を冷却化して、爆発に至らないようにする領域であった。「公的なもの」と「私的なもの」が不平等な関係で――それぞれ、導くものと導かれるもの、先生と生徒、親と子供のように――アゴラで出会った。「公的なもの」は、主要な行為主体であり、「私的なもの」は、その行為の対象として位置づけられた。

だが、いまや、最も頻繁に往来のある場所であり、論争の主要な的となっているのは、かつてそうみなされていたのとは別の辺境なのである。アゴラは、以前と同様に人々の侵入する領域であるが、いまやその役割は逆転され、侵略部隊は、私的なものとの限界線（フォールト・ライン）に結集している――けれども、立法国家および執行国家によって代表される「公的なもの」の場合とは異なって、今回は、それは参謀本部と統合指令部をもつ正規軍ではなく、制服を着用していない無法かつ様々な侵入者の群である。その前進を止める何ものも存在しない。「公的なもの」の正規軍は、その戦闘力や占領を続ける関心、あるいは、その双方を失って、後退し撤退した。公権力に関するかぎり、アゴラは、ますます無人の争奪地域のように見える。戦場はほとんど放棄され、侵略を望んでいる冒険家のために放置されている。

この結果を跡づければ、近代国家の歴史における、あの初期の、以前に述べた出発点、すなわち、権力と政治との間の分離および増大するギャップに遡ることができる。この最も重要な分離の様々な側面に最も正確な表現を与えたのがクラウス・オッフェである。[25] 彼は、こうした諸側面のなかに、かつて国民国家に凝縮されていたが、いまや「上」と「下」から同時に活力を殺がれ、腐食している、経済的・軍事的・文化的諸権力の正統な中心の内破があると指摘している。すなわち、移ろいやすく、ばらばらで、急速に変化する、公的関心の新たな論点および焦点となり、既成エリートの支持や、政治制度への全体的信頼の漸進的没落を導いた、社会構造のポスト・モダンな変革。そして、――最後だがけっして軽んじられない――「ポスト産業主義的でグローバルな資本主義が、かつてさまざまな形式の集団行為（政党、結社、労働組合）を支えていた『生産システム内部の位置』をもはや明確に概念化できなくなったために、政治的エージェントは、その役割と活動領域の確実性を失った」という事実。こうした緊密に織りなされた全ての変革の全体的結果は、「主権者は名目上のものとなり、権力は匿名的となり、しかも、その場所に権力が存在しなくなった」状況である。もし、公的問題の現状に不満足である場合に、その現状について「何をなすべきであるか」という伝統的質問があまり行われないのであれば、そして、そういう質問が行われたときに、もしTINA（いかなる他の選択肢も存在しない）という考えを理由に即座にその質問が却下されるようであるならば、これは、思想の欠如のせいではなく、むしろ、それらを実行できるエージェンシーの欠如のせいである。諸行為の実行可能性とプロジェクトの実行可能性の測定は、エージェントとそのライバルの力関係によって決まる。したがって、現在の状況下では、主な質問、すなわち、最も緊急に問われるべき質問、しかし、明確な解答が見つからない質問とは、「行う必要のある全てのことを誰でも行うことができるのか」という質問である。

伝統的なエージェントがもはや有効な行為をなしえないために、真に強力で機略に富んだエージェントが、姿をかくしたまま、政治行為のあらゆる既成手段の範囲を越えて――アゴラで中心的地位を占めていた交渉や支配の民主的プロセスはむろんのこと――操作しているといってよいかもしれない。こうした新しいエージェントは、アゴラからの独立と分離を賞賛する。彼らには、そこにいることから得られるものは何もない。むしろ、彼らはそこにいないことからすべてを得るのである。彼らには、法的規制には利点がないのであり、したがって、アゴラも必要ではない。彼らにとって、束縛から解放され自由であることに利点があるのであり、したがって、彼らは、アゴラからの距離を保ち、アゴラに充満する群集の見えないところにとどまろうとして最善を尽くす。

真に影響力のある諸勢力は、アゴラとの結びつきを断ち切っているので、哲学者、教育者あるいは説教者を必要としない。彼らは、世界を変える必要がない。なぜなら、世界は、彼らの思いどおりになるものだからである。彼らは、管制台のない、しかし、責任を分担し合える、「網状につながった」インターネットのような世界に全く満足している。また、彼らは、大衆の精神的高揚、文化改革運動、あるいは、大衆の意識改革を必要とするような、果たすべき使命をもっていないので、ただ、「全体性」を目指して集団的行為をしている、現実のあるいは将来性のあるすべてのエージェントの徹底した暴露を賞賛するだけかもしれない。

以上のようなすべてのことは、近代の疾風怒涛の時代、国民を形成し正当性を追求する権力、パノプティコンの時代、すなわち、法的規制によって服従を引き出す時代に形成されたものであるから、知識人の地位に対して途方もなく大きな影響を与えることができたし、また、いまも与えている。クラウス・オッフェは、以下のように、知的エリートの現代の経験を要約している。

一方では、社会的、経済的、政治的生活のほとんどすべての要因は、偶然的で、随意に選択可能で、変化に大きく左右されるものであるのに対して、他方では、その偶然性に満ちあふれている制度的および構造的諸前提が同時に、政治的選択、まさに知的選択の地平から取り除かれる。

それらが「選択から取り除かれる」のは、単純な理由のためである。すなわち、現代の状況下では、(ここでの言い方をすると、アゴラから安全に分離されたエクレシアの一部とその残りの部分が無力である状況下では)、「諸プロセスの協働という性質を規範的に非難したり、あるいは、更新しようとする、まさにその試み」は、「事実上、実際的な無用性と、したがって、……本質的な不適切性……によって不可能となる」。結果的に、種々の下位体系(その一つ一つが本来的に、いかに柔軟であっても)が「関係しあい、互いに影響を与える」という方法は、「異常に厳格で、運命的なものと考えられ、いかなる選択の自由からも閉め出されるにちがいない(26)」。

言い換えれば、「グローバルな秩序」の統合と再生産は、再度、自発的で自己推進的なプロセスを装う。近代性の大きな特徴は、「秩序」の創造、維持、継続を課題――目的意識をもち、互いに協力し合い、しかも、確固とした人間行為なしには、実行し得ないような目的――として提示したことである。しかし、秩序形成はもはや課題とはみなされない。逆に、現に存在する秩序とは異なる秩序を課すことを目指したあらゆる目的的行為は、「見えざる手」（アクセントは「見えない」にある）の技能と知識に対する不当な干渉であるとして、疑われる。すなわち、修繕したり改善したりするのではなく、すべてを台無しにし滅茶苦茶にしてしまうというリスクを生み出すものとして、疑われる。したがって、もし全体の継続的存在が課題ではないならば、課題を構想する者（タスク・デザイナー）は必要とされない。これに対して、どこにでもいるようなチンピラ詐欺師や、グローバルな変化を説く自称予言者たちは、排除できるであろう。したがって、知識階級が、知識人の役割――自分たちの方からすすんで学ぼうとしない事柄を人々に教え、また、何よりも、人々にそうしたことを学ぶことが彼らにとって価値のあるものであることを教えることにより、人々をいまとは異なったものにしようと意図する精神的案内人という役割――を想定する必要はない。大きな課題が存在しないのであれば、大きな思想も必要ないのである。

パイデイアの記憶

すでに言われてきていることであるが、現代社会において、シノプティコンが、徐々に、しかし、情容赦なく、「パターン維持」および「緊張管理」あるいはもっと簡潔に言えば、秩序維持の主たる道具としての近代初期のパノプティコンを押し出し、我々は、精神的指導者の英雄的時代から「模範的人間」の時代へと移っている、あるいは、すでに移ってしまっている。

ウンベルト・エーコは、現代のシノプティコンにおいて最も有名な「観察対象」の一つ、連続漫画のスーパーマンを、すなわち、あらゆるビジネスが私的資源によって行われるのと同じように、主張も私的ビジネス（問題）であると宣言している世界での自己主張（でしゃばり）の究極の事例、典型的事例を、分析した[27]。エーコによれば、スーパーマンはその異常、かつ、不思議な力を、事物の通常の秩序を保守し、そっくりそのまま保存するために、使用する。

スーパーマンは、けっして駐車禁止地区に自分の車を駐車しないし、また、彼はけっして革命家になることはない。……この超能力をもつヒーローは、誰も異論をはさむことのない絶対的な理念を実現するためにその特別な才能を用い、前もって良いか悪いかの評価を示すことなく、あらゆるプロジェクトを退け、したがって、政治的利害によって左右されない高い道徳的基準の模範となる。

スーパーマンとそれに類似した、あるいは、それを模倣した多くの人物の成功したあらゆる冒険から滲み出ているTINAメッセージ、すなわち、法律に固執したり、秩序を監視したり、時には、万事うまくゆくように願っている、制服を着ていない、あるいは、平服を着ている、普通の人々を助けることは別にして、世界に対して特に何もする必要はないというメッセージは、ほとんどの視聴者に慰めを与えるかもしれない。しかし、そのメッセージは、郷愁的な理由や他の理由から、知識人の立場とかつて結びついていた役割や責任をまだ熱望しているすべての人々の耳には、むしろ、黙示的メッセージおよび運命的予言に聞こえる。

そうした人々の反応に従って、エーコは、現代の文化理論家や実践家を「黙示的」知識人と「統合的」知識人とに区分する。双方の間の本質的な差異は以下のとおりである。すなわち、もし「黙示的知識人が理論をデカダンスで包むことによって生き残るのであるならば、統合的知識人はほとんど理論化しない。彼らは、あらゆる分野で、日常的な観点から、自らのメッセージをつくりだし伝えることにますます没頭するようになる」。黙示的知識人（終末論者）はほとんどペシミストである。他方、統合的知識人は、ペシミストでもオプティミストでもない（私的には、どちらかであるかもしれないが）。しかし、何といっても、彼らは意見を異にする者たちではない。黙示的知識人が嘆き悲しんでいるものは、統合的知識人にとっても、彼らの当然の要素なのである。

なぜ黙示的知識人が、文化的デカダンスとみなすものを嘆き悲しむのか。また、なぜ彼らは、今日の文化状況をまず第一にデカダンスとみるのか。エーコによれば、その理由は、元々、理論的なものである（あるいは、統合的知識人はほとんど理論化しないので、差異を形成するのは、むしろ黙示的知識人の理論構築の才能である）。エーコが示唆しているように、黙示的知識人と統合的知識人とは、文化とは何であり、文化の内容はどういうものなのかということについて異なる考えをもっている。もし文化が「貴族主義的現象」「群集の無作法を鍛錬し抑制するために、熱心に、ただ一人黙々と、一筋に内面生活を教化すること」と考えられているならば、今日、黙示的になっているはずである。もしそうだと思うならば、すべての人間を無差別にねらい、しかも、すべての人間の嗜好および理解力に合わせて見栄え良く並べられた「大衆文化」は、もはや文化ではない。むしろそれは、文化の破壊、「反文化」（科学小説SFの「反物質」と全く同じように）である。しかし、もし最初に、貴族主義的な、あるいは、他の何か気高く高尚で、記述的というよりも仮定的な文化のビジョンが受容されなかったとするならば、そのときはまた、それほど多くの心痛や悩みもなく、以下のような事実が受け入れられるであろう。

すなわち、「テレビ、新聞、ラジオ、映画、連続漫画、大衆小説、リーダースダイジェストといったさまざまな作品は、いまや文化をすべての人間の手の届くところにもたらした」。凡庸で（ミドル・ブロー）や低級な（ロー・ブロー）、だがよく売れている「文化的作品」を見て、眉を顰めるものはいないであろう。したがって、文化興業者は、他の滅亡の予言を書きなぐる代わりに、彼らと他のすべての人々がともに立っているところから前へ進むであろう。しかし、彼らが、大量供給と大量消費を汲み上げる新しい道具を使用するようになるにつれて、彼らには、絶望と後悔のための時間はほとんど残されていないであろう。

エーコによれば、黙示と統合との間の差異は、言い換えれば、認識上の観点の差異、あるいは、むしろ先入観の存否であり、おそらく、ユートピアとリアリズムの間との差異、ある実現されていない理念（「啓蒙の未完のプロジェクト」のような）に照らして現実を測定することと、現実をあるがままに受け止めることとの間の差異であろう。けれども、エーコの言っていないことは、なぜ二つの鋭く異なる目（レンズ）があるのかということ、そして特に、なぜ文化についてのあるビジョンが廃棄され、軽視ないし簡単に忘れられたりするのかということである。そのビジョンの運命が、かつてそのビジョンを抱いていた人々や、いまそれをもっていない人々について、私たちに語りかけていることを、彼は述べていない。

エーコが主張しているのは、黙示的知識人がいま憎悪と軽蔑をもって「大衆文化」と呼んでいるものは、実際には、その概念の形成される数世紀前の現象であるということである。すなわち、「大衆文化」は、少なくとも、木製のブロックで印字する発明にまでさかのぼる（可動活字という画期的なグーテンベルグの発明以前の）現象だということである。印刷機によって廉価で普通の人々が手に入れることができるようになった「騎士道物語」あるいは「実話」は、いまや、文化的退廃の兆候と受け止められるような、あらゆる特徴を生み出した。そうした物語は、はかなくて、めそめそとした感傷的なものであり、低級な激情に迎合するものであり、また、読者のあらゆる有害な偏見と欲望を喜ばせるものであり、思い返してみると、宣伝文句に相当するようなものさえ見せびらかしていた。しかし、教養ある人々からの激しい反対の声については、いかなる記録も残っていない。エリートの誰一人として、気にかけているようには思えなかったし、その危険性に抵抗し、撃退しようというい かなる呼びかけも聞かれなかった。なぜそうした平静な心でいられたのか――我々が彼らを知るようになるにつれ、それは「知識人」の特徴ではないことがわかった――私は、この謎を解くことによって、現代の「黙示的」知識人と「統合的」知識人との間の差異に関するエーコの説明の限界が示されるだろうと考えている。そのことによって、エーコの分析の「失われた環」、すなわち、プレ・モダンな平静さと後期近代的な恐れとを区分する近代的事件が、明らかになるであろう。

いわゆる記述的概念のほとんどは、慣例praxeo的形態をとっている。すなわち、そうした概念は、概念や地図を作成する者の行為に適合するように、世界を小片や断片に切断し、分離し、統合し、配置する。「下賤な民衆」、卑しい仕事に就く者たち、定期市で巡回商人から買った三文雑誌の無教養な読者たちは、その当時の教養層の被保護者ではなかった。彼らは、野蛮な人々であったかもしれないが、改良を待ち望む野蛮な人々ではなかった。無知な人々ではあったが、啓蒙を待ち望む無知な人々ではなかったし、おそらく、偶像崇拝者ではあったが、啓示と転向を待ち望む不信心な人々ではなかった。要するに、彼らは、教養層の当時の、あるいは将来の行為のための対象ではなかった。彼らは、岩より堅いラテン語の壁のなかに安住している教養エリートの生活世界（Lebenswelt）の外に止まっていたし、また、止まらざるをえなかった。教養エリートは、彼らが蒔いた種のことや彼らが牛の乳をどのようにして搾ったかということについて責任を感じなかったように、彼らが読んだもの、あるいは、読まなかったものに対して、いかなる責任もとらなかった。

けれども、ある点で、民衆の信仰は迷信となり、民衆の習慣は反啓蒙主義と無作法の指標となり、そして、民衆の生活様式は、文化の欠如の兆候となった。その点は、歴史の連続線上で十分規定できる。初期の変更点は、民衆（hoi polloi）の習慣や手段にではなく、むしろ、知識とその担い手の社会的位置づけにある。その点は、歴史の連続線上では、近代の国民形成の開始および近代型の権力――「他の権力が達することのできない高みに達」しようと苦闘するような権力――の誕生のところに記入することができるであろう。

この新しく、また、全く先例のない文脈（ギリシアの政治状況と近代の状況との間のしばしば強調されるアナロジーがいかに多くあろうとも、その二つを区分する文脈）においてはじめて、教養エリートは、「精神的指導者」あるいは、改宗という課題を帯びた宣教師――人民（populus）の監督者、検閲官、教師、訓練士――となった。そのときはじめて、彼らは、他の人々が学び、受け入れ、従う生活様式をデザインする仕事に着手した。この新しい立場と役割は、解決不可能な二律背反から自由ではなかった。したがって、エーコが、文化形成者の態度の際立った特徴の一つ――群集をその無作法から解放せよという他の主張を妨害したり、ときには発言できないようにせざるをえない動機――として「群集の無作法」に反対する主張を取り上げたのは正しかった。そのムードに依拠しながら、あるときには「人民」、あるときには「モブ」と名づけたものに対する近代の教養層の態度は、愛情と憎悪、密着したいという衝動と「大衆のなかへ溶解すること」の恐怖との混り合ったものである。だが、そうであっても、教養層は、「無教養の人々」や「まだ十分に開明されていない人々」の後見人および管理人の役割を前提として、近代の間、万難を排してそれに固執した。その役割は、権利と責任の双方を示すものであった。近代の教養エリートを定義するものは、その個々のメンバーの固有の特徴ではなく、啓蒙と教化を必要とする残りの人々に対するその集団的関係、そして、その関係のなかで彼らが集団的に果たした役割、果たすことを希望し、また果たすことを願った役割、あるいは当然自分たちのものと考えている役割であった。

そうした使命の前提は、近代国家の秩序形成の野望によって可能となったのであり、また、その使命はそうした秩序形成活動の文脈のなかで実践された。その前提は、そうした野心やそれに見合った実践が持続するかぎりにおいて、すなわち、エクレシアがアゴラへの鋭い関心を維持し、アゴラの行為への日々の介入に熱中しているかぎりにおいて適していたし、また比較的異論もなく、確実であるように思えた。それは、近代国民国家の制度的形式におけるエクレシアの退却あるいは能力喪失を止めることができなかった——もちろん、その過去の形態でも止めることができないし、また、大きな危機なしではとても止められるものではなかった。その後者の展開は、文化の番人という使命を遂行するために育成された教養層には、大きな破局として、まさに、終末的悪夢として受け止められざるをえなかった。突如として、教養層は、彼ら自身の身分や機能を実現するための現実がないことに気づいた。彼らは、彼らの生得権とみなしていた管理特権が奪われていることに気づいた。そして、彼らのこれまでの職務はいまや他の管理人に委託されていたので、彼らの被保護者はもはや存在しないことや、他の管理人を探し回わらなければならないこと、あるいは、すでに解放されているので、特定の管理人をもつことなく、自らの生業（ライフ・ビジネス）に専念しなければならないことに気づいたのである。

文化理論家や実践者が文化的退廃を嘆き悲しむとき、改宗させるという彼らの近代的な使命の衰退について嘆き悲しんでいる。誰一人として伝道者を必要としていないように思われる。聖職者、教会の番人、そして、楽しく愉快な興奮を与える新しいカルトの聖堂番がうまくやるであろう。この点では、エクレシア（民会）の建物の住人やオイコス（家政）の住民は、昨日の伝道者に、彼らの良い記憶と強いフラストレーションのみを残しながら、十分合意しているように思える。背信の犠牲者たちも、彼らの地位が大きく崩れて、急速に力を失っていることに気づく（スチュアート・ホールが大学の運命について、すなわち、正統な知識人たちの役割のあの堅固で、ほとんど論争されることのない制度的要塞の運命について辛辣に述べたように、「国家は、高等教育を企業家的分野へ移し変えるために秘密警察を送り出しはしなかった。我々は、それを我々自身で行った……」[28]）。いずれにしても、取り返しのつかないほど失われているように思えるものを捨てるという誘惑は大きいし、また、セイレーン（魔女）の魅惑的な呼び声は、かつてとは異なった考えをもつ多くの人々にアピールするように思われる。

ピエール・ブルデューは、最近、次のように辛辣な言葉を吐いている。すなわち、現代の知識人は、もはや自分の全作品の不滅性に自信がないので、テレビのスクリーンにできるだけ多く登場しようとする。バークレーの有名な格言を現代的に言い換えれば、「生きているということは、テレビに映っているということである」と。ブルデューによれば、テレビは、主知主義者のナルシスの鏡に相当するものになっている、と。永遠性の追求は、知識人の戦略においては、テレビのショーへの出演の追求になっている。毎日の仕事は、出演回数をもっと多くするということから形成されるようになる。

しかし、TVショーの語用論〔記号とその使用者との関係を研究する記号論の一分野〕と知的仕事の語用論とは全く異なる。テレビの語用論は、視聴率とスピードに支配されている。しかし、多くの聴衆と高速性とは思想の敵である。テレビでの多くの聴衆との「コミュニケーション」は瞬間的なものである。しかし、ブルデューの指摘するように、それは「存在しないのであるから、瞬間的なのである。それは幻影にすぎない。陳腐な言葉のやりとりは、コミュニケートしているというまさにその事実以外の内容をもたない一種のコミュニケーションである」。その擬似コミュニケーションは、「早合点する人」（ファースト・シンカー）、知的「ファースト・フード」の供給者を育てる。……[29]。

知識人の歴史的運命に関して作家たちの間に広がっている、おそらく支配的な見解は、以下のようなものである。すなわち、現に起こっていることには抵抗できない。しかも、人々がそれによって生きる諸価値に対して責任をもつ知識人の冒険が、たとえ最初から大きな誤り、あるいは、壮大な幻想でなかったとしても、それは確かにいまでは終わってしまったことである。慰めを言えば（もし慰めが必要ならば）、「見えざる手」という変数が亡命先から呼び戻される。あの明らかに巧妙で善意に満ちた手によってもう一度、商品および金融市場のオペレーター（仲買人、相場師）を糸で操ることが期待される。しかし、もし諸事実によってその期待があまり信頼できないならば、その手は民主主義と呼ばれる諸観念と諸利益の市場へと移転される。良い仕事をするために、見えないようにかくれていた手のおかげで、そこにいる人々が好きなようにすることを許されたアゴラ（任用された顧問を除いて）は、価値や原理の情報を提供するとともに、真の重要な問題に対する正しい解決に向けて舵を取り、押し進めて行かなければならない。

明らかにこの見解は、超職業的な責任、すなわち、近代の知識人のトレード・マークであった「職務範囲の外に出る」というあの主張の放棄へと至る、新たな不参加と無関心の態度に対する優れた口頭弁論（plaidoyer）である。それは、知識人がいまは絶滅し、あるいは、消失したエクレシアの孤児（「エクレシア失踪者」とか「エクレシア逃亡者」とでも言えよう）と定義されたり、または、自らをそのように定義するかぎりにおいて、あるいはアゴラにおける知識人の役割が全権大使、エクレシアのエージェントあるいはパートナーの役割と同一視され、他のいかなる役割も考えられないかぎりにおいて、知識人の感情をよく要約している。この見解は、知識とエクレシアとの結合はあの世においてなされる事象ではなく、むしろ歴史のなかの事象であるという可能性、したがって、知識人の使命が分裂を免れるかもしれないという可能性を認めていない。

けれども、次のような疑問が残る。すなわち、「市場の見えざる手」がすべて人々のための豊かな生活をつくりだすことに失敗したのとちょうど同じように、「民主主義の見えざる手」が公正な社会においてしっかりした個人をつくりだすだろうという予想は、初めからわかりきっている既定の結論ではけっしてないのではないかという疑問である。アリストテレスを引用しながら、カストリアディスは、次のように指摘している。すなわち、民主的な手続きを単に信奉するだけでは、「法の国家」や「権利の国家」は保障されないであろう、と。

もし人が偶然的なものや蓋然的なものの領域において、自由な個人の見解（doxai）に対して平等の価値を認めさえするならば、多数決は正当化されうる。しかし、諸見解の間のこの価値の平等が「事実に反する原理」、ある種の擬似的な超越的工夫でなくなれば、社会という制度における恒久的努力とは、諸個人の意見は全て政治領域において平等に取り扱われるという当然の公準を諸個人に示すことでなければならない。もう一度繰り返すが、パイデイアの問題は、除去できないのである。……。

そうした個人を形成できるのは、民主的なパイデイアのなかでのみ、また、それを通じてのみである。なぜなら、個人は、植物のように成長するのではなく、むしろ、社会の政治的関心の主たる対象の一つでなければならないからである。[30]

社会は、諸個人を幸福にすることはできない。そうしようというあらゆる歴史的試みは、幸せよりも悲惨を生み出した。しかし、良い社会は、その構成員を自由にすることができる——また、そうすべきである。すなわち、諸個人がしたくないことをするように強制されないという意味において、消極的に自由であるばかりでなく、何かを行うために彼らの自由とかかわりをもつことができるという、積極的な意味においても自由である。……したがって、それは、もともとは自らの生活の条件に影響を与え、「共通善」の意味を明確に表現し、また、社会の諸制度をその意味に従わせる能力を意味している。もし「パイデイアの問題」が除去できていないのならば、それは、自律的な社会を構成する自律的諸個人という未完の民主的プロジェクトがまだ存在しているからである。

諸個人は、彼らの自由を増大し保護する社会を自由に設立できなければ、すなわち、諸個人は、手に手をとって、まさにそれを達成することのできるエージェンシーを設立しなければ、自由でありえない。だから、そのアジェンダのための課題は、アゴラによってエクレシアを取り戻すことである。

この課題によって、知識層に対し広範な行為が解放される。しかし、そうした行為を行うためには方向転換することが必要である。すなわち、エクレシアからアゴラへ、すなわち、公的なものと私的なものが出会い、まさに、提供された選択肢から選択するのではなく、選択肢の範囲を検証し、疑問視し、再交渉する、あの政治領域へ。そして、方向転換が一度行われると、とるべき最初の一歩は、この課題を実現するのに適合したアゴラを再建することである。私的／公的領域、すなわち、「公的なもの」が後退して、政治的に接近できない場所に避難所を求め、しかも、「私的なもの」がまさに自らのイメージで描き直そうとしている領域の現在の危険な状態を考えると、これは、けっして容易な仕事ではない。アゴラを自律的な個人と自律的な社会に適合させるためには、アゴラの私事化（民営化）とその脱政治化を阻止する必要がある。私的なものの公的なものへの転移を再建する必要がある。共通善――それによって個人の自律性（自治）は実行可能となり、また、戦い取るに値するものとなる――に関する中断された意見交換を再開する必要がある（哲学ゼミナールにおいてではなく、アゴラにおいて）。

オッフェが指摘しているように、以下のようなパラドクスを考えると、もう一度繰り返すが、容易な仕事ではない。すなわち、「新しい社会運動がその批判の対象として取り上げるのは、まさに古い運動の諸要求を満足させることのできるような、政治支配、物質的生産、科学技術の革新のための制度的装置である。……」。結果として、空虚な私的／公的領域を充たそうと望む運動は、現在の問題を「根元まで」掘り下げるチャンスや、公的領域でのあらゆる変化を実行可能にするエージェンシーを形成するチャンスを奪われてきた。「生態学的、平和主義的、フェミニズム的、地域主義的、地域自治的な運動は、初期の社会政治的運動を特徴づけていたのと同程度の一貫性と包括性をもって、社会変革のプログラムのアウトラインさえも発展させることができていない[31]」。

ウルリッヒ・ベックが見事に示唆しているように、疑いこそ、上ではＴＩＮＡ戦略の不活発な重荷と、下では個人化されたライフ・ポリティックスの危険という二重拘束のなかで苦しみながら、必死になって自らの道を見つけようとしている人々に対して、思想家が提供する最も貴重な贈り物なのである。

懐疑主義は、大きな誤りとは逆に、あらゆるものを再び可能にする。すなわち、誤りを最終的に確定したうえで、寛容な心をもって、倫理、道徳、知識、信仰、社会、批評を、しかし、それぞれに、規模をもう少し小さく、より試験的に、より修正可能に、またより学習可能に、したがって、より好奇心をそそるように、思いもよらないものや不釣合いなものに対してよりオープンにする。マルクス、エンゲルス、レーニンにならって、ホルクハイマーとアドルノにならって、おそらくモンテーニュを、新しい再帰的な近代性に関する社会理論の創始者として再発見すべきである。(32)

補論一 ポスト・モダン世界におけるイデオロギー

言葉は自己の運命をもつ（Habent sua fata verfa）。もっとも、いくつかの言葉は、他の言葉と比べて一風変わった運命をもっているけれども。しかしながら、「イデオロギー」という言葉には、破ることの困難な記録がある。「イデオロギー」という言葉の全く異なる様々な歴史的使用に対して共通分母を発見すること、あるいは、その言葉を継承し具体化したもの（アバター）を生み出す変換論理を発見することなど、全くできない相談である。しかし、その言葉の意味論的負荷や使用に関して合意に達することの困難とは異なる、別の困難が存在する。「イデオロギー」は、様々な時代に様々な人々によって様々な用途に供された広範な概念である。しかし、イデオロギーという概念は、また、近代人の住む世界の変化しつつある諸側面を把握しようとするものであり、したがって、その側面は、それ自体、異論や論争と同時に継続的な再評価の中心でもある。この言葉の歴史的変化と、人間の現実のその側面の歴史的運命との結びつきは、すぐに明白となるものではないし、また、その同じ言葉によって言及される二つの現象を区別したり識別したりすることも容易ではない。

本質的に論争的な概念

「イデオロギー」という言葉は、語源学的には、「思想の科学」を意味する。そして、その言葉がこの意味をもつようになったのは、一八世紀末期にまさにフランス国民研究所の創始者であり、指導的メンバーであったデュスティ・ド・トレーシーによってその言葉がつくられたときであり、また、その研究所が取り組んでいたプロジェクトのなかで中心的地位を付与されたときである。その研究所の仕事は啓蒙主義の野望を実現すること、すなわち、社会の合理的な新しい秩序を立法化するというその課題について統治者たちに助言することであった。そして、それを達成するために提案された方法は、確実に正しい思想、理性にかなった思想のみが形成されるように、人間の心の中で思想が形成される過程についての正確で科学的な知識を使用することであった。

理性によって支配され、合理的に行動する人間によって構成される人間世界の建設にむけて果たさなければならない「思想の科学」の重要な役割について、これ以上議論する必要はない。これは、一連の単純な諸前提によるものであった。すなわち、その諸前提とは、以下のようなものである。人間の行為は、人々のもっている思想によって導かれる。思想は、人間のさまざまな感覚を処理することによって形成される。この処理は、本来的に他のあらゆるものと同様に、厳密な法則に従う。こうした法則は、体系的な観察と実験を通じて発見される。こうした法則は、ひとたび発見されたならば、現実を改善するために——周知のほかの自然の法則と同様に——用いられる。その場合、誤った感覚は処理できないということや、真の感覚は処理過程で歪められないということを確証にするために用いられる。したがって、真の思想のみが、すなわち、理性の検証をパスした思想のみが形成され、採用される。この研究所の主要な指導者の一人であるメルシェールの言葉を用いるならば、思想とは「存在しているすべてである」。また、ド・トレーシー自身によれば、「我々は我々の感覚と我々の思想を通してのみ存在する。いかなるものも我々がそれについて抱いている思想によって以外、存在しない」。

それ自体、厳密で正確な科学であるイデオロギーは、科学の世界で番犬的な地位を占めているといわれた。その信念は、他のあらゆる種類の人間的知識に関する諸研究を監視し、監督し、修正すること――あらゆる人間の認識活動を調査し、調整し、もし必要ならば、協力させること――であった。しかし、イデオロギーという思想には、隠れた別のアジェンダがあった。現実的な言い方をすれば、イデオロギーが諸科学の中心にあるということは、啓蒙された社会の建設者や執事たちのなかでイデオロギー主義者が中心にいることを意味した。すなわち、イデオロギーのエキスパートは、人間の環境を、したがってまた、喚起されるであろう感覚を操作することによって、さらに、思想形成の継続的過程を導くことによって、人間の信念や行動の全領域に対する理性の支配を確実なものにした。

イデオロギーという構想（プロジェクト）について議論する真理の理論は、同時に、錯誤の理論でもあった。すなわち、虚偽の信念は、勝手気ままな、あるいは、誤って配置された環境によって誘発された誤った感覚のせいだとされた。――すなわち、最終的には、計画的な教育の欠如、あるいは、理性の要求とは逆に計画され、実行された教育のせいだとされた。したがって、イデオロギーは、二つの戦線、すなわち、無知に対する戦いと、誤った教育（すなわち誤った教師）に対する戦いにおいて素晴らしい武器になるはずであった。

カール・マルクスが友人のフリードリッヒ・エンゲルスとともに『ドイツ・イデオロギー』を書いたとき、彼は「イデオロギー」の意味を、根本的に変化させた。題名の「イデオロギー」は、暗に、自称「イデオロギー主義者」が行うこと、あるいはむしろ、彼らが行うふりをしていること、あるいは、行いたいと望んでいることを意味していた。すなわち、行為者の思想を管理することによって適正な人間行為を推し進めるというプロジェクトを意味していた。吟味されるのは、彼らが「世界を理性と一致させるために」提案した戦略の有効性であった。啓蒙主義の野望に対する献身という点においてその右に出るもののいないマルクスとエンゲルスは、その目的に関して、ド・トレーシーおよびその一派を咎めはしなかった。すなわち、世界は理性の基準には達していないということや、悲惨な状況を変えるために何かを行う必要があるということにほとんど疑問はなかった。しかし、マルクスとエンゲルスは、提案された手段の全くの不十分さと不毛性に関して「イデオロギー主義者」を嘲笑し、酷評した。

このことこそ、『ドイツ・イデオロギー』のメッセージであった。なるほど、人間行為は、理性が示しているように、浪費されていないにしても余り利用されていない、人間の真の潜在能力と一致させるために、変化することをぜひとも必要とする。

しかし、人々の抱いている思想を修正することでは、それは変えられない。なぜなら、そうした思想を供給する世界そのものが誤って建築されるかぎり、誤った思想は、そこに止まらざるをえないからである。思想の全能性は、そうした世界が大規模につくりだしている多くの幻想の一つである。マルクスとエンゲルスによれば、流布している誤った諸思想ではなく、まさに誤りに対するいわゆる解毒剤としての「イデオロギー」という概念そのものが、不正に構成された世界の有毒な果実であった。したがって、「イデオロギー主義者たち」と、彼らの希望を共有している他の思想家たちは、見当ちがいなことをしていると非難された、あるいは、最初から誤って、合理的に秩序づけられた社会へ向かおうとしていると非難された。誤った思想と戦うことによって世界を変えようと考えるのではなく、彼らは第一に、物質的な世界の変革を推し進めるべきであった。なぜなら、虚偽の思想を生み出してきているし、また、現に生み出し続けているのは、不正に構成された人間の現実であったし、いまもまだ、そうだからである。世界の誤りが第一に正されなければ、思想の真理など望むべくもない。

別の言い方をすれば、マルクスとエンゲルスは、以下のような理由で、「イデオロギー」構想を拒絶した。すなわち、イデオロギーは、理想主義的哲学の無意味さを分かちもち、しかも、転倒した人間的現実の反映そのものでありながら、その他の哲学と同様に「世界を逆立ちさせる」歴史的理想主義（史的観念論）の単なる焼き直しにすぎないという理由からである。なすべきことは、世界とその哲学的省察の双方を再び活気づけることであった。――したがって、その課題にとりかかるためには、「イデオロギー主義者」の純真さを暴露し、かつ、「イデオロギー」構想によって示唆された戦略の無用性を暴露する必要があった。

以上のすべては、振り返って考えてみるとき、啓蒙主義陣営内の内輪揉め――目的に関して同意している思想家、すなわち、完全な理性に導かれた人間社会の再建に同意している思想家たちによって行われる、最良の手段に関する論争――であるように思える。とりわけ、哲学的に区分された両陣営の思想家たちは、あの困難な課題遂行における彼ら自身の役割、すなわち、理性のスポークスマンの役割、合理的人間の教育者の役割、そして、現在の立法者たちがその課題を行うことができないと考え、その課題を行うことに気が進まなかったり、それが行われるのを見たくないと思っている場合に、合理的な新しい秩序の社会を立法化する課題をすでに課せられている全ての人々、あるいは、その現在の立法者たちを取り替えようとするすべての人々の啓蒙者の役割であるはずの、その役割に同意した。

ほとんど一世紀もの長い間、哲学論争が欠如していたけれども、一九二〇年代後半に再びイデオロギー概念が表面化し、政治論文や社会科学の重要な概念のひとつになったとき、その概念は、少々異なる意味（したがって、その初期の、語源学的意味とは逆の意味）をもつようになった。すなわち、その一九世紀初頭の先駆者たち、その当時ほとんど忘れられていた人々（『ドイツ・イデオロギー』は、未発表の、したがって、読まれていない草稿であったことを想起してほしい）によって用いられた意味とは、一部では連続的であり、一部では非連続的であった。それは、たまたま、マルクスとエンゲルスが自らの判断を正当化する論証であることを無視して、〔相手の思考方法が〕本質的に誤った思考方法であることの名称として「イデオロギー」という表現を用いた点で連続していた。〔しかしながら〕特に、「イデオロギー」という概念は、もはやマルクスやエンゲルスにとってそうであったような、「歴史的理想主義」の哲学を表すものではなかったし、また、国立研究所の創始者たちが望んだような、「思想の科学」を表すものでもなかった。有名な方向転換volte-faceにおいて、「イデオロギー」は、哲学が批評活動においてのみ直面するかもしれない何か、すなわち、哲学が戦って最終的に克服するように要求される一種の一般的知識および劣等な知識といった、哲学的論証や正しい思考という重要な検証を欠いた、本質的に非哲学的および前哲学的思考を意味するようになった。

新しいイデオロギー概念は、デュスティ・ド・トレーシーやマルクス・エンゲルスのイデオロギーという先行イデオロギーと同様、ポスト啓蒙主義、近代的な「真理対誤謬」、「科学対無知／偏見／迷信」という哲学上の議論の文脈において登場したのであり、したがって、正しい知識と誤った知識との間に境界線を引いて、監視するようになった。先行イデオロギーと同様に、新しいイデオロギー概念は、その境界の受託者および裁決者として行動する知識人の努力を表現するものであった。しかし、先行イデオロギーとは異なって、二〇世紀の「イデオロギー」概念は、国境警備人が正しかろうと間違っていようとも、過去および未来の不法侵入者を追い払うときに使用する武器とはみなされなくなった。逆にそれは、バリケードのむこう側へと動き、本来的に「イデオロギー」、すなわち、あの思想の科学によって、良かれ悪しかれ打破され、また、永久に立入禁止にされていると考えられていた偏見や迷信に取って代わった。

このように、「イデオロギー」という用語は、「知識」という領域から「信念」という下位の領域へと移された。いまや、この用語は、傲慢にも知識の検証を無視して、まだ絶滅されていない、そして、まだ克服されていない、虚偽の、誤った、有害な信念を示すものとなった。すなわち、科学によって必ず、徹底した理性支配への途上にあるという人間の意識の仮面がはぎとられ、その力が殺がれ、ついには、消し去られるという信念を示すものであった。イデオロギーの歴史のこの第二段階において、「イデオロギー」理論は、近代の黎明期に、フランシス・ベーコンによって、種族、劇場、あるいは市場の「偶像」に対して繰り返しなされる激しい批判のなかで、合理的知識への主要な障害として取り除かれ、攻撃目標とされた現象を体系的に取り扱おうとするものであった。

この装いを新たにした「イデオロギー」概念がヨーロッパに登場したのは、第一次世界大戦の猛威が、すなわち、一見架橋不可能な新しく深い政治的分裂や不寛容および政治的に鼓舞された暴力の厚い雲が、知識エリートの自信を崩したまさにそのときと考えられている。進歩の確実性と科学的理性——明らかに無宗派で分割不可能で普遍的な——の究極的勝利に対して、疑惑が投げかけられたのである。

　新たな専制君主が啓蒙されることを望んだり、あるいは、啓蒙されるように勧められること、それゆえ、理性を世界に実現するために専制君主の所有している権力を利用できるということなど、ますますありそうもないように思われた。啓蒙主義の希望の絶頂期に行われた知識と世俗権力との結合は、厄介な緊張を孕むようになった。真理の探求者や真理の保護者たちは、哲学者（les philosophes）の特徴であり特権でもある楽天的な確信（いまでは純真とみなされている）をもって、支配者の援助に依拠することができなかった。その歴史の第二局面においては、イデオロギーの概念は、悲観的で防衛的な雰囲気のなかから生まれ、しかも、痛烈に傷つけられたために自信をもって動かすことのできない指で簡単に取扱うことができた。

　全く啓蒙主義のシナリオ通りに進まない世界に直面したとき、二〇世紀の哲学者たちは、科学的に権威づけられた真の知識を、他のあらゆる意見から正確に取り除く基準を明確にするという課題と、科学の判断を受け入れ、採用し、実践に移すことに対する公衆の無気力ないし無能力、とりわけ、公的支配者の無気力ないし無能力の原因をつきとめるという課題の、二重の課題に取り組む。たとえば、ウィーン学派あるいは論理実証主義学派の哲学者たちは、虚偽の信念の弾力性を自然言語固有の障害とみなし、それゆえ、日々の生活との連絡を断ち切り、また、日常の生活や党派政治のきたない言葉のなかに満ちあふれている無意味で検証不可能な信念とも切れた、正確な科学言語による真理の発見に解決の道を見い出した。

現象学的哲学の創始者エドムント・フッサールは、さらに前進した。彼は、科学が日々の生活そのものと同様に「自然な態度」に、すなわち、真の知識のふりをした、根拠不十分な、気まぐれな意見のあの温床の中に多く根ざしているので、科学がその課題を遂行することができるかどうか疑った。フッサールは、以下のことを示唆した。すなわち、「現象学的還元」というヘラクレス的な至難の努力――自然な態度を制限する、視野の狭い、空間的かつ時間的に制限された環境によって沈殿した幾層もの失敗の知識を剥ぎ取ること――のみによって、哲学者は、変化する公益や文化的流行によって穢されていない純粋な形式で、元の意味が意図的に構成され、かつ、存在している「超越的主観性」の非歴史的、超文化的領域を、洞察することができる。言うまでもなく、「自然な態度」に埋没した普通の人々の日常生活において、普通の人々に現象学的進展を開始させるようなものは何もないように思える。もはや、真理を探究しても、カント的な合理的人間になりうる普遍的可能性はないように思われた。いまやそれは、特殊な人間――哲学者および哲学者のみ――の義務でしかなかった。すなわち、哲学者たちの認識バッジ、彼らの孤独のしるしであった。

意図的というよりもむしろ怠慢のために、ゆっくりと、かつての立法意欲は、世界の再構成や権力行使への直接参加の衝動とともに、放棄されていった。二〇世紀が過ぎ去り行くにつれて、主要な哲学者たちはすすんでプラトンのように振るまうことはなくなったし、近代のシラクサ人たちの専制君主に、哲学者たちの言葉を政治的果肉へ変えるように要求しなくなった。まさにそういう要求を行った少数の人々がすぐに気づくのは、暴君が彼らを雇用してもよいと考える唯一の仕事は、廷臣（へつらう人）の仕事――王のメッセンジャー、宮廷詩人、時には宮廷道化師（幇間）、さらには、宮廷道化師――であるという恐怖であった。

したがって、撤退は、当時のよりいっそう明確な傾向となった。しかしながら、撤退の変更不可能性、撤退の目的と期間は、全て反論を受けなければならなかった。両極端の立場（他のすべての態度がその間に位置づけられる）は、シュトラウスとコジューブとの有名な議論のなかで、最も大きく位置づけられ議論された。書簡を交わした二人は、以下のことに同意した。すなわち、日常生活に特徴的な喧騒や混乱のなかでは、真実は追求できないし、また、通常の世俗的な経験から哲学的研究によって得られる真実まで進むことのできる道は、ほとんど存在しないということ。しかしながら、シュトラウスが、以下のように主張するならば、すなわち、まさしく事物が永久に存在しなければならないように、また、永久に存続するように、これは存在する、と主張するならば、また、真実は完全なものであるので哲学的真実と現実世界との結合は、いかなる状況の下でも回復不可能であるし、また、新たに樹立することも不可能であると主張するならば、コジューブにとって、哲学者の退却は一時的な措置、すなわち、部隊を再編し、必要物資を補充し、さらに、より多くの自信をもって、勝利するためのよりよいチャンスをみつけ、再び勝利を得ようとする行動であった。けれども、書簡を交わした双方とも、真実の大義を促進し、その支配の露払いをするために既存の権力が有効に使用されるなどという希望をもっていなかった。二人とも、たとえ多くの言葉を用いて語らなくても、以下のことを容認していた。すなわち、哲学は、そうした権力と関係をもたないほうがよい、もし、哲学がそうした権力と対決する場合には、哲学は、検察官あるいは裁判官の役割においてのみかかわるべきである、と。

二〇世紀の「イデオロギー」概念は、こうした不安や先入見から生まれた。二〇世紀のイデオロギー概念は、政治的にも社会的にもますます分断化されている世界において、台頭する非合理性の潮流と啓蒙主義の希望との間で増大するギャップを明らかにするひとつの方法を提供した。それは、また、啓蒙エリートの主張する新しい役割を正当化するものでもあった。この二重の目的に適した新しい「イデオロギー」概念を形成した人物こそ、カール・マンハイムであった。

本質的に競争的な現実

マンハイムの「イデオロギー」概念は、「虚偽意識」概念の影響を受けている。「虚偽意識」概念とは、マルクス主義の進歩観に従うならば、労働者階級の利害の合理的な表現であると同時に、合理的に組織された社会という構想の完全な実現でもある、社会主義の大義に対して結集できなかった西洋の労働者階級の驚くべき（そして不可解な）失敗を説明するために、マルクス主義の伝統のなかでジョルジュ・ルカーチによって考案されたものである。カント的な理性像からすれば、労働者階級と社会主義との結合は、事の自然な成り行きとして当然起るであろうと期待されていた。しかしながら、レーニンの理論を読み、また、革命的前衛の実践に刺激を受けたルカーチの説明では、真実を把握するということは、普遍的に利用可能な、理性というあまりに人間的な能力によって導かれる自然過程にすぎなかった。個人的にも、あるいは、集団的にも労働者にとって接近可能な、狭く限定された日々の経験のレベルを超えて高所大所からものを見ることのできる社会科学者の援助がなければ、そうした労働者は、彼らの意識のなかに、彼らの状態を偽装、あるいは、否定する資本主義の、虚偽の、偽造された現実を反映し続けるであろう。したがって、労働者たちが合理的に（その正当化された、市場向けの意味では）振舞えば振舞うほど、彼らは深淵な幻想のなかにますます深く沈んでゆくであろう。

マンハイムは、ルカーチの仮説を普遍的原理へと敷衍した（より正確に言えば、彼は、「虚偽」意識と「悲劇的」意識とのルカーチの区別をうまくごまかすことによって、ルカーチの階級中心的認識論を「一般化した」）。社会内の各グループは、その階級的位置、国籍、職業によって規定されて、その特殊な認識論的視点によって区分され、全体性を見失わせるような部分的現実のなかに閉じ込められている。あらゆるグループは、それぞれの経験を通じて接近可能な不完全な現実を合理的に反映しながら、それぞれ独自の認識論的視点から、「客観的な」（すなわち、すべてに対して普遍的な、しかし、すべてに対して不可視的な）真実の特殊な歪曲（ゆがみ）を形成しがちである。

マンハイムによって、「イデオロギー」という名称を与えられたのは、一定の認識論的視点のなかで知覚されるそうした歪んだ知識であった（意味論的には、「階級意識」とは区分された、「階級の意識」のそれとパラレルである）。そのドラマが上演されたのは、認識という劇場であった。その劇場では、イデオロギーが、その主要な敵として真実と相対した。真実と歪曲あるいは虚偽との差異は、全体性と部分性との差異に対応しているので、真実は、明らかに非所属および非関連（ノン・コミットメント）と同一化された。すなわち、非イデオロギー的なものは、社会的に分離されたいかなる認識論的立場とも結びつくことのない、中立的な知識であるかもしれない。社会的現実に関する真の知識は、非部分的、反特殊主義的知識でなければならない。

したがってそれは、いかなる特定の階級、民族集団あるいは宗教集団にも所属していないので、いかなる認識論的立場にも身をおくことのできる人々の仕事でしかありえない。すなわち、そのメンバーを他のあらゆる集団から集めるような、それゆえ、どの集団によっても限定されないし、いずれの集団に忠誠を尽くすこともない一群の人々の仕事でしかありえないし、あらゆる既成の集団の外に立ち、どの集団の意見からも超然とした意見をもち、かくして、種々の認識論的視点から考えられるあらゆる信念と対決し、また、各集団の部分的、限定的、相対的性格を暴露することができることによって、あらゆる特殊性を無視するような種類の人々の仕事でしかありえない。マンハイムの見解によれば、そうした人々は、インテリゲンチャの一員であり、彼らがいわゆる社会的な超地域性（治外法権）と多様な起源をもっていることから、イデオロギー的歪曲に基く政治的実践に対して全体的に偏見のない批判者の役割を――しかしまた、非相対的な、客観的真実に基づいた、科学的政治の推進者の役割も――果すとされる。二つの役割を適切に遂行しうる手段は、知識社会学、すなわち、イデオロギーと、社会的に規定された有利な立場や集団利益との間の結びつきを体系的に暴露することであった。

その本来の意味が明らかに全く逆転しているにもかかわらず、マンハイム的イデオロギー概念はまだポスト啓蒙主義の権力論にどっぷりつかっている。それは、その先行イデオロギー概念と同様に、もっぱら知識と権力との結合、あるいは、――より正確に言えば――知識の生産者であり運搬者であるものの立法特権に関するものでしかない。しかしながら、後者と、政治権力の保持者との間の利益と目的の統一は、もはや前提されないのであり、したがって、知識人は、権力保持者の従僕および助言者から、彼らの監視人および批判者に変わる。

ここ二〇年間に地歩を得たのは、比較的最近の発明品である「イデオロギーの実証的概念」のみであり、それは、人間の条件や普遍性のなかに真の知識を発見するという啓蒙主義的プログラムからのラディカルな離反を提案している。近代の初頭から実施されている知的アジェンダの項目が一つずつ削除され、また、啓蒙時代以来不変の評価指標も、一つずつ取り消されてきている。「イデオロギーの実証的概念」は、こうした根本的離脱を要約したものである。

イデオロギーは、現在流行している「実証的」解釈では、その科学的多様性（すなわち、科学者集団に基礎を置き、また、科学者集団によって支持された知識）を含めた、あらゆる知識の不可欠の前提条件である。「イデオロギー」という名称は、様々な人間の経験の前後関係をはっきりさせ、認識可能な意味のあるパターンを形成する認識枠組をさすものであった。その枠組は知識の条件であるが、それ自体はその部分ではない。すなわち、その枠組は、めったに反省されもしないし、明確に説明されもしないし、偏見のない「外面的な」様相を与えられてもいない。そうした認識枠組は、本質的に、「監視し」「精査し」あるいは、「減速する」装置と言えるかもしれない。すなわち、その枠組は、別の方法ではとめることのできない事件の流れを捕まえて、そのなかで、既定のパターンに適合するもののみをとらえ、その他のものを通過させる装置といえるかもしれない。同様に、その枠組は、あらゆる構造を破壊し、あらゆる意味を全滅させようと、ものすごいスピードで流れる情報の只中において、生の現実についてのパターン化され構造化された認識を維持する装置でもある。

現在のお気に入りの物語が進むにつれて、認識枠組をもつということは、言葉をもつというのと同じくらい、普遍的である。だが、言葉と同様に、枠組をもつという事実は、同時に、人間を結合させるし、また区分する。あらゆる人間は、認識枠組をもっているが、それぞれの人間はそれぞれの枠組をもっている。人間の出会いと対話は、それゆえに、言語間の、したがって認識枠組間の、継続的な、そして事実、無限の解釈のプロセスである。「イデオロギーの実証的概念」は、最終的には、言語学的類推に基礎づけられる。したがって、様々な言語の存在は人間存在の損傷でもないし、人間共存への障害でもないように、イデオロギーの——知識の前反省的枠組——の多元性は、共生可能な、おそらくは、永久に共生しなければならない人間世界の特質である。

「実証的」に具体化されたイデオロギーは、知識の超越的条件というカント的観念、すなわち、あらかじめ知覚を命ずる能力をもった認識主体が存在しなければ、いかなる認識も知覚的に起こり得ないという観念に類似している。もちろん、カントとの差異は、空間および時間を超えた普遍性と社会的および歴史的に形成された特殊性との間の差異である。認識の超越的条件は、カントがそれを位置づけた人類（あるいは、まさに、すべてを知っている主体）レベルより、もう少し下に移されている。

しかしながら、その転移は、きわめて大きな影響をもっている。「知識の超越的条件」が、イデオロギーをひとたび含むならば、その「条件」は、それなしでは現象のいかなるイメージも結ばれない空間、時間、あるいは、因果関係と同じくらい一般的な、思想に限定されない。逆に、その「条件」には、様々なイメージを生み出す思想が含まれている。カント的解釈では、超越的条件は認識主体を結合させるものであり、それゆえに、統一的な知識や人間の基礎として役立つもの、したがってまた、啓蒙主義の普遍的な希望を実現するための基礎として役立つものである。それに対して認識枠組は分裂的である。ちょうど、普遍性の展望が、全ての知識の超越的条件というカント的思想のなかに植え込まれているように、知識の、したがってまた、現実世界の継続的で、かけがえのない差異化と多様化が、イデオロギーの実証的観念のなかに植え込まれている。

言い換えれば、イデオロギーの実証的概念は、マンハイムがまだその欠点であると考えていた認識のあの特徴を長所に変える。それは、いまや直すこともできないし避けることもできないと考えられる、多様な世界観の調和を示しているばかりではない。それはまた、知識階級の無関心で中立的な新しい態度やバベルの塔以後の言葉の混乱を解決し、甚だしく分裂し抗争しているものに改宗をすすめ、矯正し、同質化し統合させようという過去のプロジェクトを放棄する意図を明確に示している。

イデオロギーのそうした「実証的」概念には、知識人のどのような種類の集団的経験が反映しているのか？　そしてそれは、どのような種類の知的戦略を意味しているのか？

現代世界の主要な特徴は、二つの密接に関連した、だが、明らかに矛盾した傾向、すなわち、グローバリゼーションとローカリゼーションという二つの傾向との間の緊張関係である。こうした二つの傾向の間の密接な結びつきは、ローランド・ロバートソンの「グローカリゼーション」という用語で適切に捉えられている。なぜなら、この二つの傾向は、同じルーツ（起源）から派生したものであり、また、そうした協調関係においてのみ知覚可能であり理解可能なのである。

グローバリゼーションとは、とりわけ、政治からの権力の漸進的分離を意味している。マニュエル・カステルズが、「情報社会」という彼の最近の重要な三巻本の著書のなかで指摘しているように、政治は以前と同様にローカルで地域的でありつづけているのに対して、資本、特に、金融資本はもはや空間と距離という制限なしに「流動している」。その流れは、政治制度の範囲をますます超えている。権力と政治は別々の空間に属していると言えるかもしれない。物理的地理的空間は、政治の本拠地であり続けているのに対して、資本と情報は、自動制御化された空間（サイバースペース）に属している。そこでは、物理的空間は消去ないし中立化されている。

歴史の終焉という有名なフランシス・フクヤマの宣言はまだ時期尚早であるが、地理学の終焉については確信をもって語ることができると、ポール・ビリリオが書いたときに彼の心の中にあったものは、おそらく後者のような空間だったであろう。空間は、その克服を必要としている時間の沈殿物であり、したがって、資本と情報の動くスピードが電子信号のスピードと同じであるとき、距離の克服は実際には瞬間的なものであり、空間は、その「具体性」、すなわち、動きを減速させ阻止し抵抗し、あるいは、その他の方法で抑える能力——通常は現実の顕著な特性と受け止められるすべての性質——を失う。

「地域性（ローカリティ）」は、その過程において価値を失う。資本は地域を越えたものであり、もはや国境や法外な旅行費用によって拘束されない。情報もそうである。象徴的には、隣室で発信されたものであれ、地球の裏側で発信されたものであれ、www（世界的規模のネットワーク）のあらゆる受信者によって支払われる、同じ——「地域」——料金によって伝達される環境である。対面的コミュニケーションという相互関係をもつ地域性は、二つの点で、その特権を失う。すなわち、地域性は、かつては輸送の不便さや高い料金から、また、間接的で仲介的で非対面的な、コミュニケーションの相対的な緩慢さから起因した、遠隔地に対する利点をもはやもたない。地方の情報「零細産業」は、自動制御された空間（サイバースペース）の内部で流れているすべてのものとうまく競合するチャンスをほとんどもっていない。地域性は、かつての膨大な「所有権力」をほとんど奪われている。それは、自己抑制的で、しかも、ほとんど自己充足的な経済あるいは文化のサイトとしての意義を失っている。

これは、権力と知識が、まさにそれらの対象と同様に、本質的に「ローカル」で、世俗的であった、かつての「ハードウェア」時代とは全く異なる状況である。大量生産工場型の産業、大量収容兵舎型の軍隊、大衆学校型の教育は、同じ場所に権力保持者と権力服従者を抱えこみ、彼らを直接的に結びつけた。権力と知識、資本と情報は、労働力と軍事力、および雇用し管理し監督する人々と教育や訓練を受け監視される人々と同様に、ほとんど固定化し、空間に依存し、距離に規制されていた。地域の、厳重に保護された労働・商品市場における資本と同様に重機械や工場の厚い壁の中で結合した資本は、工員や将来採用される工員と同様に、けっして自由に移動することはできなかった。良きにつけ悪しきにつけ、資本は、その場にとどまらざるを得なかったし、その場所で起こったことはすべて、その投資者、所有者、管理者にとって、また、同時に、その他のすべての住民にとって、成否を分かつ問題、おそらくは、死活問題でさえあった。

同じことは、知識や価値の所有者や監視人にとっても当てはまる。近代の「ハードウェア」の段階では、知識人が構築の手助けをするようになり、また、その日常業務に従事するようになるあの合理的秩序は、「地域志向」にならざるをえなかったし、また、まさにそうであった。領域国家すなわち政治的統一体、そして、国民すなわち文化統一体は、収斂、あるいは、重複に向かった。したがって、この二つの概念は同義的となる傾向にあった。政治的に保護された新しい秩序を形成するという課題は、国民を形成する努力と同一視された。文化的十字軍、すなわち、様々な派生言語（方言）に対する統一言語の代置、地域固有の慣習やカレンダーに対する、国民的行事としての祝祭や公的休日による代置が、その主要な伝達手段であった。さまざまな実践的目的にもかかわらず、国家の市民性と国民性に関する様々なプロジェクトがひとつに融合された。たとえ、それらが別々に理論化され、また、様々な部門のパワー・エリートの関心事になったとしても。

こうした理由にもかかわらず、この時代は、権力エリートと一般の人々との間の協約（エンゲージメント）の時代であった。もし政治的支配者たちの主要な関心が、バランスのとれた基準をつくること、すなわち、普遍的諸規則への服従を求める集団防衛の規定や、個人的福利の集団的保障、地域資本や地域労働の商品性を確実なものにしようとする配慮の帳じりを合わせることであるならば、そのとき、そうした関心が意味を成すのは、経済的エリートや知識エリートがまさに国家の政治権力と同じ程度に地域的であり、また、国家と同様に、国家主権の下にある領土に住む人々と取決めるように定められているという前提があるかぎりにおいてである。ある程度のまとまりをもつ、労働可能な大人たちを工業労働力へと創出することは、経済エリートの仕事であった。

すなわち、根本的に異なる「諸地域」の不均質な集合体を、共通の歴史や共通の正統な伝統や共通の敵をもつひとつの国民という文化的に統合された集団へと創出することこそ、知識エリートの任務であった。経済エリートとその政治的スポンサーに対する立法と行政の関係は、知識階級に対するイデオロギーとそのイデオロギー教育の関係と同じであった。どちらの場合でも依存は相互的であったし、どちらの場合でも、一方の側と他方の側との協約によって成立した。資本が地域的であるのは、それが地域労働の雇用者としてのみ成立し、また、再生されるかぎりにおいてであった。また、知識階級、マンハイムの「インテリゲンチア」、あるいは、少なくとも、彼らの「主知主義的」前衛は、「人民」との教育的関係を通じて成立した。

我々はいまや、その協約の終焉を、あるいはいずれにしろ、断末魔の苦しみを目のあたりにしている。我々は、ほとんど「ポスト協約」時代に入っている。資本と知識は、ともに、それらの地域的制限から開放されている。富を生産する金融取引の九九％がもはや物理的商品の動きに拘束されず、また、情報の循環が大部分、サイバースペースのウェッブ内部に納められている場合には、資本と知識の所有者の地理的位置は、重要でない。経済権力も文化権力ももたない者は、今日、場所に拘束されている。彼らは、近代の産業および国民形成段階の全盛期と同じように、地域に置きざりにされ、大部分の「人民」と結びつく絆を切断されている。権力の保有者は、サイバースペースを独占し、残りの人々を切り離す。残りの人々に対してまだしっかりと保有しているその関係において、彼らは真に超地域的（治外法権的）になった。地域の人々はエリート自身の自己構成や自己再生産において何の役割も果たすことはないし、もし何人かの地域の人々がしばらくそのような役割を果たすように割り当てられたとしても、地域の人々は、そうした役割を果たすのにもはや不可欠でもないし代替不可能でもない。今日、「人民」という概念が知的議論のなかにほとんど出てこないけれども、それはけっして不思議なことではない。その概念の唯一の避難所は、近代的権力の諸側面のなかの最後の「地域的な」もの、すなわち、政治のレトリックである。

最近の傾向に照らして、エリートと人民との相互協力が比較的短い歴史的挿話（エピソード）にすぎないのかどうかについてよく考えてみる必要があろう。

もはや本質的な競争のない世界

現代の資本運用者（経営者）は、前近代の「不在地主」に驚くほど酷似している。しかしながら、現代の資本運用者と地域（彼らは生産された剰余物の最良の部分をそこから取る）との結びつきは、不在地主と遠くにある彼らの財産とを結びつけている絆よりもずっと細い。

昔の地主は、身体的に不在であっても、また、社会的あるいは文化的に地域の一部ではなくても、やはり、土地地主であった。したがって、だから、彼らの富（財産）や権力の源泉が枯渇したり消滅したりしないように、彼らの所有する土地の財産創出能力を維持することに対するある程度の関心が必要であった。前近代期の不在地主の場合には、権力には義務——どんなに弱いものであろうとも——が伴っていたし、搾取には、搾取される人々の状態との何らかの連帯——いかに気紛れで信頼できなくても——が随伴していた。もはやこのようなことは実際とは異なっている。少なくともこのようなことは、実情ではなくなってきている。そして、地球的規模の全能の金融市場や株式取引所、銀行といった複合的な圧力が、そうならないように注意している。

グローバル・エリートの一員でもなく、また、その一員に加わるチャンスさえない人々にとって現実のもっている意味から判断すると、資本の力はますます脱物質化され、ますます「非現実的」になっている。権力の主要な資産であり主要な手段であった監視／管理／訓練するという用務（エンゲイジメント）は、回避したり無視したり逃避したりする新しい能力に取って代われた。それによって、あらゆる用務——その形態がどんなに温和なものであれ、あるいは、残虐なものであれ——は余計なものとなった。典型的には、回避能力によって、監視し、訓練し、懲戒するという活動を通じた、かつてのパノプティック（一望監視的）な形式の用務が処理されている。パノプティコン型の支配の代償は、いまや、不必要で弁解しようもない、まさに非合理的な損失——ごまかすか、あるいは、むしろ一括して削減すべき損失——として記載されている。シノプティコン——多数者を監視するために少数者を雇うのではなく、多数者に少数者を監視させる、自家製のパノプティコン——は、かなり有効かつ経済的な支配手段であることがわかった。まだ残存し作動している旧式のパノプティコンは、身体的訓練や大衆の精神的転向のためにつくられたのではなく、新しい動員方式をもってしてもエリートに従おうとしないような大衆をつけあがらせないためにつくられたものである。

現代の教養階級、すなわち、知識の生産者と所有者は、また、その前近代の教養階級と酷似している。というのも、前近代の教養階級は、当時隣接する身分の低い人々と彼らを隔離するラテン語という要塞の堅固な壁の中で安全に保護されていたからである。まさにWWWのサイバースペースは、多くの点で、現代における中世ラテン語に相当するものである。それは、一方では、知識階級の構成員を互いに親密にさせる他の仮想世界の技術的基礎を用意するのに対し、他方では、教養階級の成員を超地域的（治外法権的）にし、また、物理的空間のなかでは彼らの身近にいる人々にとって手の届かないものにする。教養階級の成員は、その能力の点では、サイバースペースに住むことができる。なぜなら、そこでは、距離が、通常の地理的空間の内部の人々とは全く異なる判断基準によって測定されるからである。サイバースペースでは、それに沿って人々が動くルートや、道路標識、里程標が、いやしくも通常の地図や地勢に関連づけられているとしても、一様に機械的におよび偶然に配置されているにすぎないルートとは無関係に、行路が敷かれている。

いかなるイデオロギーであろうとも、イデオロギーは、また、その主唱者の側の意図、すなわち、説教者が属している社会および説教者が属していると思っている社会とのかかわりの意図を宣言するものであった。それはまた、その社会に対して責任をとるという提案、責任をとる、あるいは、責任を分かちもつという覚悟の表現でもあった。最終的には（けっして最小ではない）、それは、その当時の世界への不満の徴候、すなわち、現在の事態への批判的態度やその状況を改善、ないし、その状況を一緒に変革しようという主張の徴候であった。最も保守的なイデオロギーを含むあらゆるイデオロギーは、その当時の既存の現実に対してつきつけられた鋭い刀（エッジ）であった。あらゆるイデオロギーは、たとえまだ生成されていないいくつかの理念からその活力を引き出し、正統なものとしての装いを施したとしても、異端であった。要するに、必ずしも社会的現実におけるすべてのものが、そうなるようにはなっていないという実感、現在の事態を正すために何かがなされなければならないし、また、なされるべきすべてのものは体系的かつ一貫した方法でなされなければならないという実感こそ、イデオロギーというキャンバスを織ることに従事する主な理由であった。あらゆるイデオロギーは、現状維持の拒否から、また、とりわけ、現実そのものの是正能力への不信から生まれたものであった。あらゆるイデオロギーは、積極的かつ協力し合って実行されるべきプロジェクトとして生まれた――あらゆるイデオロギーが（思い描いた）未来を（構想した）過去へ投影し、また、新奇性を回帰として、改革を復興として、描写したときでさえもである。

イデオロギーの黎明期の診断に何らかの実質を与えるものは、そうしたプロジェクトの欠如である。イデオロギーの時代はまだ終わっていないかもしれないし、その苦悶もまだ終わっていないかもしれないが、もっとも確実には、現在のイデオロギー状況は、ほとんど見る影もなく、近代の最初からイデオロギーのもっていた姿を変えてしまった。プロジェクトなきイデオロギー――行動のためのプロジェクトであり計画（プラン）であることによって、現在とは異なる未来を明示するための何らかのプロジェクト――とは、矛盾形容法、すなわち、用語の矛盾である。

マルクスのフォイエルバッハ論の第一一章にある「イデオロギー」（「これまで哲学者が世界を説明してきた。その要点は、世界をどのように変えるかということである」）は、イデオロギー的理性の決定的かつ構成的な特質を無視するという犠牲を払ってのみ、近代の先行イデオロギーと同列に並べることができる。しかし、それ以上に多くのことが危うくなっている。今日多くの教養エリートから出ているメッセージを通じて、意図的に、あるいは、うかつにも広められた世界観は、歴史的次元を欠いた時間――平坦な時間、あるいは、遠回りの、継続的にリサイクルされた時間、前後する多くの時間、しかし、あまり立場の変化のない時間、「より多くの同じ」時間、どんなに変わっても同じという時間――についてである。これは、それ自身の歴史感覚を失ったメッセージではない。これは、世界に対する歴史を否定するメッセージである。

　コーネリアス・カストリアディスは、彼の最後のインタビューの一つのなかで、現代文明の問題は、それ自身を問うことを止めたことである、と主張している。まさに、我々は、「大きな物語」の崩壊（あるいは、リチャード・ローティに言わせれば、「運動政治」からの撤退、すなわち、一回一争点の「選挙運動政治」という原則に基づいて、身近な問題を解決するために、理想的な状態までの距離を一歩一歩短縮することによって評価していたものからの撤退）の宣言は、知識階級の撤退、近代の知的職業の完全拒否を宣言しているといってよい。

　知識階級が、かつて知識階級の明白な特性であったあの社会に対する問いかけから足を洗おうとしている、明らかに鋭く対立する、しかし、実際的には一点に収斂《れん》する、二つの方法がある。

　イデオロギーの「実証的概念」はその一つである。もしすべての知識がイデオロギー的であるならば、もし他のイデオロギーの観点からしかイデオロギーに向かい合うことができないとすれば、もし（イデオロギー以外に基準がないならば）、異なるイデオロギーの有効性を測定し、比較するための外部の基準が存在しないならば、いかなる「イデオロギー問題」も残されていないことになる。すなわち、イデオロギー研究者がイデオロギーを怒りも情熱もなく記述すること以外に行わなければならない、あるいは、行うべき何物もないことになる。とりわけ、ある一つの立場に立つ必要はない。ある世界観の優位を確立できるいかなる方法も存在しないのであるから、ただ一つ残っている戦略は、イデオロギーには広範な種類があるという厳然たる事実によって、イデオロギーが入れ替わるように、その都度そのイデオロギーを取り上げることである。もしいかなるイデオロギー批判も許されないならば、イデオロギーはどこにでも存在し、すべてがイデオロギー的であると指摘されたとたんに、社会批判の任務は終わってしまう。社会への積極的参加という観念の正当性と緊急性が失われる。

皮肉にも、表面的には相反するとみられる見解が、実際的には同じ結論を導く。そのもう一つの見解とは、近代的言説を欠如しているわけでは全くないいまもなお力をもっている見解として、イデオロギーの存在はまだ十分に近代化していない社会の証しであり、イデオロギーは有害な知識であると同時に退行的知識であるという見解である。もしその見解が主張されるならば、それは、無視してよいものであるし、また、自称現実改革者の悪賢い陰謀でしかありえない。フランス・アカデミーへの入会に際して、ジャン・フランシス・ルヴェルは、イデオロギーを「事実や法律にもかかわらず、また、事実や法律を軽蔑してつくられたアプリオリな構成であると同時に、科学と哲学、宗教と道徳性の反対のものである」と定義した（『ル・モンド』一九九八年六月一二日付報道）。なぜ科学、哲学、宗教および道徳が、事実や法律の擁護者として並べられているのか、我々はただ推測するのみである。しかし、その編成のなかで指揮官の役割が、ルヴェルの指摘するように、その主張を現実に照らして検証する（ルヴェルがそう言ってはいないように、現実をその主張に照らして検証するイデオロギーとは異なって）科学に与えられているということは、信頼できる仮説である。ルヴェルの希望としては、最終的には科学がイデオロギーにとってかわることである。そのとき、カストリアディスの予告は、最終的に現実のものとなる。すなわち、社会が自問することをやめるのである。

社会的コメンテーターの側からの「イデオロギーの終焉」という宣言は、物事のあるがままの記述以上の宣言である。すなわち、物事が行われている方法の批判でもないし、よりよい社会の選択肢を社会の現状に突きつけることによって世界を判断あるいは検閲することでもない。あらゆる批判理論および実践は、これからもずっと、ポストモダンな生活そのものと同様に、断片化され、自由化され、自己中心的で、別々で、挿話的であり続けるであろう。

しかしながら、経済的諸結果、すなわち、勝者崇拝と倫理的シニシズムの増進を伴う生産性および競争性に対する市場／新自由主義的賛美は、かつての偉大なイデオロギーの現代版、すなわち、それ以前のあらゆるイデオロギーのなかで独占的へゲモニーを得るのに最も近い位置にいるイデオロギーである、という主張がしばしばなされる。この見解に賛同する意見は多く存在する。新自由主義的世界観と典型的な「古典的」イデオロギーとの類似性の要点は、以下のとおりである。すなわち、双方とも、これまで気づかずにきたものと現に目に見えるものとを区別したり、妥当性を付与ないし否定したり、論証の論理や諸結果の評価を決定する、あらゆる将来の議論のためのアプリオリな枠組みとして機能しているということである。しかしながら、新自由主義的世界観と、他のイデオロギー――まさに、別の種類の現象――とを鋭く区別するものは、問いの欠如、すなわち、社会的現実の代替不可能で不可逆的な論理とみなされているものへの屈服である。新自由主義的議論と近代性の古典的イデオロギーとの差異は、プランクトンの心性と水泳する者あるいは水夫の心性との差異だといえるかもしれない。

ピエール・ブルデュー（『ル・モンド、ディプロマテーク』一九九八年三月号）は、新自由主義的世界観の明白な不屈性と、エルビン・ゴフマンの亡命に関する「強力な議論」の不屈性とを比較した。この種の議論に抵抗したり反駁したりすることは、きわめて困難である。なぜなら、この種の議論は、すでに「現実的なもの」と「非現実的なもの」を事前に選別し、この世界を現状のままにする、最も強力で、不撓不屈《ふとうふくつ》の世俗的権力を具有しているからである。新自由主義の市場賛美は、論理の選択と選択の論理を混同しているが、他方、現代の偉大なイデオロギーは、イデオロギー間に多くの論争があるにしても、以下の一点では合意している。すなわち、現に存在する物事の論理は、理性の論理が命ずるものを寄せつけず、また、その論理と矛盾する、ということに合意している。イデオロギーは、自然に対して理性を据えてきた。しかし、新自由主義的言説は理性を自然化することによって理性の力を奪うのである。

アントニオ・グラムシは、「有機的知識人」という言葉を用いて、以下のように、知識階級に属する人々のことを説明した。すなわち、知識階級は、国民の大部分の真の（推定されたものであれ要求されたものであれ）課題や展望を明らかにし、そのことによって、即自的階級（klasse an sich）を対自的階級（klasse für sich）へ上昇させようとする人々である、と。その解明、すなわち、「階級の置かれた状態を歴史的観点からとらえること」こそ、イデオロギーの仕事であった。知識人は、イデオロギー的実践に参加することを通じて「有機的」となるのである。「知識人」という概念に「有機的」という修飾語句を付加することによって、出来上がった言葉は重複的なものとなっている。しかし、グラムシ的意味の、「有機的」であるという事実こそ、単に「知識を有する人々」をまさに知識人にするものなのである。

イデオロギーという観念を、世界を変える装置として、階級社会の諸階級を、自覚した歴史的エージェンシーの地位へ引き上げるレバーとして、あるいは、もっと一般的には、他律的で異質的な人々を自律的で同質的な文化単位へと改造および凝縮する仕掛けとして発展させたとき、知識人は「有機的」役割を担って行動した。しかしながら、その場合、知識人は、知識人自身に対する「有機的知識人」として行動したのであり、知識階級をまさに対自的階級の地位に上げたのではなく、特殊な使命をもつ職業に就いている人々の特別な階級、多くの階級のなかのメタ階級、「階級を創り出す階級」という地位へ上げたのである。あらゆるイデオロギー観念は、知識を有する人々に重要な歴史的なエージェンシー［の地位］を割り当て、彼らには、階級、エスニック集団、ジェンダー、あるいは国民に見合った、適切な価値および目的を明らかにする責任があるし、また、彼らのさまざまな発見を歴史的に有効にする責任があることを示している。イデオロギー概念に関するこの決定的な基本的前提によって、知識人に文化創造者、教師、そして、価値の番人という役割が与えられる。その役割は、社会あるいはそのなかの特定の部門への直接参加を要求し、また、まさに、遂行する使命をもった知識を有する人々としての「知識人」という考えに意味を与える。さらに、知識階級をその集団的使命に見合った権威ある立場へ全体的に引き上げる努力を支援する。

問題は、「イデオロギーの終焉」あるいは「大きな物語の崩壊」（そして、それらすべてをひっくるめて、「歴史の終焉」）という、現に流布されている、あるいは、おそらく現在有力な福音が、知識階級の側の降伏の行為であり集団的撤退の行為であるのか、あるいは逆に、「自己組織的」戦略、したがって、その正当化およびレーゾン・デートル（存在理由）を提供するあのイデオロギーの、もう一つの最新版としてみることができるかどうか、ということである。

もし後期近代の、あるいは、ポストモダンの時代の知識階級がいやしくも有機的知識人の役割を引き受けるとすれば、それは、彼ら自身に対する有機的知識人の役割でしかないと思われる。知識階級の今日の思想を最も際立たせているものは、その自己対象性、それ自身の職業活動の諸条件に対する激しい関心と他の社会領域に対して示す無関心な態度、まさに、伝統的な「総合的役割」のほとんど全面的放棄――他の社会諸領域のなかに諸個人の集合以外の何ものも見たがらないこと、それと同時に、集団的というよりも単一的エージェントとしてそれらを理論化する傾向――である。今日の社会思想におけるエージェンシー観念の「私事化」は、適切な事例――多くの事例のなかの一つの事例――である。

現行の根本的逸脱を、学者の裏切りという別の舞台作品のせいにして、義務としてのコミットメントという伝統的活動のなかに救済手段を求めることは、余りに純真すぎるであろう。一つの公的アジェンダから職業上の避難所（シェルター）へ撤退したことは、けっして突然の心変わりや一連の利己的ムードによってうまく言い抜けられるものではない（かつてと同じようには説明できない）。十中八九、そうした諸原因は、深く影響を及ぼして、大きな変革を引き起こし、その結果、権力とその権力を用いて有効に行為する能力がポストモダンの社会において分配され行使されるようになり、かくして、知識階級の生活を含めた、社会生活の諸条件が再生産されるようになる。

知識階級の関心および興味と公約アジェンダとの結びつきが急速に弱体化した原因について分析したゲオフ・シャープは、最近（『アレナ』一九九八年一〇月）、そうした原因のなかでも主要なものとして、「日常生活の言語から社会理論的『言説』が隔離されていること」を的確に指摘している。この隔離は、また、偶然の選択の結果でもないし、性格的欠点の問題でもない。それが生ずるのは、知的資源の急激な配置替えや、知的作業を行う方法の変化の結果によってである。私なりの言い方をすれば、知識人が近代を通じて行ったように、ポストモダンの状態下でも知識人自身に対する「有機的知識人」であり続けようとするならば、当該の隔離は、知識人の自己対象的イデオロギーのとりうる唯一の形式であるといえるかもしれない。けれども、同時に、この形式は、知識階級が他のすべての人々に対する「有機的知識人」であることを止めるよう要求する。

シャープによれば、もっと一般的な点は、

> そうした知識人の活動が生活形式を構成するその独特の方法の技術的調整に大きく依存しているという点である。調整行為はその特徴である。……それは、また、技術諸科学がその対象を捕まえ構成する調停方法にとって有効である。すなわち、その対象を、より直接的な感覚的知識にはない方法で代表させたり理解させたりする媒介装置として有効である。最終的に、調停によって、知識人の活動のあらゆる表現は、それらの対象をより抽象的に構成することができる、すなわち、相互存在の諸関係に特徴的なカテゴリーとは異なった、したがって、より包括的なカテゴリーのなかで、そうした対象を構成することができる。

当該のカテゴリーは、それらの誇示する包括性と典型性にもかかわらず、日々の生活に登場し機能するのであるから、全人類を包括するものではないということを付け加えておきたい。逆に、当該のカテゴリーは、一部が全体の代わりに行為するという、エージェントの抽象的側面を一般化すれば、全体性を獲得しようとする人間の生活様式に参加し「完成させ」るというよりも、分裂させたり、区分したりする。けれども、問題は何であれ、シャープにならって、以下のように述べたい。すなわち、「さまざまな実践を知的に関係づけるという前例のないやり方は、媒介的に、抽象的に、そして、原文のままの公文書によって、それぞれのイメージのなかでポストモダニティの世界を構成している」。
知識階級がそのなかで生活し、処理したり、また、処理されたりするwww（世界的規模の通信網）は、生活世界――生きた世界――を外部に置き去りにしている。すなわち、wwwがその世界の断片を認めるのは、その世界が適切に断片化され、処理の準備が十分にできているときだけであり、したがって、wwwは知識階級を、十分に循環的に、抽象的に外部の世界へ送り返す。サイバースペース、すなわち、ポストモダンの知的実践のサイトは、その所産でもあり、その主要な原動力（causa efficiens）でもある分断を育成し、分断を促進するのである。

近代性の全盛期におけるイデオロギーの優勢は、周知のように、うれしい悲鳴であった。しかし、イデオロギーの崩壊もそうなのである。後で気づくのであるが、そこには、イデオロギー的拘束服を社会に着せるという人間的コスト、執行権の熱情とイデオロギー上の青写真とを結合させたいという誘惑に陥るという人間的コストがある――したがって、我々には、あらゆる新しいコミットメントが提起される前にそれらを注意深く計算しなければならない。しかし我々はまだ、選択肢（オルタナティブ）や標識、判断基準なしに生活するコスト、「物事を進めてみたが」、結果は、予測できないほど不可避的であったと宣言するコストを学ばなければならない。ウルリッヒ・ベックの「危険社会」のビジョンはそうした生活――次々に危機に直面し、ある既知の問題に取り組むことによって、結局は測り知れないほど多くの未知の問題を惹起し、地域の秩序の管理に集中することによって、グローバルなカオス（混沌）への保険料を無視してしまう――を一瞥したものである。近代的経験に照らして、そうした転換を嘆き悲しむことが薄気味の悪いことであり、おそらく、非倫理的でもあるように、「大きな物語」の終焉を賞賛することは時期尚早である。

補論二　ポスト・モダン世界における伝統と自律性

伝統——あの「過去のメッセージ」——について我々が語るのは、そのメッセージが何を伝えているのか、そのメッセージをどのように読むべきかということがもはやはっきりとしなくなったときであり、非常に多くの自発的な読者がいるためにすぐに混乱してしまったり、コーラスがあまりにも大きいためにもはや曲を不快音としか聴くことのできないようなときである。伝統という概念は、逆説的である。というのも、伝統という概念は、一つのことを語りながら、しかし、その他のことも一緒に予言していて、それ以外の方法をとらないからである。すなわち、伝統という概念は、理論的に主張していることを、現実的には否定するのである。過去が現在を拘束していると思わされている。しかしながら、過去は現在を予言（そして、誘発）し、未来は、それによって拘束される必要があるし、また、拘束されたいと望んでいる「過去」を、構成しようとしているのである。

しばしば混同されがちであるけれども、「伝統」は、「慣習」や「習慣」とは同義語ではない。実際には、伝統は、慣習や習慣の正反対に位置するものである。慣習的ないし習慣的行動は、考えのない、反省のない行動である。すなわち、説明や言い訳を必要としない行動——したがって、それ自身の理由を示さなければならないとき、それを提供することが困難な行動である。この問題を理解できなければ、混乱をきたしてしまう。ちょうど、何百という足のうちどの足を前に下ろし、その後にどの足を下ろすか判断する精巧なムカデの能力に対して、おべっか使いが賞賛したとき、もはやただの一歩も踏み出すことができなかった、あの有名なルドヤード・キプリングの物語のムカデの場合のように。人は、習慣的に行動することが良いことで、これまでとは異なって行動することは悪いことだと信じているから、習慣的に行動するのではない。実際のところは、別の行動のとり方を想像できない（いうまでもなく、考えることもできない）場合にのみ、人は、習慣的に行動するのである。

逆に、「伝統」は、選択という状況に関係している。すなわち、この概念は、課題に対する名称として生まれたものである。「伝統」という「争点」が注目されるのは、ある行為の方法が実現可能で、便利で、もっともらしく、よく知られている、あるいは、予示されている多くの行為方法のなかから選択されるときである。「伝統」とは、まさしく思考、論証、正当化―そして、何よりも、選択なのである。

エリック・ホブズボームは、我々の語彙のなかに「つくられた伝統」という概念を導入した。ホブズボームによれば、まだ十分に発達していない社会の野望をもった政治指導者たちは、しばしば、彼らが示唆しているように、共通の過去を発見し、それによって社会を結合させ、また、強制的に協調させた。彼らは、過去から議論を展開し、未来に目をつぶる。したがって、ぴったり合った議論を引き出す過去が存在しないという事実は、彼らにとって障害でも何でもない。問題なのは、やはり、共通の現在と共通の未来なのである。共通の過去の唯一の重要性は、共通の過去が共通の現在と未来を形づくり、もう少し容易にそれを軌道にのせるという仕事をすることにある。けれども、「発見」が際立たせるのは、特定の伝統の起源のみである。すべての伝統、少なくとも、現代社会と共存しうるあらゆる伝統が、発見されなければならないし、発見されざるを得ないということに意味がある。

　アンソニー・ギデンズが示唆しているように、我々は、「ポスト伝統社会」に生きている（『ポスト伝統社会に生きている』Anthony Giddens, *In Defence of Sociology: Essays, Interpretations & Rejoinders.* Cambridge:Polity Press, 1996）。しかしながら、その辛辣な表現を、伝統が権威を失ったこと、あるいは、伝統に対する尊敬の念の喪失、あるいは、「遺産」や「歴史的記憶」への要求が失われ衰退していること、あるいは、古いということは美しいことであり、まさに古いという事実によって尊敬される必要があるという信念の腐食を示すものとして解釈することには慎重であるべきである。――そうした説明は、すべての古いものと正反対の生活様式として、すなわち、「古いもの」、「旧式のもの」、「時代遅れのもの」を同義語として取り扱い、長寿を権威の授与として受け入れることを拒否する生活様式として、近代性を記述するのと同じだからである。

「ポスト伝統社会」という観念は、廃れた伝統と関連づけるのではなく、伝統の残余（余剰）、すなわち、受容されることを競う過去の解釈の過多、普遍的ないし、ほぼ普遍的な信頼を獲得すると思われる歴史の唯一の解釈の欠如に関連づけることによって、よりよく理解される。このことについてギデンズは次のように述べている。「近代性のあらゆる制度装置は、ひとたび伝統から切り離されると、信頼という潜在的に移ろいやすいメカニズムに依存せざるをえないという点に根本的な意味がある」と。私は、この前後関係を少し修正しよう。すなわち、移ろいやすくなりがちなのは、信頼の分配のメカニズムではなく信頼そのものであり、しかも、信頼が移ろいやすくなることを止めるメカニズムがいま存在していない。なぜなら、競合する伝統があまりにも多くありすぎるので、そのなかのいずれの伝統も、長期的な忠誠を確保し、最高の権威を獲得することができないからである。あるいは、別の言い方をすれば、信頼の「揺らぎ」（いずれかの伝統に基づいて現代社会を維持している勢力の弱体化をもたらす）は、近代社会の本質的にポリセントリック（中心散在主義的）な性格と密接に関連している。

——近代的であることで——我々が特にうるさく、いらいらするようになったというのでもなく、また、精選という特別の嗜好を発展させたというのでもない。むしろ、好むと好まざるとにかかわらず、我々は、選択したり、選択しつづけたり、また、我々の選択を正当化しなければならなくなっているということであり、また、選択や我々の選択が正しいことを示さなければならないのも、我々の運命であることにようやく気づくようになったということである。なぜなら、ポリセントリックな状況では、常に何らかの他の命題の拒否と結びついたいくつかの別の命題への信頼を正当化するために、多くの良い生活のイメージや、多くの理想的人間像、「べきである」と「べきでない」を区別して語る方法についての多くの命題、過去あるいは現在の世界について語られる多くの信頼できる物語の影響を継続的に受けるからである。

もし我々が一定期間実行される一定の習慣を身につけ他の習慣を犠牲にしたとするならば、そのとき、「伝統の遵守」として記述されるような行動パターンの表面的な類似性の背後には、双方の間の非常に大きな差異が隠されている。第一のものは、実行可能な別の選択肢が欠如しているからといって、これまでの方法を考え直してみることもしない（言うまでもなく、それも、一つの選択なのであるが）非選択の状況においてのみ起こるかもしれない。第二のものは、選択の結果である。すなわち、可視的で、明白に利用可能な多くの選択肢が、以下のことを忘れる可能性を何とかかろうじて食いとめている。すなわち、現に実践されていることは、まさにひとつの選択なのであり、したがってそれは、他の生活形式、おそらく全く異なった生活形式とさえ取り替えられうるものである――急に、あるいは、予告なしに――ということを。

故意にというよりも必然的に、現代社会は選択者の社会である。さらに言えば、生活の糧を得るために仕事を一生懸命行うよう教え込まれている選択者の社会である。確かに現代の市場供給者たちは、この傾向を示している。彼らは、荘厳で魅力的な多様性の力と、豊かで多様な陳列品の魅力を発見した（したがって、忘れるとは思えない）。そうするのは、あらゆる種類の芸術作品の創造者や配給者であり、彼らは、本来的に一つの価値のランクを選択し、それを、芸術作品に対して内容と形式の双方を提供するのに適した現実の一側面として見る。また、そうするのは、いま流行のカウンセリング職についている人々、すなわち、選択する必要性から生まれ、また、その選択がおびただしいものとなり、当惑し、不快なものとなったときに役立つ、市場向きの新しいタイプの技術の調達者である。その職業についている著名人の一人が、専門家の相談を受けることができず途方に暮れ、彼らのサービスを熱心に求めている人々に対して、以下のように助言している。

> 機会があればいつでも、意識的、積極的に選択することによって、自分に何ができるかを考え、選択したら、すぐに開始しなさい。毎日が我々にとっていかによく機能するかということだけでなく、我々の行うすべてのことに我々がいかにうまくかかわるかということは、常に、こうした選択（こうした選択と同様の他の多くの選択も）に我々がどのようにかかわるかということと密接な関係をもっている（S. Helmsletter, *Choices*, New York: Podnet Bock. p. 104, ここではギデンズによって引用）。

選択者たちは、自分たちの選択を行うとき、強制的行動、すなわち、しばしば伝統にとらわれた人々に（誤って）帰せられる行為を連想させるように、振舞うかもしれない。さらに、類似性は皮相的でありまぎらわしい。強制は、ギデンズの適切な表現によれば、凍結した信頼である――しかし、あらゆる信頼は、選択者たちの社会ではすぐに元に戻される。したがって、凍結されたときでさえも、それは、包みの上に派手な文字で印刷された「使用期限」の警告がつけられている。選択者の社会に残された唯一の真の強制、他のあらゆる選択を忘れたり、あるいは、無視したりする反復的行動の唯一の形式は、選択する強制である。他のあらゆる擬似強制は、ギデンズの示唆にしたがえば、中毒症と呼んでよいであろう。

中毒症は、信頼の恒久的および固定的投資の正反対のものであり、そこには、「信頼に値する」何ものも存在しない。すなわち、それは、その本性上、気まぐれで、自分自身の知恵に確信がもてず、自分自身を信頼できず、自分自身に不満をもち、絶えず元気づけを必要とし、内面的にも外面的にも、控えめで言い訳がましい。ギデンズに言わせれば（A・W・シェフにならって）、中毒症は、「我々が欺かなければならないもの」である。中毒症は、現にそうであるように、「かつて伝統が供給し、あらゆる形式の信頼が仮定しているあの統一体とは相反するもの」である。中毒症は、まさに、そうすることを強制されてきたものではなく、そのように強制されることを選択してきたものなのである。すなわち、選択の自覚、および、選択したものに対する責任の自覚は、そのなかに植え込まれているが、行使されることはない。だから、選択がどんなにしっかりとなされていても、選択の賢明さに関する一定の、治癒できない不確実性（義憤、自責、後悔への傾向――これら全てのものは伝統への服従を著しく欠いたものである）が生み出される……。

このことは、以下のとおりである。消費者／選択者の社会で強制的にみえる行動と、その社会の慣習や習慣を行動の唯一の源泉としてもつ架空の「伝統社会」において強制的にみえる行動との間の究極的な差異は、選択された戦略と求めざる運命との差異、あるいは全く単純に、選択と非選択との差異である。

「伝統」は、その正しい意味においては（その本来の拠点ではない社会の用途に再利用するために歪められ、操作された意味ではなく）、他律的社会に属している。他律的社会は、コーネリアス・カストリアディスが繰り返し主張し続けているように、その構成員に服従を要求する規則の人間的起源について認識することを拒否したり、あるいは、その起源に反対する社会である。すなわち、このために、自らのつくったものではない命令——外的な力によって与えられる命令——によって形成され動かされていると考えられている社会。カストリアディスは、彼の死の前に行った最後のインタビュー（一九七七年三月二一日のトゥールーズで行われたロバーツ・レデッカーとのインタビュー、「私的個人」）において、以下のように指摘した。すなわち、他律的な社会（そして、これは、ほとんど歴史に記録されている全ての社会を意味する）は、

その メンバーたちによって争われることのない一つの考えを、その制度のなかに具体化した。すなわち、その制度は、人間によってつくられたものではないという考え、人間によって、少なくとも、いま生きている人間によってつくられたものではないという考え。こうした制度は、精神、先祖、英雄、神によってつくられてきた。すなわち、こうした制度は、人間の手によってつくら

れたものではないのである。

「伝統」は、その正しい意味において、以下のような前提に基づく、「植え込まれた」制度的性質を包含している。すなわち、いま生きている人々が、継承した制度を変えるために行うことのできる何ものも存在しないという前提、したがって、いま生きている人々が、自分たちの無力を忘れてしまって、遺産としての制度に干渉しようとすると――そのとき、神罰によってか、あるいは、自然の法則(いかなる例外も認めないし、また、生ずることもない)によってもたらされるかわからないけれども、想像を絶する大災害が起こるであろうという前提である。

他律的社会から自律的社会へ移行する試み(その十分条件ではないけれども、必要条件である、社会的自律性への第一歩)が行われるのは、社会の規則はそうした規則を宣言する人々の意思以外によって立つ基盤をもたないことが認識されたとき、したがって、人間の手によってつくられたものならどんなものでも、人間によって壊すことができるということが認識されたときである。その試みがはじめてギリシア人によってなされたのは、人民を服従させるために必要な法律を優先することは「枢密院と人民によって良いとみなされている edoxe te boule kai to demo」という公式を導入したときである。そうした前文をもつ法律は、共通善という名の原則を要求した。しかし、法律は、そうした要求を正当化しようとしたり、必要な原則を「基礎づけ」ようとしたという、まさにその事実によって、法律は、また、内省、責任ある内省、そして、内省的責任を要求した。

それにしても、これらは、我々のほとんどの者が良いと考えている法律である――しかし、それらは、まさに我々がそうであると考えるほど、本当に良いのか? 我々がそれらをより良いものにするために行うことのできる何か、また、行う必要のある何かがあるのではないのか？　その公式から、我々は、我々の行為を規制するために権威づけられているすべてのものの基礎におかれている選択のことを想起する。また我々は、そのことから、その選択をよくすることに対する責任――他の、対外的な、到達することのできない権力のとばロで突き放すこともできないし、かといって、そこにおくこともできない責任――のことを想起する。

疑いもなく、カストリアディスは、以下のように主張している。すなわち、真に自律的な社会（そのように理解される自律性の原理にリップ・サービスをするような社会でもないし、自律性への努力をつづけることのできない社会でもない）とは、自律的個人の社会である、と。個々のメンバーに自律性のないような社会の自律性など存在しない。社会は、その構成員に選択する権利や資源が与えられ、しかも、その権利を放棄せず、また、その権利を他の誰かに（あるいは何ものかに）譲渡しないならば、自律的であるかもしれない、すなわち、自己選択的で、自己統治的であるかもしれない。自律的な社会は、自己決定する社会である。自律的個人は、自己決定する個人である。いずれの場合においても、自己決定は程度の問題である。しかし、自己決定の程度は、双方の――社会的および個人的な――レベルにおいて、しかも同時に、増大しなければならない。

しかし、「自己決定する個人」とは何か？　自己決定の必要条件ではあるが十分条件ではない自己決定への第一歩とは、以下のような認識、すなわち、個人には、既成のアイデンティティは存在せず、そのアイデンティティは各個人によって確立されるべきものであり、また、各個人によって責任をとるべきものであるという認識、言い換えると、「アイデンティティをもつということ」よりもむしろ、個人は、同一化という、長くて、骨の折れる、しかも、けっして終わりのない仕事（ジョブ）に直面するという認識であると言えるのではないか。既定のアイデンティティ観念とは異なって、同一化というプロジェクトは、スチュアート・ホールの辛辣な言葉を用いれば、

> 最初から最後まで変化のない歴史の変遷を通じて展開する、あの自我という安定した核を示しているのではない。すなわち、常に・すでに「同一」であり、ずっと、それ自身と同一である自我の断片を示しているのでもない。また、それは、共通の歴史と先祖をもつ人々が共通にもっている、したがって、他のあらゆる表面的な差異を支える不変の「固有性」や文化的特性を安定させ、適合させ、保障する、他の多くのより表面的で、人為的に課せられた「自我」の内部に隠されている、集団的自我あるいは真の自我でもない。周知のように、アイデンティティは、けっして統合されるものではないし、後期近代においては、ますます分断化され、ばらばらにされている。すなわち、アイデンティティは、単一に構成されているのではなく、様々な、しばしば交差し、敵対する議論、実践、立場を横断して多元的に構成されている（『アイデンティティを必要とするのは誰か』Stuart Hall and Paul du Gay ed., *Questions of Cultural Identity*. London, Sage, 1997, pp. 3-4）。

「常に・すでに・同一の」アイデンティティという前提と、終りなき同一化の努力という展望とを置き換えるということは、原則的には、既成の外面的な自我の基礎が欠如していることや、自我を選択することに対する完全かつ不可分の責任が欠如していることを容認することになる。すなわち、「私は、私一人で何とかうまく形成できるものなのである」。

もちろん、このことは、選択は何もないところでなされるべきであるとか、選択はより好ましい環

境において、すなわち、ゼロ地点でなされるべきであるということを意味しない。あらゆる選択は、提供されたもののなかでの選択であり、もし自我・同一化を無から（ab nihilo）開始することに成功したと自慢する諸個人がいたとしたら、それは、ごくわずかであろう。そうした例外的な個人は、ほとんど存在しないし、また、いたとしても非常に稀である。なぜなら、「アイデンティティ」は、個人的課題ではあるが、にもかかわらず、社会的現象でもあるからである。アイデンティティは、アイデンティティとして社会的に認識可能なものである。すなわち、もしアイデンティティが社会的に解読可能な用語――社会的に理解可能な象徴で表現された――によって他者と意思疎通できないならば、アイデンティティは、単に個人的想像力の作り事で終わらざるをえない。

しかしながら、アイデンティティの外面的基礎あるいは保障が存在しないという認識は、以下のことを意味する。すなわち、最終的に選択されたものはすべて、個人的になされた決定事柄であり、したがって、個人的な名誉のしるしあるいはあの個人的な良心の呵責でしかないということを意味している。私が選んだモデルは、他の誰かによっても選択されうるものであるが、その選択に関する責任は私の責任であり、私だけの責任である。

ひとたび、個人的自律性へのまさに第一歩であるそうした認識がなされたならば、「伝統」は、伝統主義という形式においてのみ、同一化のプロジェクトに加わるかもしれない。すなわち、「我々の共通の遺産」をよしとして、要するに、過去において共有された方法や手段、あるいは、同一化したいと望んでいる種類の人々（彼らは、そうした特殊な方法や手段こそ共通の集団的基本目標・遺産であると主張する人々である）が共有していると思われる方法や手段をよしとして、そうするのである。たとえその選好が「古いものは美しい」という類の議論によって、あるいは、「真の自我は世襲的自我である」という類の議論によって正当化されたとしても、そうした議論が必要でありつくられるべきだと感じられているというまさにその事実によって、その選好を最初に行ったのは個人の決定であるということが明らかとなる。古いものの美しさは、見るものの目のなかにある、したがって、伝統になるということは、実際的には、自律的な個人あるいは未来の自律的個人にとって、「再生する」ことを意味している。その選好を競争と対決させることができるのは、そのコミットメントの強さである。

では、伝統という観念に特有なパラドクスの第二の次元に移ろう。伝統は、伝統主義に導かれてはじめて、注目されることになる。伝統主義とは、どの選択がなされるべきかに関しての勧告であり、したがって、選択の存在および選択したいという人間的欲求を意味するのであるが、それゆえに、伝統主義は、自律的社会と有機的に結びついている。事実、その存在は、それが現れる社会の自律性を証明するものである。しかし、伝統主義は、その自律性を恥ずかしく思っている社会の兆候である——それに関してまずいと感じ、それから逃れることを夢見ている——。ちょうど偽善が、真実に対して嘘によって贖われる遠まわしの賛辞であるように、伝統主義は、自律性に対して他律性によって贖われる、遠まわしの、ばつの悪い、控えめな賛辞である。

補論三　ポスト・モダニティと道徳危機および文化的危機

今日、「危機」という言葉には、決定を下すという意味が含まれていることを思い出す人はほとんどいない。……語源学的には、この言葉は、我々が今日この言葉に当てている「災難」あるいは「破局」と結びついた語類よりも、「基準」という言葉――我々が正しい決定を行うために適用する原則――に近いものである。

体の四つの体液――粘液、血液、胆汁、黒胆汁――の上昇流に対して名前をつけるために、ギリシア語のΚριυειη（決定すること、決めること）を取り上げたのは、ヒポクラテスであった。その上昇流は、彼の教義に従えば、治療者が患者の様態を変えるために何をなすべきかを決めたり、また、回復への途上で患者を助けるための適切な治療を決定する、適当な時期なのである。その決定を行うために最良であるのは、引き潮ではなく上げ潮のときである。

ヒポクラテス以来、人間の体がどのように機能しているかという想像図（ビジョン）は、予想をはるかに超えて変化しているが、事象の変わり目が決まる瞬間としての「危機」という言葉の古い意味は、まだ残っている――これは、ほとんど医療の分野においてであるけれども。他の場所では、その言葉はメタファー（隠喩）として機能し、特に、日々の会話のなかで、その言葉は全く正反対の状況

――一触即発の危うい状態、未決定・不決定の状態、どこで物事が動いているかということについて無知な状態、物事がそのように動いてほしいと望まれているように物事を進めることができない状態――を連想させる。今日、危機という観念そのものが（我々はかつてその観念を知っていたが、ずっと忘れていたので）深い危機のなかにあるとよく言われる。しかし、もしそう言ってよければ、我々は、「危機」という言葉を、ヒポクラテスの付与していた意味において用いてこなかった。

そのことをもう少し正確に言うならば、私たちは今日まだ、良い変化か悪い変化かは別にして、危機を決定的変化の時期と考えている。しかし、もはや良いことへの転換を確実にするために、自信をもって賢明な決定を下す時期としてではない。危機状態にあっては、物事がどう動いているかを我々は知らない。すなわち、危機状態にあっては、物事は手に負えない。事象の流れをコントロールすることはできない。我々は、必死になって、苦境から抜け出る方法を見つけようと叫ぶことはできるが、我々のあらゆる努力は、暗闇の中を手探りし、そうすることのなかから最終的に何か得られるかもしれないという希望をもって、試行錯誤する物語でしかないであろう。危機のときにどのような波がこようとも、その波は、自信という潮流の一部ではない。もっと言えば、自信は、引き潮状態にあるのに対して、不確実性および寄る辺なさの感情や、行為の心理的手段および／あるいは物質的手段の不十分さに対する直感は、その最高潮に達している。

ユルゲン・ハーバーマスは、「正当性の危機」に関する彼のかつての極めて重要な研究において、ある状態を「危機」として知覚することは理論の問題であると示唆した。危機について語るために、まず必要なのは理論――問題のない通常状態のイメージ――である。「危機」が発生するのは、その通常の、普通の、慣れ親しんだ状態が崩れるとき、物事が分解し、規則性の支配するところに不規則性が登場し、事象がもはや決まりきったことではない、予測不可能なときである。以前は、物事の頂点にいると感じていたが、いまは、未知の方向へ動いているように感じる。言い換えれば、我々は、これまで正常だと言われてきたすべてのものと諸事象とが折り合わなくなり、日常的な決まりきった行動からはもはや我々が過去においていつもそうしてきた結果がもたらされなくなる状況を、「危機」と呼ぶ。

論理的に言えば、ハーバーマスの論証は完璧である。しかし、我々の意識の歪んだ道には必ずしも論理的道標は存在しない。そうした道を解きほぐすためには、おそらく、示唆された発見の順序を逆にする方が良いであろうし、また、「危機」の観念に対して、「正常性」の観念以上の概念的優位を与える方が良いであろう。まさに、「普通のもの」の意味することを我々が認識するのは、異常なものを通じてである。マルティン・ハイデガーがずっと以前に説明したように、物事が「うまく進まない」ときにのみ、我々は、正しいものや適切なものの観念を想定する。すなわち、ハンマーが壊れて、その代りになるものを熱心にさがすときにのみ、ハンマーの本質、すなわち、ある物体がハンマーであるためにもっていなければならない特性についての問を開始する。我々は、物事が大いに我々の指先から零れ落ちるときはじめて、理論を得ようとする。

論理をものともせず、また、我々の認識能力を駆使しても、危機の認識は、規範の認識に先行している。したがって、ハーバーマスとは逆に、「正常性」というイメージを仮定する「正常なもの」の理論の探求を促進するのは、まさに危機の認識である――その他の方法はない。危機の認識がなくとも、すなわち、反省したり理論化したりすることがなくても、「正常性」を再考することがなくても、我々は、おそらく無限に進むことができる。習慣とルーティンが完璧に機能していれば、自らを理解するためにそれらを明確にする必要はない。

正常性が、最も強く、最も良く守られているのは、それが注目されていないときである。すなわち、日々の労働が労働者の心の中で、規範というビジョンへ凝結していないときである。この主張をよりいっそう先鋭化して、次のように言うことができる。すなわち、規範あるいは規則という観念が意識の上にのぼるときにはいつでも、その観念は、習慣的な期待と必ずしもぴったりと重ならない事象、たとえば、声高な「である」と無言の「べきである」との間にズレのある事象、に対する間接的な証拠とみなすことができるし、また、みなすべきである、と。我々が危機の不可解で不確実な現代的意味について語るとき、時には公然と、しかし、ほとんどの場合、暗黙裡に伝えられていたメッセージとは、以下のようなものである。すなわち、それほど考えることなくうまく使いこなしてきた道具は、いまや我々の手には使いにくく感じ、機能していないように思われるというものである。したがって、過去においてそれらを有効にしてきた条件とは何であるか、そして、そうした条件を回復したり、あるいは、道具を変えるために何をなすべきかを発見しなければならない。

現代、「危機」という言葉がどんなに頻繁に、かつ、広範に使用されるようになっているとしても、その言葉が表している心の状態は多数存在していたし、いまもそれ以上に存在している。事態が「悪くなる」という感情は予想されていなかったものである。したがって、その結果生ずる、これからどのように進んだらよいかについての当惑は、しばしば共通にみられることであり、おそらく、人間の実存的経験に普遍的に付属するものであろう。あらゆる人間の世界内存在は、再帰的である。すなわち、それには常に要点の繰り返し（概括）とオーバーホール（分解検査）が伴うものであり、したがってそれは自己批判なしには長く存続しえない。

これこそ問題であるということに我々が気づいたのは、世代の衝撃に関するオルテガ・イ・ガセットの議論（*Esquema de lao crisis*, 1942）に注目したときである。もし我々の誰一人として世界を新しく発見したり、あるいは、根本から世界の知識を集めようとはせず、その内実のほとんどを、公的活動の既成品でまかなっているとすれば、そのとき、以下のことも妥当する。すなわち、後の世代はその活動に様々な点で参加し、また、彼ら自身の生活世界（Lebenswelte）を樹立する際でも、様々な加工品を配備するようになるということである。このことは非常にはっきりしたことであり、またよくあることである。けれども、しばしば、次のような事実についてはほとんど考慮されない。

すなわち、歴史のどの瞬間においても、いくつかの世代は、共生し、相互作用し、サービスを交換する、したがって、それらの行為を調整し、相互に意志疎通する課題に直面するという事実である。すでにこのことから、社会は絶えず「危機状況」にあり、古い世代、すなわち、より長く生きていて、習慣や期待を発展させるための多くの時間をもっている人々は、現在の状況を「危機」の状況として理解する最初の人々となる。「社会」は、いずれにしても、想像された全体であるが、しかし、それは、すぐには作り直すことのできない、多くの異なった、ときには鋭く異なった形態で想い描かれる。このことだけからみても、「社会システム」というキャンバスをおいたときに生ずる多元性や軋轢、緊張を無視すれば、大きな誤ちをおかすことになる。

この点をもっとはっきりさせておこう。危機とは、その観念が慣習的方法や手段の無効性を意味するかぎりにおいて、また、その結果生ずる、その後の進展についての確実性が欠如したことを意味するかぎりにおいて、人間社会の通常状態である。逆説的に言うならば、「危機のなかにあるということ」は、通常の、そして、おそらく唯一考えられうる、自己決定（カストリアディス）あるいはオート・ポイエシス（ルーマン）の形式、自己再生産と再生の形式であり、したがって、社会生活のあらゆる瞬間は、自己決定、再生産、自己再生の瞬間である。

このことは全て、理に叶っている。さらに、これまで言われてきたことのなかには、全く新しい、びっくりさせるような考えはほとんど含まれていない——なぜなら、少なくとも、この数十年間、社会は、均衡のとれた状態への恒久的回帰を通じてではなく、絶えざる不均衡を通じて存在しているという事実は、あらゆる国の社会科学者たちにとって、賢明な理論化の出発点であると受け取られているからである。けれども、もしそうであるならば、危機に対する大衆の警戒心と恐怖心はこれまでばらばらに広まっているという事実や、また、危機への関心がときおり、様々な強度をもって表面化するという事実には、説明が必要である。特に説明を要するものは、「世界秩序の危機」、「価値の危機」、「文化の危機」、「芸術の危機」そして人間世界の新しい領域で毎日発見されている他の無数の危機に対する異常に高い現在の公的関心である。

右の疑問に対する明白で単純な（単純であるがゆえに明白にみえる）反応として、ほとんど先例のない、また、なじみのない多くの観念（そうした観念は物事がかなりゆっくりとしたペースで変化したときに生まれて、次第に成長した期待をぶち壊す）が示された。世界は常に変化しているものであるけれども、以前にはけっして変化はそれほど多くはなかったし、それほど深くもなかったという意見がある。また、変化の量と深さにおける急速な増加によって、自己決定という人間の恒久的な課題はさらに困難になったという意見もある。

あまり明白ではないが、比較的単純な反応として、以下のことを示すことができよう。すなわち、以前にはけっして世代を画する重大な出来事や変革が、このように高速で老化し、色褪せ、入れ替わることはなかったということ、したがって、いまや個々の世代を囲う時間の長さ（タイムスパン）はこれまでよりもずっと短い――数十年というよりも数年――ということ、また、各世代には独自の経験と予想があるが、共通の社会領域の内部で共存し相互作用している各世代の数は、膨大なものとなっているということである。その事実によって、部分的に、公的風景の驚くべき多響（ある者はそれを不協和音と呼ぶ）や、翻訳技術の確実な進歩にもかかわらずコミュニケーションや合意に達することの困難さが明らかになる。

二つの反応が伝えているのは、危機はもう少し深く、もう少し多く感じられているけれども、しかしまだ、本質的には以前と同じ意味をもっている、同一の危機感である。しかしながらおそらく、こうした反応にはそれほど効果はない。おそらく現在の不安は、「危機」の意味変化を表わしている。おそらく我々は、新しい種類の不安を表現するために、古い言葉を使っている。おそらく我々が今日「危機」と呼んでいるものは、頻度の点ではなく種類の点で、半世紀、あるいは、それ以上前に、「危機」と言っていたものとは異なっている。

これが実情なのである。現在の不安には別の意味が潜んでいる。我々が今日「危機」と呼んでいるものは、けっして敵対する諸勢力が衝突するといった状態ではない。未来は未決定であり、人生はまさに新しい、予知できない形態――しかし、何よりもいかなる応急の（現象的な）形態も凝固するようには思えないし、長く生き残るとも思えない状態――を獲得しようとしている。換言すれば、不決定の状態ではなく、決定の不可能な状態なのである。まさにその「危機」論の下でちらつく恐怖心は、飛行機が振動したり揺れたりしても何も感じないが、その飛行機の操縦室に誰もいないことを発見した乗客の恐怖感に似ている。我々が今日、世界秩序の危機、価値の危機、芸術あるいは文化の危機について語るとき、我々は以下のこと、すなわち、こうしたすべてのことは、そのときには決定されないということを意味しているのではなく、そうしたことは決められないということ——微妙な、言うまでもなく、拘束力のある選択を行うことのできる方法はないということ、したがって、たとえそうした方法が見つかっても、その決定をやりぬくことのできる、あるいは、進んでやり抜こうとするエージェンシーが存在しないということを意味している。

いま世界は、おそろしく大きな、ガルガンチャアのように巨大なインターネットの世界として存在している。ここかしこで、誰もが世界的なスクランブルに加わりながら、誰もその結果を可視化しようとは思っていないし、言うまでもなく、それらをコントロールできるとも思っていない。ここかしこで、ゲームは、審判がいなくても、また、結果を調整するために引き合いに出すことのできる明瞭なルールがなくても、続行している。ここかしこで、各プレーヤーは自分自身のゲームを行っているが、彼らの動きがどんな種類のゲームになるのか誰もわからない。世界はもはや、プレーヤーの動きの合理性を測定するための、標準的な「現実」ではない。胸のなかにカードをしっかりもって、袖の中を、トリックやはったりや——チャンスさえあれば——ペテンで一杯にしたすべてのプレーヤーと同様に、世界そのものもプレーヤーの一人なのである。ウェッブと同様に、世界がコントロール不可能なのではなく、ウェッブがコントロール不可能なのである。

同じ命題を他の方法で説明してみよう。ことの成り行きに対してコントロールすること、あるいは少なくとも、やがて勝ち馬を見つけ、自らの動きの結果をコントロールすることは、いま欠けている何らかの知識を獲得するというような問題ではないように思える。今日の混乱は、もっと熱心な努力とより良い論理によって修正可能な、主体の怠慢や誤りの結果ではない。現代世界の驚くべき特徴は、行為がより認識可能であればあるほど、その行為はますます全体的なカオスを増大させるということである。アンソニー・ギデンズの適切な造語を用いれば、我々の不確実性は、つくられた不確実性である。不確実性は、我々が修理するものではなく、我々が創造するものであり、しかも、我々はそれを、より新しく、また、より多量に創造し、不確実性を修理する努力を通じて不確実性を創造しているのである。

おそらく、いつもこうであったし、おそらく、長い間こうであり続けた。しかし、もし祖父の時代にもこうであったならば、彼らは、確実にそれを知らなかったのである。別の状況では、ジョージ・スタイナーの用いた章句を用いれば、彼らの無知は、彼らの特権であった。彼らは無知であったために、彼らの遭遇するあらゆる混乱は一時的なものでしかないと信じることができた。したがって彼らは、その混乱を消滅させるために行うべきことを十分よく知っていると信じた。また彼らは、より多くの知識とより多くの技能を獲得することこそ、まさにそれを達成する方法であると信じた。こうした信条は、虚偽であったかもしれないし、最終的には、誤りであったかもしれない。しかし、そうした信条をもつことによって、いかなる絶望も、それがどんなに深いものであろうとも、底なしではなかった。常に、そこからよじ登ることは、たとえ次のコーナーで実現しなくても、もう少しで手の届くところにあるという正当な希望があった。そして、何よりもすべての人々の心の中にその希望があることによって、たとえ山頂がどこにも見えず、近づきさえしなくても、高まる活気とともに登山を続行することができた。

当然予想されるべきことであるが、人々の目には、そうしたつくられた危機は、一時的で修正可能な悪であるように見えた。すなわち、まだ基本的に健康な身体から取り除かれていない一時的な故障、病根、あるいは、苦痛の種は、本質的に整然としたメカニズムの一時的な故障であるように見えた。過去の危機は、人間の無知と愚行の長い歴史のなかの続章として書きしるすことができた。しかし、歴史は偏見に対する科学の勝利であるし、迷信に対する理性の勝利でもあるので、次のように予期することができた。すなわち、この愚鈍な歴史は結局は頓挫するであろうということや、また、ひとたび完全な知識を手に入れたならば危機は決して発生しないので、未来においてはほとんど危機は存在しないであろうということである。

我々は、そうした心休まる温和な信条の利点を全くもっていない。したがって、我々は、先祖の若々しいナイーブさ（無邪気さ）を喪失した代わりに、不安、すなわち、我々のそれほど遠くない先祖がほとんど経験したことのない種類の不安という通貨を支払うことになる。

たとえば、最近、「リスク」という言葉を別の言葉で、すなわち、長い間我々の恐怖心や心配事を示すのに十分であった「危険」という言葉で代用していることを考えてほしい。「危険」は「リスク」とは異なる。なぜなら、「リスク」は、多かれ少なかれ正確に位置づけられ、それゆえに、人はそれらを避ける、あるいは、少なくともそれらに抵抗する措置をとることができるからである。しかし、とりわけ、危険は移り変わるし、危険は我々が行っていることにとって偶然のものであり、外的なものであるし、我々の対象の円滑な追求においては阻害要因であり、外部から生ずるもので、我々が求めているものとは無関係である。リスクは、全く異なるものである。リスクは、我々自身の行為の固有の特徴であり、我々が行うすべてのもののなかに存在するし、そこから生ずる。リスクは、おそらく、規模の点では、縮小されるかもしれないが、完全に消滅することはない。損失がなければ利益も得られないようなとき、すなわち、良い解決と悪い解決の間ではなく、より大きな悪とより小さな悪との間で選択しなければならないとき、「いずれか」という状況から、我々は「いずれも」あるいは「どちらも」という状況、恒久的な交換の状況へ移行している。何よりも、我々は、我々の事業に含まれているリスクを計算しようとするかもしれない――しかし、おそらく、我々の行為の結果が実際にはどうなるのかということや、我々の注意が最終的に利益をもたらさず害をもたらすのかどうか、我々はけっして確信できないということを意味する言葉でしかない。

　ウルリッヒ・ベックは、「危険社会」（リスク社会）という造語によって十分評価に値する名声を獲得した。しかし、その種の社会についての辛辣で即興的な彼の記述から引き出されるものは、人間の状況は「危険な生活」――いかなる一歩も「正しい方向への一歩」であるとはとても思えない生活――という状況であり、したがって、我々の事業の正当性ないし妥当性についての不確実性は、回顧的にみても、けっして解消されないであろう。多くの古い一般的なことわざは、その種の生活と関係している――「暗闇のなかで手探りする」「後悔ばかりの人生」あるいは「言行不一致」といった格言。民衆の知恵は、そうした生活を非難し、そうした生活を送る人々の運命を後悔し、それを避ける必要性を暗示した。それはまた、そういう生活は回避することのできる、したがって、回避すべき間違った選択であるということを前提としていた。しかし、ベックの分析から引き出されるものは、「危険な生活」は冒険好きな人々の選択でもなければ、向こう見ずな人々の誤りでもないということである。それは、我々の共通の運命なのである――我々がそれを好もうと好むまいと、我々がその楽しい点を讃えようが、あるいは、その不便と罠を非難しようとも。

　「危険」という観念を「リスク」という観念に取り替えることは、「危機」の意味の決定的な変化を忠実に描いている（したがって、よりよく理解させてくれる）。「危機のなかにいること」はもはや幸運と悲運の悲しむべき逆転あるいは災難ではなく、人間の条件の取り替えようのない特質なのである。我々は、絶えず「一触即発」の状態のなかで生きている。我々の行うすべてのことにリスクが、したがって、我々の決定はいくつかの点で良かったり悪かったりするのであって、その決定がすべての点で完全であったり良かったりすることはけっしてない。

以上のことから言えることは、「危機」という概念は全く余分なものとなってしまっているということである。……その言葉は、結局、物事の恒久的条件、すなわち、それに従うすべてのものの欠くことのできない特質、を意味している。「危機」という言葉でつくられた章句は、それゆえに、概して、「ミルクでつくられたバター」や「液状の水」といったように、重複語的である。たとえば、「文化的危機」や「芸術の危機」といった章句は、ある特殊かつ固有の文化形態を他のすべての形態と区分するものではないし、あるいは、特定の芸術的な生の瞬間を他の芸術の歴史と区分するものでもない。それらは、実際、文化や芸術の本質を解明する分析的な声明であり、あるいは、それらの間接的な定義と言ってよい。

それはいつもそうであったが、しかし我々はいま、それをはっきりと見るようになっているかどうか、あるいは、我々が今日、我々の文化の観念やそうした芸術をそこから推定するところの文化および芸術的風景の種類が、真に新奇であり、我々の祖先とは異なっているかどうかということは、それほど重要な問題ではない。けれども、私の考えでは、「事柄の真相」と、「事柄」を「真相」へと形成する知的枠組との間の不可避的干渉のゆえに、解決することの極めて困難な論争に参加するのではなく、我々の新しい「危機」観が、価値や文化、芸術、そして、その他の我々がいま、危機の只中にいるとみるすべてのものに関する我々の正統な観念に対してもたらすかもしれない諸結果を跡づけることに専念した方がよいように思われる。

まず、「価値の危機」観についてみてみよう。ここでは、危機認識は、派生的なものであるか、あるいは、危機的であると思われる領域の理論の投影であるというハーバーマスの考えが、役立つ。

理論は、いわば見るための一方法であると同時に目を背けるための一方法でもある。すなわち、理論は、他の点をくもらせることによって現実のいくつかの点に視線を集中させる。「価値の危機」という認識は、公然ないし暗黙の原理主義的な倫理概念の加工品である。そうした概念に従えば、道徳基準が社会において考察されるのは、人々が体系的に「無選択」の状況におかれているという状態においてのみである。すなわち、不道徳な行為が非現実的となるように、あるいは、あまりにもコストがかかりすぎて考えられなくなるほど、彼らの行為の環境を操作することによって、あるいは、ある道徳規則（コード）への全面的敬意と、あらゆる択一的な（オルタナティブな）規則への嫌悪を人々に教え込むことによってである。「価値の危機」という認識は、二重の意味において、そうした原理主義的な倫理概念の加工品である。

第一に、「価値の危機」という認識によって、人は、以下のように思うようになる。すなわち、選択される、ないし、選択可能な、競合する価値の多さは、それ自体で不健全で、病的で、邪悪で、まさしく不自然な状態である。そのように価値が多いことは、それ自体、失敗のしるし、あるいは、「教訓となる構想」であるのだけれども、その構想の精神および字句に従えば、それ自体の失敗は、その構想が道徳性であると認める唯一の道徳性の終焉——したがって、そうした道徳性の終焉——を意味する。原理主義的観点から見れば、価値の多元性、選択の多様性は、それ自体で悪である。それは、誤った選択の可能性をもっているがゆえに、それは悪であるという、しばしばもち出される議論は、本質的に直感で得たものの合理化にすぎない。すなわち、それは、合理的討論の支配的精神に向けられたリップサービスにすぎない。

第二に、倫理的立法を通じての道徳性の積極的な増進は、道徳的責任ではなく、より強いものへの服従および規則への画一性を生み出す。強調点が置かれるのは、権威に盲従して、服従するように言われたすべてのことへの完全な服従であって、命令の本質および質に対してほとんど関心は払われない。するように要求されているものが問題なのではない。問題なのは、権力であり、また、そうすることを人に要求している権威の、権力を支える正当性である。その意図とは逆に、また、その期待とは全く逆に、規則（その規則がどんなものであろうとも）への無条件的降伏による道徳性の育成は、道徳的ニヒリズムをもたらす。この道徳的ニヒリズムこそ、唯一の倫理規則を推進する者が防止しようとする当のものなのである。道徳的主体者自身の反省に依拠するものは何もない——規則と行為との結びつきは、理想的には、逸脱（異常）のチャンスを排除するためにも調整されるべきではない。その代わり、すべては、独占的な立法権力次第である。なぜなら、人間が道徳的に振舞うチャンスは、自律的な（したがって、原則的には予測不可能な）判断や選択を行う傾向と能力を発展させるのではなく、それらを消し去ることに依拠していると思えるからである。独占が揺らぎ、関係当局が増えたときに、人間諸個人は、自らの道徳判断力に従って——すなわち、彼らがもっているとは思われていない、あるいは、もっていたとしても誤って使用するかもしれないと疑われている、それゆえに、それを発展させるチャンスが全く与えられていない能力に従って——自ら選択する必要性に迫られる。これこそ、「価値の危機」の意味していることであり、疑いもなく、それは不安な気持ちで見守られている。

しかしながら、自律的な行為者（アクター）の責任を重視するような、道徳性の本質に関する別の見方がある。そのような観点から見ると、競合する多くの価値は、「危機」の兆候には見えない。もしそれが危機であるとするならば、それは、道徳性との関係を断つことなく、道徳的選択に対する彼ら固有の責任という事実に直面する諸個人にとって有利な条件を予示している。そうした「危機」は、道徳的自我にとって荒涼とした土地という印象ではない。逆に「危機」は、道徳的自我の誕生と成熟にとって幸先のよい雰囲気――まず第一に、諸個人に、責任を取らせるようにする状況――を示している……。

判断と選択を必要とする諸価値の多様性が「価値の危機」を示すものであるならば、そうした危機こそ道徳性の自然な住処であるということを受け入れなければならない。その住処においてのみ、自由、自治、責任、判断――道徳的自我の重要な特徴のなかでも特に重要な特徴――が成長し成熟することができる。諸価値の多元性それ自体は、道徳的自我の真の成長と成熟を保証するものではない。しかし、それなしには、道徳的自我が成長するチャンスはほとんどない。我々がしばしば「諸価値の危機」と呼んでいるものは、詳細な検証の結果、「正常な状態」あるいは人間らしい道徳的状態であることを示している。

それでは、手短に、「文化的危機」の観念についても考察しておこう。公的な議論や数多くの学問的注釈（コメンタール）のなかで、「文化的危機」という観念は、以下のようなものによって生み出された警戒心や不安感を示すようになっている。すなわち、規範的結合力の明白な欠如や、選好された形式や意味、行動パターンの選択を規制したり援助したりする指針の不明瞭性ないし曖昧さによって、また、追求する価値のある重要なものに関する同意の明白な欠如や、「社会」と呼ばれるあの神秘的な想像空間から個人へ発信される根本的に異なった様々なシグナル（合図）が、まとまりのある全体になることはないし、一つの体系へ結合するのでもないという事実によって、そして、当局の推進するあらゆる規範に関して、いくつかの異なる、しばしば矛盾した勧告は聞えてくるし、他の、まさに権威主義的な筋からの声も聞こえてくるという事実によって、生み出された警戒感や不安感を示すようになっている。換言すれば、「文化的危機」という概念は、規範的曖昧さ、両義性、一貫性のなさ、不透明性、不確実性の状態を示すようになった。そして、不快な状態や、また、あれこれの点で、社会全体の福祉やそのメンバーの幸せな生活に脅威を与えるような状態に関する認識を示すようになった。

また、これが、世界の情勢における最近の急激な変化の問題であるのか、あるいは、物事の本質の遅まきの発見および承認の問題であるのかどうか——長い間、そういう問題が存在していながら、以前には気づかれることなく、否定さえされていた——について決めることは困難であるし、おそらく不可能である。我々の慣れ親しんでいる「文化」という観念は、神秘的なエーテル（大気外の霊気）のように、社会システムの上から下まで、あらゆる「特殊な」カテゴリーや状況に拘束された規範を充満させ、貫通させ、浸透させる「支配的な価値シンドローム」をもつ、相互に結びついた、しかも、相補的な規範システムである。その観念は、また、文化にとって本質的な「機能性」を前提としている。その観念に従えば、文化は、パターン維持、緊張管理、そして——より一般的には——既存社会の自己同一性、継続性と単純な自己再生産という課題を担っている。ここ二世紀に関する考察をまとめて、タルコット・パーソンズは、文化の概念を彼の理論のなかに導入したのであるが、それは当初、なぜ自発的行為が、自発的でありまた明らかに個人的に選択されたものであるにもかかわらず、なお規則的なパターンとなって反復性と規則性を示すようになるのかということを説明する方法として、であった。

率直に言えば、文化という観念は抑制と結びつくようになった。すなわち、多くの考えられうる選択肢を削除し、選択の自由の制限と結びつくようになった。こうした観念からすれば、さまざまな文化規範の間の不統一を示すあらゆる考察例は、「機能不全」の証拠として示されるにすぎなかったし、また、一時的な刺激剤として取り繕わなければならなかった。それによる混乱は一時的なものとみなされたが、それは、文化には、社会と同様に、体系性と自己均衡への生来の傾向があると考えられていたからである。機能不全の事例については、「文化的ズレ（ラグ）」という現象、すなわち、いまでは時代遅れの遺物となっている過去の社会環境の惰性によって、あるいは、「文化的衝突」、すなわち、他の点ではまとまりがあるが、しかし、相互に矛盾する文化システムの介入によって、容易に取り繕うことができた。

そうした文化現象の概念は、それが社会理論を支配しているときに穏当であったか穏当でなかったは別にしても、後期近代的なあるいはポストモダンな心性の枠組みにおいては、支持できないように思われる。今日、文化について語るとき、心に思い浮かぶものは、明確に分節化され、密接に連結された部分から成る、首尾一貫し、しかもまとまった、自閉的で自律した全体というイメージではなく、無数の、しかも全く調和のとれていない組み合わせと入れ替えがなされるかもしれない、また、現になされている広範な可能性という像である。あるいはさらに、その変化を可視化するために、創造的なエネルギーを分配する二つの方法についてのロットマンの比喩を用いることができる。創造的なエネルギー、すなわち、カストリアディスの創造力（vis formandi）あるいはルーマンの権力

(autopoïesis)は、あの春の水のように流れ、河床に向かって下り、——もし十分な時間があれば——岸を削り、その道を遮る全てのものを運び去る強力な流れとなって、侵食し、衝突し、もっとも堅固な岩さえも破壊するかもしれない。しかしそれはまた、爆発はここかしこで繰り返し起こるであろうと確実に言うことができるが、しかし、いつ、どこで起こるか知る由もない、幅広い地雷原（見えない危険の多い所）の上にばら撒かれているかも知れない。河床のイメージは、近代的・正統的な文化像に似ている。地雷原のイメージには、今日の文化思考と明白な近似性が認められる。

この——我々の——思考では、文化は、もっぱらあらゆる構造、特に、堅固で強圧的な構造に対抗する——その誕生の手助けをしたり、それらが生き残るための援助をする代わりに——継続的で、本質的に方向性をもたない変化の過程とみなされている。文化の領域を、自閉的で、内的に調和のとれたシステムの間で区分されているとはみなさないので、広範囲にわたる文化的両義性や規範的圧力を、「文化の衝突」の所産として、また、より一般的には、異質な団体、外国の影響の衝撃として、食い違った意図から解釈することは困難である。凝集性や協調性の欠如、変化への無自覚、革新の拡散（雲散霧消）——こうしたすべてのことが結びついて文化の存在様式となるのであり、したがって、二律背反は、継続的にはほとんど文化活動の副産物として、おそらく——知らず知らずに——文化活動の主産物として、表出せざるをえない。肥沃、活気、繁茂。まさに文化の生命は、その産出に依存している。さらに、この存在様式のおかげで、すなわち、この恒久的「機能不全」（正統的な人類学者が言うように）のおかげで、文化は、人間の自由という大義を支持することができるのであり、そうすることが想定されていたように、その自由を抑制することによって自己再生産したり、自己創造という人間固有の多様性と自発性を根絶するような社会秩序に奉仕するものではない。

以前の道徳性の場合と同じように、文化の場合でも、以下のように結論づけなければならない。すなわち、もし未決定や不確実性の通常の意味が存続しているならば、「危機」を「正常性」の正反対のものとして用いる必要はない。同様の結果は、他の種の「危機」を詳細に分析することによって引き出すことができる。こうした結論は、決定的な点で、社会理論が伝統的に果たそうとしてきた課題とはまさに正反対の理論的課題を切り開く。一言で言えば、その課題は、もはや危機をうまく取り繕うことではない。すなわち、その他の点では規則的で、しかも、規範的に統制のとれたシステムのなかで、異常な状態を発生させることのできる特殊な要因を、暴き出すことではない。逆に、その課題は、まとまりのないことや機能的でないことを、とてつもなく異常な事象とはみないような、また、人間存在を記述するうえで、功利主義的用語では説明のつかない諸現象を具体化する——したがって、それゆえに、特別な「危機の理論」を必要としない——人間の世界内存在に関する理論を構築することである。

第三章 ビジョンの発見

近代ユートピアのなかで最も有力なユートピアの一つとして、自由民主主義（リベラル・デモクラシー）について語ることができる。というのも、このユートピアは、良い社会のモデル、あるいは、少なくとも、明らかにいくつかの欠陥のある他の選択肢とは異なる社会を構築し作動させるためのモデルを示しているからである。また、既存の自由民主主義について語ることもできる。既存の自由民主主義は、つねにユートピア的理想に達することもなく、良い社会というビジョンとはとても同一視することができない特性を示し、あるいは、そのユートピアを現実に変えることを容易にするどころか困難にするいくつかの特性さえ示している。自由民主主義のユートピア的形態について語ろうと、既存の形態について語ろうとも、自由民主主義は、他の時代、他の場所の他のほとんどの社会が着手したことのない、そして、誰一人としてその結果を見通すことにも、まして、その結果を確実なものにし持続させることに成功したことなど全くない、均衡を保つという極めて困難な行為を必要とする大胆な試みであると言えよう。

自由民主主義は、そのビジョンの点でも実際の点でも、政治国家が平和の番人として、また、集団利益と個人利益の調停者として、その役割を十分果たせるようにするとともに、諸集団が自由に集団を形成し、諸個人も自由に自己主張し、追求したいと望んでいる生活形式を自由に選択できるようにする試みである。周知のように、こうした二つの目的は、ほとんどの歴史で、また、地球上のほとんどの場所で、対立してきている。こうした二つの目的を両立させることは、最良の環境の下でもけっして容易なことではない。しかし、自由民主主義が国家に対して、個人に対して、そして、諸個人の形成する集団に対して提供しようとする環境という点では、自由民主主義は、考えられうる最良のもののなかでもっとも実現可能なものであった。

自由民主主義の目標は、国家がその役割を十分に果たすことのできる社会、および、社会がその役割を十分に果たすことのできる国家［の実現］というだけでなく、国家の役割が適切に果たせるよう配慮することのできる社会と、その社会の役割を果たすことで生じる越権行為から社会を守ることのできる国家［の実現］でもある。言い換えれば、自由民主主義は、適合しにくいということでよく知られている集団のなかで最も有名な集団の一つを適合させようとする。すなわち、各々の自由を他者の自由の条件にする一方で、国家、個人、そして、諸個人の形成する団体それぞれの行為に対して自由を擁護しようとする。

「市民社会」――今日の多くの政治思想家にとって、自由／民主主義的構想および実践の中心である、国家と社会の「大いなる妥協」のコード名称――に関して、故エルネスト・ゲルナーは次のように書いている。

自由の代償は、かつては絶え間のない警戒であったかもしれない。市民社会のすばらしいことは、私的関心に没頭して、周囲のことに気づかない人々、あるいは、その他の理由で、絶え間のない、そして、切迫した警戒の実践に不適切な人々でさえも、自由の享受を期待することができる点である。市民社会は、無警戒な人々にさえも自由を与える。(1)

言い換えれば、市民社会は個人の自由を確実なものにする――まさに日常生活において当然のこととみなされ、もはや気づかれもせず争点として取り上げられもしないくらい、確実なものにする。国家は、その自由を尊重するし、国民の選択に介入することを避けようとする――国民が国家の介入を注意深く観察するか、あるいは、他の方法を探すかどうかは別として。これはすばらしいことである。しかしながら、あまり芳しくないことは、市民社会の促進する日常生活と政治の見事な相互分離がさらに進行して分解してしまうことである。分離という好ましからざる結果のひとつとして、国民は、もはや政治国家や国家政治に心を動かすことなく、上からなされる非難や救いに期待しない――したがって、歯の痛みが無くなると歯について考えなくなるように、共通善の意味を熟考する理由も、ましてや、共通善について議論をしたり異を唱えたり、あるいは、共通善を積極的に追求しようとする理由も見出せなくなるという点が挙げられる。

もう一つの結果として、もし自由が損なわれないならば、共通善の内容が失われても、国家は国民に何の義務も負わない――国家は、また、いく人かの国民が利己的で近視眼的な、あるいは不適切な方法で行使する自由によってすべての国民に加えられる損害に対して責任をとらなくてもよいというように、ますます考えるようになる。言い換えると、市民社会には、すばらしい傾向と好ましくない傾向がある。これら二つの傾向は、国家と社会が現にそうである以上に区分することが困難である。市民の政治的無関心あるいはアパシー（無感動）と、共通善を促進するという国家の義務の後退は、市民社会の不愉快ではあるが、正統な嫡子である。
これは、もし……ならば起こるかもしれないという根拠のない話ではない。この二つの好ましくない風潮は、至る所でまざまざと目にしていることである。それらは、政治哲学者の関心を掻き立てるが、もっと重要なことは、そうした風潮が国家に与えられていた信用を掘り崩し、また、社会組織の深い亀裂に対する広範な懸念を惹き起こすということである。
フランスの七賢人、そのなかのレジ・ドブレ、マックス・ガロ、そしてモナ・オゾーフは、最近、多くの市民によって経験されている不安の増大から生じた、「既存の」自由民主主義の漸進的な変化に関するいくつかの危険な兆候について述べている（一九九八年一〇月二〇日付の『ル・モンド』紙で発表された「共和主義者よ、二重国民であることを拒絶せよ！」という辛辣なタイトルの共同声明を参照のこと）。

もし、かつて平和と安全に基づいて人民諸階級と契約を結んだ共和国が、人民諸階級を保障することができなくなり、さらに悪いことに、公的に整備された秩序に対するあらゆる配慮が、その性質上、反動的であるという印象を与えたりするのであれば——その場合、自己防衛に向かう誘惑が大きくなる。

ひとたび国家が、ポリスの法律よりも市場の規則に優先順位と優越性を認めるならば、市民は消費者へと変化し、消費者は、国家の運営に「参加する必要性をますます認めなくなるのに対して、ますます多くの保護を要求する」。その全体的な結果は、現在の「蔓延したアノミーの流動的な状況」とあらゆる種類の「規則の拒否」である。自由民主主義の理念とその現実態との間の距離は、縮小しているというよりもむしろ拡大している。「諸個人が各自の自律性と、諸個人を結びつけている連帯の絆とを結びつけて認識する」ような社会に到達するためには、まだ長い道程がある。国家がすべての人々と一人一人の安全性に対する責任を拒否している、まさに現在のような状況では、「強者の法律が弱者を犠牲にして勝利をおさめる」。すなわち、自由民主主義の現実態は、「二つのギア、二つの国民をもつ社会」を胚胎しているように思われる。

さまざまな兆候からみて現在我々は、まさに第二の――今回は世俗的な――改革と呼んでもよいような状況の真っ只中にいるのである。

第二の改革とモジュラー人間の出現

第一の宗教改革は、一つの鉄の檻を破壊し、信者たちを、彼ら自身の選択した手製の檻へ結集させた。第一の宗教改革が精神的救済の任務を私的なものにしたために、その第一の改革は、各個人を司祭とし、制度的な司祭制度がすべての人間に対してもっていた支配力を弛緩させた。救済は、近代において私事化された最初の公共善であるのに対して、懺悔《ざんげ》と贖罪は、最初に緩和された儀式的、協調的、調和的な活動であった。そうした私事化と規制緩和の第一幕が終わった後、救済への道を忠実に進むことこそ、個人の義務であった。

現在の世俗的な改革は、第一の改革が破壊することを避けたり、破壊することに失敗したものを破壊している。すなわち、それは、色や形はどんなものであれ、そうした鉄の檻——個人的選択の超個人的型態および承認——なのである。言い換えれば、それは、永遠に対する影響力ではなく救済それ自体に注目する現世において救済という永遠の夢がどのような形態をとろうとも、支配的ビジョンとして選択された、言うまでもなく、唯一の「救済への道」なのである。

第一の改革における指標は、各人のライフワークを通して永久の至福へむかう道に出入りできる個人的自由であった。そして、第二の改革におけるキーワードは、「人権」である。すなわち、各人の望む至福がどのようにあるべきかを決定したり、また、至福へ導くかもしれない（あるいは、導かないかもしれない）各人の進路を選択ないしデザインする、各人の選択の自由を行使する各個人の権利である。第二の改革は、第一の改革が企画しながら実行できずに終わってしまった任務を全うしようとしているし、また、そうすることによって、先の改革の秘められた可能性をきわだたせようとしている。その秘められた可能性とは、エルネスト・ゲルナーが「モジュラーマン」と呼ぶ者の出現とその普及である。

その新しい型の人間を記述するために、ゲルナーは家具工場からその隠喩を抽出した。彼によれば、古い型の人間と新しい型の人間との差異は、完全に上下続きの衣装簞笥と組み合わせ式（モジュラー型）の衣装簞笥との差異に似ている。古い型の衣装簞笥やその他の家具は、最初から最終形態が決められていて、一度に全体を形成し、大きさや形や様式の点でそれ以上の変更を加えることはできない。それらは、洗練されたデザインであったり杜撰なデザインであったりするし、また、上手につくられたり、下手につくられたりするが、いずれの場合でも、そのデザインは長持ちするものであった。もし、その使用者の要望が過去の商品の美的性質や功利的性質の範囲を超えて大きくなったならば、そこにはたった一つの選択しかなかった。すなわち、その衣装箪笥を別の衣装箪笥――より大きな、あるいは、変化した好みにより良く合った衣装箪笥――と取り替えるということである。

組み立て式の家具はそうしなくてもよい。部品さえ手に入れることができれば、それを後で追加すればよい。また、環境や嗜好の変化に合わせて、無限に部品を組み合わせ、これまでとは全くちがったものを組み立てることができる。部屋の大きさを除いては、そのような追加や組み替えに制限はない。したがって、そのことは、追加や組み替えの過程に、終わりがないということを意味している。すなわち、組み立て式の家具がその最終的な状態に到達したと確信をもって言える地点は存在しない。

現代社会の最も顕著な所産であるモジュラー人間についても、ほぼ同じことが言えるであろう。まさに、組み立て式の（モジュラー式）家具が、前もってデザインされた唯一の正しい形をもつものではなく、無限に拡大可能な形をもっているように、モジュラー人間も、なんらかの予定されたプロフィールや指定をもっているわけではない。モジュラー人間は、ローベルト・ムージルの「特性の無い男」ではない。むしろ、彼は非常に多くの特徴や外観を備えた存在である。だから、その特徴や外観の多くは、一時的に身に着けているにすぎず、必要に応じて付け加えたり取り外したりすることのできるものである。モジュラー人間は、機動的であり、処分可能であり、置換可能な性質を有する存在である。

すなわち、モジュラー人間は、ルネサンス期の哲学者のあの有名な理想的人物像である「変幻自在の人」を思わせる人間である。簡単に言えば、モジュラー人間は、何よりもまず、本質のない人間なのである。しかしながら、モジュラー人間は、組み立て式の家具とは異なって、彼自身、組み立ての仕事や分解の仕事を行っている。彼は、モジュラー人間であるが、また、自分の形をつくる人間でもある。もしも組み立て式洋服箪笥が選択できる一連の可能性をもつものとしてつくられているとしたならば、モジュラー人間は遂行すべき一連の任務をもつものとして生存している。

ゲルナーが指摘しているように、この状況は、自由民主主義社会あるいは市民社会の本質にとってきわめて重要である。

モジュラー人間は、結合して、有効な団体や制度になることができる。たとえこうした団体や制度が、全体的で、多くの要素を有し、儀式によって保証され、お互いに結びつけられ固定化されている一連の関係のなかで、全体と結びつけられることによって安定するということがなくてもである。モジュラー人間は、何らかの血縁的なしきたりによって結ばれていなくても、一定の目的をもつ、アドホックな（一時的な）、一定の団体をつくることができる。彼は、その団体の政策と意見が一致しなくなった場合、反逆罪の告発を受けることなく、団体から離れることができる。……

モジュラー人間の団体は、精密でなくても、有効であり得るのである。(2)

したがって、モジュラー人間と他のモジュラー人間とを結びつける絆は精密なものではなく、むしろ、アドホックな（一時的な）ものである。これにはいくつかの顕著な結果がある。すなわち、そうした絆によって、「よく統合された」――したがって、あらゆる方向でいく度となく縫合された――社会であるが、同時に、強圧的な専制や遍在的な種族監視、自己再生儀式の「死手」［過去の圧迫感］によって硬直した、単調で、同質的な社会にはまだなっていない社会が可能となる。モジュラー人間の出現と平行して、マニュエル・カステルスが「ネットワーク社会」と名づけたもの、私に言わせれば、「マルチネットワーク」社会が出現している。すなわち、はるか遠い前近代の先人たちのような分節的社会でもなく、また、直近の近代の先人たちのような階級区分された社会でもない、しかも、そうした社会とも異なって、それ自身の不決定、二律背反、矛盾とともに生きることのできる――それらを吸収し、再利用し、行動の手段としてつくり直すことさえできる社会が出現しているのである。

モジュラー人間の出現は、「自然人」を危害から守り続ける唯一の方法として、したがって、社会を結合させる唯一の方法として、命令や規律を課そうとする支配者の誘惑や哲学者の主張の世紀に終わりを告げるものである。モジュラー人間は、そうした一定の統治規則がなくてもかなり上手く行動することができる――しかも、不快で、野蛮で、脆い社会生活というホッブズ的な悪夢を回避している。人々がモジュラーになることによって、専制的な強制力や儀式による無言の圧力は不要となる。さらに、たとえ専制が試みられたとしても、そこには「全体的権力」の基礎となる「全体的個人」は存在しないであろう。モジュラー人間のマルチネットワーク社会においては、統合と支配の任務は、規制緩和され、私事化されている。

しかしそうなると、人は何かを得て、何かを失う。……マルチネットワーク社会とそのなかで生きるモジュラー人間たちの特徴、すなわち、厳密ではなくアドホックな絆は、また、あまり魅力的でない側面も持ち合わせている。そのような絆には、不確実性と危険が含まれている。そのような絆のみによって支えられた生活のほとんどが、おそらくはそのすべてが、重大な岐路に立たされることになる。どのような進路を選んだとしても、そこには危険が含まれている――その道は結局、泥沼に行き着くか、あるいは、他のいくつかの看過ないし無視した道が導いたかもしれない、他の場所と比べてあまり魅力的でない場所へ導くという危険が含まれている。どんな場合でも、自ら選び取った道の利点と欠点に関する明確な最終的判断は今後得られないのではなかろうかという疑念を抱かざるを得ないし、また、誤った行動をしているのではないか、あるいは、してしまったのではないかという疑念と戸惑いの心労が、現在においても将来においても、そのあらゆる段階において先行し、付き纏うのである。また、判断が下されても、判断があまりにも多く、異なっていて、おそらく矛盾さえしているのではないかと推測するようになる。各自の選択に委ねるということは、自由にしてよいということであり、喜ばしいことである。しかし、それは、同時に、緊張の多いもので、たいていは、苦痛を伴う。

ゲルナーをもう一度引用するならば、「モジュラー化」の代償は、「一種の分断化である。なぜなら、それぞれの活動は統合的で『全体的な』あたたかい文化の一部としてとらえられるのではなく、それぞれの明確に定式化された独自の目的によって冷静に計算され、その他の活動からの支えをいっさい受けないからである。そうした『疎外』と『シラケ』こそ、高すぎるとみなされている代償なのである」。

さらに述べておかなければならないことは、「疎外」のことではなくて、今日の「不安」もしくは「非日常的なこと」である。たしかに「疎外」が想定しているものは、互いに疎遠となる世界全体と人間全体のことである。しかし、多元的ネットワーク社会は、全体として体験できる多くのチャンスを提供するわけでもないし、また、多元的ネットワーク社会のモジュラー化された人間も、人間全体の自意識を発展させる多くの機会をもっているわけでもない。多元的ネットワーク社会の〝モジュラー化された〟住人たちにとって、「所属すること」が主要な問題となる。つまり、ほとんど満足のゆく答えも見つけることができないにもかかわらず、また、持続的な、もっと言えば、永遠に持続すると当然のごとく期待されるような解決策などけっして発見できないにもかかわらず（あるいは、むしろ、それゆえに）、「所属すること」は、彼らの日々の関心事なのである。N・ルーマンが見事に指摘しているように、私たちはみな、いつでもどこでも「部分的に置換」される。我々の加入しているいかなるグループにも、我々は「完全に」所属しているわけではない。モジュラー人間には、一部、「傑出」していて、いかなる単一のグループにも吸収されないし適応もしないが、他のモジュラー人間と関係し、相互作用するものもいる。それゆえ、自己帰一の各行為は、矛盾した圧力、すなわち、求心的圧力と遠心的圧力にさらされる。

モジュールが十分に結合されていなければ、あらゆる形式の共同性は、実際には、脆く儚いものである。いかなるグループにおいても、「完全に寛ぐ」ことはできない。あるとき私たちがたまたまあるグループにいたとして、そこにいることは、家庭で食卓に座っているというよりも、ホテルでの一泊や、レストランでの夜明かしのように感じられる。しかしながら、この寓話でさえも、なかなか厄介であるので、知らず知らずのうちに失っているものを、実際には明確に伝えていない。というのも、多くのポストモダンな人々にはおなじみの唯一の家庭が、ますますホテルのようになっているからである。すなわち、誰も永久に続くことを期待していない、一時的に滞在する場所となっているからである。

それゆえ、「モジュラリティー」という状態は、「不安」――不安定性、危険性、そして安全性の欠如という三つの害毒――の一つである。不安の印象は、互いに交差し不調和を起こしている多くのネットワークや、不十分な道標しかない道路、ころころと変わる道路標識といった外部世界に基づいて、十分な根拠をもって、構想されがちである。しかし、不断の緊張の源泉は、まさにモジュラリティーそのもの——モジュールを恒久的な形式にするために締めつけるボルトやクランプ、リベットの欠如——にある。いくつかの緊張が一緒になって、大幅な単純化を熱望させるようになる。すなわち、希望と機会、行為とその結果との簡単明瞭な一対一の結合——世界と自我の明瞭性および双方の完全な結合——を熱望させるようになる。その熱望は、「所属」という観念のなかに要約されている。確かに、観念というものは、もともと固定されることを嫌がるものであり、拡散的で特定されたがらないものである。なぜなら、日常生活において、その観念に確実に適応するものや、あるいは、少なくとも、その明確なモデルを提示するものが存在しないからである。

種族、国民、共和国

所属という観念を最もよく体現したものは、種族（tribe）——人類史の最も大きな部分を占める共同性の形態——である。まさに種族への所属は全体的であり、網羅的である。すなわち、種族への所属によって、種族それ自体へのあらゆる選択肢を、単に侮辱したりそれに抵抗するというのではなく、そうした選択肢が不可視のものとなり、それ故に、存在しなくなる。種族の所属様式は、単に真新しいナプキンと呼ばれるもの——世界と世界内の自らの位置に関する知識の総体——を供給する。種族の一員としては、各々の連続するアイデンティティに付着した慣習に従って行動し、また、その継続性に順応すること以外は、何も要求されない。そのなかに含まれているものは、他の種族を見回すことで、実際問題として学ぶことができるのであるから、特別な教育を必要としない。生活状況は、良くもなるし悪くもなる。しかし、生活状況はけっして不確実ではないし混乱を引き起こすこともない。というのも、生活世界は、その種族の外で生活する可能性を含んでいないし、したがって、実存的選択がないという単純な理由からである。まさに、種族の外には進歩がないのである。

近代性は、種族と同じくらいに完全な全体性の終焉を予言していて、それゆえに、また、種族構成員の生活世界と同じくらい緊密な生活世界の終焉を予言している。近代の社会的全体性は、二つの、しかも、それぞれ不完全な全体性——「共和国」と「国民」——との結合体であるために、種族の団結力を欠いている。共和国と国民は、それぞれに他方を受け容れようと欲したり、従属させようと欲したりする。しかし、他方は、自らの特殊性を保持できているかぎりでのみ、もう一方にとって役立つ。それゆえに、一般的に、その欲求は実現の寸前で終わってしまう。共産主義のロシアやナチ下のドイツのように、共和国と国民という二つのものの完全な融合が企てられた稀なケースにおいては、その所産は死産であるか、もしくは、自滅的であった。その二つの最もよく知られた恐るべき混成物は、歴史的基準からして、短命であったし、十中八九、当初から生育不能で死ぬ運命にあった。

ファシズムと共産主義の実験を別にすれば、近代社会は、全く異なった原理によってつくられた全く異なる形成物の困難な共存の所産である。たいてい、二つの間では妥協がなされる。しかし、共存は公然の、あるいは、隠然とした争いによって織りなされている。衝突の可能性は、良い方向に終わらせることもできないし、近代社会と呼ばれる複雑な組織から削除することもできない。長い平和的共存の後で何度となく、衝突の可能性が繰り返し明るみに出ている。例えば、今日のヨーロッパでは、著しく発展した共和国が、急速にヨーロッパ連合に参加しようとしているのに対し、著しく発展性のない国民は背後にとどまり、逃亡する共和国を取り押さえるため、極端に逆の態度をとっている。

要するに、共和国と国民との間には愛憎の関係がある。双方は互いを必要とするが、平和裡に共存することは困難であり、また、ひとたび反目することが起これば、互いの差異を認めあい、妥協し和解することは非常に難しい。双方は、互いに惹かれ合うと同時に反発し合う。その結果、ミラーとドナルドのネズミを使った有名な実験で得られたのと同じ結果がもたらされる。すなわち、「対向性」と「背向性」という二つの牽引力――吸引力と反発力――の間で板挟みになると、いつもでたらめな行動をするという結果がもたらされる。

共和国と国民は、同じ地平で行動し、同じ人々を結合させる基本的な接着剤でありたいと熱望すること以外では、互いに、そのほとんどすべての点において異っている。共和国と国民のそれぞれは、また、他方と必ず付き合わなければならないので、かつてそのいずれにも利用できないような贅沢な生き方――野原に一人でいるような贅沢――をしていた種族によって、通常用いられているのとは別の手段を開発しなければならない。

種族は、その唯一の選択肢として、孤独な死を伴う孤独な生活環境しかないので、イデオロギーや洗脳やプロパガンダ――国民にとってなくてはならないもの――がなくてもやっていける。たとえ種族が「種族主義」を必要としなかったとしても、国民は「ナショナリズム」を必要とする。「ナショナリズム」とは、本質が存在に先行するということと、存在が本質に先行するということを同時に宣言する、すなわち、国民性は、選択の問題であると同時に選択の問題ではないと宣言する、あの奇妙で、言うまでもなく、矛盾した信条である。ナショナリズムにおける国民は、その構成員が選択する以前に存在している。しかし、国民はまた、その構成員が彼らの日々の選択を通じて、慈しんだり、養ったり、高めたり、魅力的にすべき価値でもある。種族は、現実であって、価値ではなかった。もしナショナリスト的信条における国民が、現実になりたいと望むならば、国民は価値とならなければならない。

国民の構成員であるということは日々の努力を要求する。エルネスト・ルナンがかつて述べたように、国民とは日々の国民投票である——忠誠投票によって、日々更新されなければならない全体性である。国民が提供する所属することの甘美さは、無料では手に入らない。それは努力して手に入れなければならない。提供される所属性は甘美である。なぜなら、国民の場合、安全になるという見込みがあるからである。しかし、この安全性は、これから達成する問題であり、過去の結果ではない。この安全性は、既存の秩序の維持を要求する。したがって、協調行動をとらせる。

もしこの要求だけが問題になっているとしたら、国民を多くの結社やボランティア組織から区別するものは何もないことになろうし、なにゆえ国民への忠誠が他のあらゆる忠誠に優先するかが明確にならないであろう。また、他のかかわり方とは異なって、「問答無用」や「わが祖国——右であれ左であれ」という方法で、なぜ国民に従わなければならないかということも明確にならない。国民は、他の結社と異なって、他のすべての関与にとってかわる唯一で最高の忠誠心を要求するためにも、種族が多くの言葉でこのことを語ることなく、またおそらく、知ることなく、これまでありつづけたものであることを、明確に主張しなければならない。すなわちそれは、血と土の問題であるが、しかし、決定的に共有された歴史の問題なのである（結局、私たちはそれら〈血と土〉の偶然性を自覚しながら、時間のなかで生きている）。

あらゆる歴史的言説が選択的であるということは、いまではありふれた表現である。しかしながら、すぐには理解されず、しばしば故意にぼかされ、あるいは、強く否定されている点は、歴史を「つくる」のは言説それ自体であるということである。ハンナ・アレントやポル・リクールがそれぞれ別個に異なった方法で指摘しているように、(4)歴史的言説こそ、生活の流れのなかから「事象」を切り取って、ばらばらの全く本体論的で偶発的な事象を、すぐに解釈論的に受け入れられ記憶される意味のあるシリーズ（連続もの）につくり直すのである。アレントは、「単なる偶然の出来事」という生の資料を、人に語ることができ、人の心を掴むことができ、人を取り込むことができる言説へと変形する歴史学者の作品と、「悲憤を哀歌へ」、「哀歌を頌歌へ」と変形する詩人の作品とを比較した。ナショナリズムは、もっぱら過去に対してなされるそうした選択と変形の操作である。エルネスト・ルナンの、もう一つの有名な表現のなかに、過去からある事柄を思い出し他の事柄を忘れるということへの合意として、国民を描いているところがある（私はその点を少しはっきりさせておきたい。ナショナリズムは、記憶することに合意の得られていないすべての事柄を忘れ去るように指示する）。

共和主義的な観念が、どのような事柄を記憶のなかに保持しつづるべきであるかということや、どのようなものを忘却のゴミ箱の中に投げ込むべきであるかということについて、同種／反対の国民主義的観念と争うようなことはない。むしろそれは、そうした選択を疑問視する以上のことをする。すなわち、共和主義的概念は、まさに過去そのものを軽視しているように、歴史的記憶の価値や権威、必要性も否定する。純粋な形式の共和主義的観念（その最も鮮明な表現が、フランス革命の初期に見られる）は、まさに、過去の歴史の退位に関するもの（すべての過去を「前歴史」として忘れ去り、歴史は今から始まると主張するフランス革命の精神的後継者としてのマルクスを思い出せ）と、「新しいはじまり」(5)に関するものである。モナ・オゾーフは、マルク・ブロッホ賞を受けた際に行った講演のなかで、共和主義者たちは、少なくとも革命時には、自分たちが社会的、政治的な秩序全体を慎重に再建することができると考えていた——したがって、過去に属するいかなるものも、おそらく秩序の再建には役立たないであろう、と信じていたことを指摘した。「歴史は、先例も援助も提供しないし、継続は、価値について何も語らない」。

ナショナリズムは、国民そのものを、すなわち、悠久の歴史をもつ生きた遺産を生得の善——したがって、他の多くのもののなかのひとつの善ではなく、最高の善、すなわち、他のものを矮小化させ、追随させる善——であると宣言する。他方、革命的な共和主義者たちは共和国を共通善の工場として——したがって、共通善を生産することのできる唯一の工場として——想定している。共和主義者たちにとっての良い社会とは、まだ到達していない全く未来のものであり、共和制の活動を通じてはじめて達成されるものであった。しかし、このことが物語っているのは、共和制という観念が当初から近代史のほとんどを通じてつきまとうことになる深い対立とかかわっていたということである。

「新しい始まり」という観念（実際には、単なる始まりではなく、果てしなく続く一連の新しい始まりである）と、まさに歴史の長さから帰結する歴史の遺産によって縛られることへの断固とした拒否——このことは、共通善を創出することにおいて、共和国に必要な唯一の手段として、批判したり、推論したり、判断したりする人間の能力に託した。そのことによって、三つの自由——言論の自由、表現の自由、結社の自由——が、共和国の生活の必要十分条件となった。しかし、他方において、共通善の導入は、共和国の価値リストの上位に位置づけられた。すなわち、普遍的な幸福が、共和国の最高の目的であると宣言されたのである。

人々は、自由に幸福を追求し、その幸福を普遍的にする方法を交渉することができるようになった。

しかし、ある点で、普遍的な幸福の大義と個人の自由の大義とは衝突せざるをえなくなり、どちらかを優先しなければならなくなった。「人々に悪しき本を読ませるか、あるいは、彼らを教養の無いままにさせておくか、どちらが良いか?」といった種類の質問は必ず生じたが、それに対する容易な答えなどなかった。共和国の生活は、協力することが期待されていながら実際には争うばかりの二つの原理の間で、かろうじてバランスを保っている状況にあった。したがって、ともに不合理で、全く悲惨な二つの両極端の間を長く揺れ動かなければならなかった。

共和制という機構の内部にはつねに紛争が存在する。したがって、悪い妥協をしたり、あるいは、あえて一つの原理のみを取り上げ、他の原理を不当に抑えるという危険性は、いつも隠れ潜んでいる。にもかかわらず、その二つの原理は、二本の足のようである――共和制は二本の脚のどちらがなくても、まっすぐに歩くことはできない。その二つの原理が協力してはじめて、共和制が現にあるように形成されている――共和制とはまさに抑制からの自由ではなく、権能を付与する力、すなわち、参加するための自由として、共和制の市民に自由を与える制度なのである。すなわち、いつも曖昧ながら、衰えることのない熱意と活力をもって、個人の干渉からの自由と、市民の干渉する権利との間でバランスを試みる制度である。市民すべてを拘束する秩序の概略を示す法の作成において、干渉する、または、参加する市民の権利こそ、国民の血、土地、歴史的遺産に対する共和主義的な答え――共和主義的社会という共同体のなかに諸個人を固着させる特殊な共和主義のモルタル――である。コーネリウス・カストリアディスは、このタイプの共同体を「自律的社会」と命名して、以下のように定義している。

集団的アイデンティティ、すなわち、自律的社会における「私たち」とは何なのだろうか？　私たちは、私たち自身の法をつくる人間であり、自立した個人からなりたつ独立した集団なのである。したがって、私たちは、私たち自身をみつめ、私たち自身を認識し、私たちの仕事のなかで、また、仕事を通じて、私たち自身をもう一度問題にすることができる。(6)

自由民主主義と共和制

共通善の追求は、それ自体、市民（むしろ、この場合は、可能性としての市民）があの「自らを見つめること」や「自らを疑うこと」、すなわち、彼らすべてを統治する法に対して批判の眼を投げかけ、判断を下すことに参加できるという保障を与えるものではない。しかし、そうした追求がなければ、可能性としての市民への呼びかけは、むなしく響くだろう。まさにこれこそ、共和主義と自由主義の分かれ道である。自由主義には、レッセ・フェール（自由放任主義）——「それぞれがそれぞれで自由に」——という駅で、共和制という汽車から降りる傾向があるのに対し、共和制という汽車は、さらに先へと進み、諸個人の自由を自警団へと組みかえ、個人の自由を共通善の共同探求のなかで展開させる方向へ向かう。

自由主義は、その次の道へと進むことを拒絶したので、結果的に自由主義は、以下のような状態にある。すなわち、自由であるけれども孤独な諸個人の集合体は、自由に行動するけれども彼らの行動している状況に対して何も発言せず、彼らの自由な行動に与えられているかもしれない目的について知らぬ顔をし、とりわけ、他の人々が自由に行動することにとやかく言うつもりもなければ、各人が自由を行使することについて彼らに何か言うつもりもないような状態にある。そのような、孤独であり、全く自由であるけれども全く無力な、そして全く無関心な諸個人の集合体においては、自由と平等の間に、個人と社会の間に、私的な福祉と公共の福祉の間に、矛盾——自由主義が扱うことのできない矛盾であり、しかも、共和主義の原理を支持するのに躊躇するかぎりで、自由主義だけに生じる矛盾——がただちに生じる。

これこそ、カストリアディスが考察しているように、「現代理論や『政治哲学』」という「帽子の中から国民がウサギのように現れる」理由である——付け加えるならば、そう言えるのは、これらの理論や哲学のほとんどが、公共善の追求に対する市民の献身とその献身に必要な市民の行動能力によって補完されていない個人的自由の雲散霧消的な結果に目を閉じてしまうような自由主義に魅せられているからである。故意にではないにしても、自由の実践によって発火し煽動されたナショナリズムは、自由主義そのものの欠点を改善できるものとして登場する。自由主義社会は、ナショナリズムを阻止するために、私的問題としてではなく公共善として倫理と正義の原理を提供しなければならなかった。言い換えれば、自由主義社会は、みずからを、共和制の水準にまで高めなければならなかった。

それゆえ、自由主義は、単独では、国民と共和制との間の紛争を解決しないし、言うまでもなく、その争いを共和制に有利に解決することもしない。自由民主主義には、双方を受け入れる余地がある。すなわち、自由民主主義的状況とは、ナショナリズムと共和主義的観念とが絶えず競合する領域であると定義することができる。ナショナリズムと共和主義的観念とは、大接近するが、近代社会固有の問題であるところの、個人的自由と公共の安全という同じ問題に対して全く異なった解決方法を提供する。

すでに述べたように、この問題に対してナショナリズムの提供する解決方法は、「正しかろうと間違っていようと、わが祖国」である。共和主義的観念の提供する解決方法は、同じように風刺的に簡潔に表現するならば、「これは私の国なのだから、この国を正しくしなければならないし、また、間違ったことを避けさせるようにしなければならない」といったようなこと、あるいは――もっとはっきり言えば――「この国は、正しいかぎりで私の国である――しかし、もしこの国が間違ったことをして、その誤りの改善を拒否するならば、私の国ではない」といったようなことであろう。

ナショナリズムは、白地式小切手にサインしたり、また、犯罪記録簿から過去の行為を削除したりすることを要求する。ナショナリズムがその支持者や愛国者に示すことを期待している主たる美徳は忠誠である。それに対して、主たる悪徳――まさに、最も厳しい罰を受けるに値する大罪――の特徴は、辛辣な異議申し立てから単なる中途半端な反論までの、広範な忠誠心のない行為あるいは不十分な忠誠行為である。いかなる場合でも国民がやりたがらない活動とは、国民の忠誠心を示してほしいと期待されているものの根拠の探求と、価値や規範はその美徳についてなんら疑問を挟むことなく服従されるべきであるという要求の道徳的位置づけの探求である。ヘーゲルの有名な格言をもう少しわかりやすく言い換えると、ナショナリズムは自由を「義務の認識」としてとらえている、と言ってよいかもしれない。

それとは逆に、共和主義的観念は、共同体の構成員であるということの核心について批判的考察を加える。なぜなら、市民は、その政体によって促進ないし無視される諸価値への積極的関心を通じて共和制に所属するからである。市民の忠誠宣言は、以下のようなカストリアディスの言葉によく表されている。「私は、ダラスやゴットファーザーの社会よりもシンポジュウム（討論会）のような社会に住むことに積極的（および利己主義的）関心をもっている」[7]。

もし国民としての身分の付与が無条件であり、したがって、国民としての身分の付与を条件付にすることが背信行為であるとするならば、共和制は、構成員であることの条件を設定する際に共和制がその市民に対してどの程度自由を提供し保障するかによって判断されるし、また、評価される。ルナンの「日々の国民投票」は、国民の現実を把握するかもしれないし、把握しないかもしれない。だからこそ、共和制は、一度ならず、国民主義的な主唱者たちによって、そのように批判された。しかし、「日々の国民投票」は、確実に、共和制の現実と共和主義的観念の本質の双方を反映している。

分れ道

近代国家の歴史を通じて、国民と共和制の「流域」は重複する傾向にあった。この状況は、いつも潜在的な紛争の源であったが、また、相互修正の機会も提供した。すなわち、各パートナー／競合者は、他のパートナー／競合者が極端へ進むことによってもたらされる悲惨な結果を阻止し、また、各パートナーが諸個人の苦境に対して与えるかもしれない不利な結果を軽減し、相殺する機会を提供した。国民の慈愛に満ちた、しかし、狡猾で独断的な抱擁があまりにもきつくなりすぎ、慰安にならなくなるとき、共和制は、自由への逃走方法を提供する。国民は、自由からの逃走［方法］を提供する。すなわち、公的領域が自信過剰になってきわめて冷淡になり、冷たいと感じられるようになったときや、共和制での生活に不可欠な責任が重すぎて引き受けられなくなったとき、所属することの温かさや、「選択する必要のない」状態の居心地のよさを、国民は提供する。

けれども、いまは全く変わっている。共和制は、ここ数世紀の間に国民と共有していた国民国家から、いわば「移住」している。現代国家が民主的でなくなり、したがって、共和主義モデルの本質と調和しなくなっているということではなく、国家の内部で実施される民主主義は、どんなに忠実にその手続きを遵守しようとも、市民生活にとって不可欠な諸条件を有効に保護ないし整備することができなくなっているということである。現代国家は、その過去の主権性のほとんどを喪失し、もはや自己決算もできず、自ら選択した社会秩序を権威づけることもできないので、共和制を存続させるために必要な他の条件、すなわち、「公共善」を交渉し、共同して決定する市民の能力、さらに、市民が自分たちのものと呼べるような社会、および、市民が喜んで確固たる忠誠の誓いを与えるような社会を形成する市民の能力を発見できていない。

共和制が、国民国家において、その福祉を明確にし増進する能力のほとんどを失っているために、国民国家の領域は、ますます国民の私的領域へと変わっているのである。共和制は、国民の長期的安全を保障し、その「包囲された要塞」という固定観念を修正ないし緩和し、また、好戦性と不寛容を緩和ないし削減する力をほとんどもっていない。国民は、もはや安全に居住することができないように思えるし、国民の未来が、確実に、かつ安全に維持されるとはとても思えない——さらに、共和制の失敗は、新たに生まれ変わった、活発な、手に負えない、放埓なナショナリズムの時代の到来を告げるものである。

人間の条件のなかで最も決定的な要因が、いまや、国民国家の諸制度の手の届かない領域において形成されている。そうした条件の維持と変化を統括する権力はますますグローバル化し、それに対して、市民のコントロールと影響力を行使する手段は、それがどんなに力があろうとも、地域的に限定されたままである。

資本、金融、情報のグローバル化は、まず何よりも、地域の、とりわけ、国民国家のコントロールおよび行政からの免除を意味している。それらが機能する領域には、共和主義的国家が市民参加と効果的な政治行為のために発展させてきた手段を想起させるような制度は存在しない。したがって、共和主義的制度が存在しないところでは、「市民であるという意識（市民性）」も存在しない。「グローバルな権力」という概念は現われてはいるが、粗野なままで、弾力のある、明らかに飼いならされていない現実を捉えているのに対して、「グローバルな市民性」という概念は、確かに一つの基準を示しているけれども、ほとんどの文脈において単なる希望的観測にすぎず、これまでどおり、空虚なままである。遠い場所から吹いてきて、警告なしに到着する嵐のような風によって引き起こされる強力な潮流に翻弄されるということは、市民性の条件とは全く逆の条件である。今日、集団的運命の突然の変化と没落は、自然の破局と気味の悪いほど酷似している。この比較さえも控え目な表現であるように思えるほどである。たまたま我々は、今日、次の株式取引の崩壊や大量雇用の確実な場所の消失を予言する手段よりも、切迫する地震や接近するハリケーンを予知するための良い手段をもっている。

最近のエッセー(8)で、ジャック・アタリは、映画『タイタニック』の異常人気を、船長の傲慢さと部下たちの従順さによって、あまり真剣に考えなかった（また、考えることができなかった）ために、前もって発見できなかった氷山の上でのたうつ人間の慢心についてのあの比喩的な事例と、自らの現在の苦境との間に存在すると観客の感じている、共鳴関係から説明している。

タイタニック号は我々である。すなわち、情容赦なく、悪い方向——予測する手段を除いた、あらゆることが予測される社会——へ向かっている、勝利才一主義的で、自画自賛の、無分別で、偽善的な現代社会である。……我々みんなが想像しているのは、氷山が霧深い未来のどこかに隠れて我々を待ちかまえていて、我々はいつかその氷山にぶつかり、大音響とともに沈むであろうということである。

前方にはひとつの氷山ではなく、いくつかの氷山があり、一つ一つの氷山は、最後の氷山と比べれば、かなりごつごつとして危険なものであると、アタリは示唆している。放埓な通貨投機という財政上の氷山があり、利益が天井知らずに急上し、あつかましくも株式を過大評価している。約三〇カ国という核の氷山があり、各国は、競争と敵意のネットワークのなかに巻き込まれ、これから二〇年の間に、核攻撃を行うかもしれないと予想されている。遅かれ早かれ爆発し、地球全体の破局をもたらす——あらゆる専門家が同意しているように——大気中の炭酸ガスの含有量やとどまることなく上昇する地球の温度や、多くの原子力施設という、生態学的氷山が存在する。最後にいま一つ大事なことを述べると、現在の世代の生きている間に、何十億という男女が余分な存在とされる——経済的機能を除いて——ようになる社会的氷山が存在する。アタリが苦々しくコメントしているように、こうした氷山の一つ一つと、タイタニック号を沈めた氷山との差異は、以下の点にある。すなわち、船に衝突する順番がやってきたとき、その出来事をフィルムに収めたり、生起した惨場について詩を書いたりする者が残されていないという点である。

こうしたすべての氷山（そして、名前をつけることのできないほど多くの他の氷山）は、「世界の列強」のあらゆる選挙区の領海外に浮かんでいる。それゆえに、確かに、政治的支配力を行使する人々は、危険の大きさについて冷静沈着である。しかし、関心の欠如からくる冷静沈着以上に、何もしないことの有力な理由がある。「政治家たちには、全速力で航海させるための船の指揮権がないからである」。たとえ政治家たちがそうしたいと望んでも、彼らの行うことは何もない。

不確実性の政治経済

しかし、政治家たちは行動したいのだろうか。また、共和制の武器が、グローバルな力によって壊され、押収され、あるいは、グローバルな圧力に包囲された国家によって撤去させられているときに、彼らを行動に踏み切らせるような勢力はどこに存在するのか。

民主主義国においては、異議をはねつけるようないかなる強制力も存在しない。今日の自由民主主義国家には、強制収容所もないし検閲局も存在しないが、刑務所が満杯になるにつれて、刑務所には政治的反対者や異端者を留置する独房がなくなった。思想の自由、表現の自由、結社の自由はこれまでにないほどに獲得され、これまで以上に真に解放されるようになった。けれども、この前例のない自由を手に入れることができるのは、自由がほとんど使えないときであり、また、抑圧からの自由を行為する自由へ変えるチャンスのないときであるということは、まさに逆説である。

ピエール・ブルデューが最近私たちに喚起を促しているものは、以下のような古い普遍的な義務規則である。「未来を構想する能力は、合理的とみなされるあらゆる行動の条件である。……革命的な構想を抱くためには、すなわち、構想された未来に照らして現在を変えるという十分に考え抜かれた計画をもつためには、現在を少し把握しておくことが必要である」[9]。

けれども、問題は、「現在への理解」が現代人の条件から顕著に失われているひとつの特徴であるという点である。現状で最も重要なレバーや安全弁を、単独であれ、複数であれ、現代人が思うように管理ないし操作することができない。いくつかのレバーは、すでに、「景気後退」や「合理化」、「市場需要への順応」「小型化」など様々な名称をもつ神秘的な力によって攻撃されている。しかし、その攻撃は、その直接目標を遥かに超えて反響している。しかも、攻撃されたのは、突然降格させられたり、免職させられたり、その品位、あるいは／そして、彼らの生活を奪われた人々ではない。あらゆる打撃は、（一時的に）価値を奪われたすべての人々に対してメッセージを伝えているのであり、しかも、彼らの未来を、その一時的な権利停止の（知られざる）長さによってではなく、その文章の厳格さによって査定させる。そのメッセージは単純である。すなわち、すべてのものは、潜在的に余計なものであるか、あるいは、置換可能であり、したがって、あらゆるものは傷つきやすく、また、あらゆる社会的地位も、現在どんなに高く有力であるように見えても、長期的には不安定であり、特権といえども壊れやすく脅威にさらされているというものである。

攻撃が目標とされているかもしれない。しかし、それによって生じる荒廃は、目標とされていない。攻撃によってもたらされる恐怖は、周囲に拡散している。ブルデューが述べているように、その恐怖は、「意識と潜在意識につきまとっている」。高く上るためには、足元をしっかり固めなければならない。しかし、地面そのものが、これまで以上に不確実で、不安定で、脆く、頼りなく思われる――跳躍するための頼れる堅い岩が足元にない。その信頼、すなわち、あらゆる合理的な計画や大胆な行為にとって不可欠なあの条件は、浮遊していて、カタパルト（艦載機射出機）のように、それを使用するための十分堅固な地盤が得られていない。この（基盤の弱い）不安定な状態は、「未来を不確かなものにし、したがって、合理的なあらゆる予想を妨げている——とりわけ、耐え難い現在に対して反抗するために、特に集団的に反抗するために必要な、未来への最小限の希望すら否認している」と、ブルデューは考察している。

今日、共通しているのは、増大する現代人のニヒリズムとシニシズム、近視眼的な生活設計あるいは生活設計の欠如、現代人の欲望の世俗性と自己本位性、人生をエピソードに断片化する傾向、先のことも考えずに最後の一滴まで各人が搾り取られていることについて、嘆いていることである。こうしたすべての非難には、それを支持する多くの証拠がある。けれども、道徳的退廃を非難するほとんどの道徳的な説教師たちが語っていないのは、以下のことである。すなわち、説教師たちの非難する不埒な傾向は、未来を避難所あるいは約束の地としてではなく、脅威として取り扱わざるをえない世界に対する合理的な反応であるという事実から、その力を得ているということである。また、ほとんどの批評家たちが議論していないのは、以下のことである。すなわち、この世界は、他のあらゆる人間世界と同様に、人間の手によってつくられたものであるということであり、また、この世界は、不可思議で克服できない自然法則、あるいは、罪深く改心の見込みのない人間本性の所産であるというよりも、ほとんど不確実性の政治経済としか呼びようのないものの所産であるということである。

不確実性の政治経済とは、地域を越えた金融や資本や貿易の諸勢力によって地域の政治当局に押しつけられた、一連の「あらゆる規則を終わりにする規則」である。後に詮索好きなジャーナリストたちによって発見され明るみに出されたのであるが、その諸原則が完全な形で表現されているのは、評判の悪い――資本の自由な動きを抑制するために政府の自由に対して抑制を加えた点で、また、その協定が交渉された秘密の方法や政治的・経済的権力の共同の合意によって守られた秘密性の点で――投資に関する多国間協定である。(10) その原則は単純である。なぜなら、その原則はほとんど消極的だからである。すなわち、その原則は、新しい秩序を確立しようとはせずに、ただ、現存する秩序に関与しようとするだけであり、したがって、現在の中央政府が古い規則を新しい規則に取り替えることを阻止しようとするだけだからである。不確実性の政治経済は、煎じ詰めれば、本質的に、政治的に確立され保障されている規則の禁止であり、資本と金融が真に国境なしになることを阻止する防衛的な制度や組織の力を奪うことである。その二つの方法の全体的結果は、不確実性の永続的で遍在的な状態であり、この状態が、現代の超国家的でグローバルな新しい勢力に対する服従の根拠（あるいは、むしろ、抵抗の欠如に対する正当な理由）としての、強制法および法的措置の支配に取って代わるようになる。

不確実性の政治経済は、ビジネスにとっては良いことである。それによって、嵩張って扱いにくく費用のかかる規制手段は余計なものとなり、そうした手段に取って代わったのが、自己抑制のきいた訓練され規律のとれたもの（対象）ではなく、協調して行動することのできない私事化した自信のない個人である。すなわち、そうした行為が有効であるということや、私的な不満を全体的な問題へ、言うまでもなく、これまでとは異なる新しい世界に関する共通の構想へと組み替えることができるということに対する、疑念によってさらに深められた無力な個人なのである。

不確実性の政治経済は、煩わしい資本集約的な規律訓練、特に、その強制的手段と教化機関を無用にする。ゲームのルールや、ルールのないゲームへの消極的服従を引き出すことに関するかぎり、社会的地位の底辺から頂点まで浸透している独特の不確実性は、規範的規制、検閲、監視のための適切で安価で非常に有効な代用品である。みずからの排除と解雇を確信しているため、不確実性の諸政策を受け入れることのできない、まさに排除され解雇されそうな人々を別にすれば、旧式で重厚な、あるいは、ハイテクで軽量な最新式のパノプティコンは不必要である。グローバルな経済を維持するために必要なあらゆる人間行為を引き出すうえで、完全に依拠することができるのは、市場における自由のみである。

不確実性の政治経済という明白なルールに向かう途上で、共和主義的制度は、その最初の犠牲として見捨てられる。まさに、共和制という観念が表象しているあらゆるものは、不確実性の諸政策の目的や効果とは全く一致していない。フランスの偉大な歴史家マルク・ブロッホは、共和主義者として何をなすべきかということを説明しようとするとき、権力の形態は市民が慎重に審議しなければならない問題である（また、問題でありうる）という信念から、すなわち、権力の形態は、その選択に発言権をもたない諸個人に負わせることはできないし、また、負わすべきではないという信念から、考えをまとめた。

ブロッホは、高度な近代性の時代について、また、近代的な課税手段の与える苦痛に対して敏感な時代について書いているが、その際、人間主体のもっとも内奥の性質に染み込んでいる狡猾な社会的訓練や、所属しているグループの長所と短所を検証させる近代的な傾向を、冒瀆的であるとして、すなわち、共和主義の信念と実践に対する主要な脅威であるとして指摘した。(11) おそらく、ブロッホは、その半世紀後に、共和制に対する彼の口頭弁論を構成しようとする場合には、標的を他の敵に絞らなければならないであろう。そうした敵のなかの第一のものは、実存的不確実性から生じて、行為の恐怖へと凝縮する周辺的恐怖――したがって、世界の新しい政治的不透明さと不可解さ、もうひとつの生活様式に関するあらゆる示唆への不信感や、運命に逆らうことへの不信感のような不幸が、そこから生まれ、そこに堆積する場所を曇らせる神秘性――である。

不確実な世界における平等の主張

周知のように、政治的拘束や地域的抑制から解放されて、急速にグローバル化し、ますます拡大する、国境を超えた経済は、世界中の人々のなかに、また、各単一社会の内部に、前より生活が良くなった人々と悪くなった人々との間のますます深まる財産と所得のギャップを生み出している。また、そうした経済は、貧困や悲惨、窮乏のなかで生活しているだけでなく、経済的に合理的で社会的に有用な仕事として社会的に認められたあらゆることから恒久的に追い払われ、したがって、経済的にも社会的にも余計な存在とされている、非常に広範な人々を放置したままである。[12]

国連開発計画（プロジェクト）の最新の報告（一九九八年九月一〇日付けの『ル・モンド』で報じられているように）によれば、商品とサービスのグローバルな消費は一九九七年には七五年の二倍であり、五〇年以来六の係数で増加しているのに対して――一〇億の人々が「その基本的欲求さえ充足できていない」。発展途上国の四五億の住民のなかの五分の三の人々は、基本的なインフラを利用することすらできない。三分の一の人々は、飲み水を手に入れることができていないし、四分の一の人々は、人間という名に値する待遇を受けていない。五分の一の人々は、衛生および医療サービスを利用できていない。五分の一の子供たちは、どんな形式の学校であれ、五年間も学校に通うことができないでいるし、ほぼ同数の子供たちは、慢性的に栄養失調の状態である。一〇〇くらいの「発展途上」国のなかの七〇〜八〇の国々においては、一人の平均所得は、今日、一〇年前あるいは三〇年前よりも低い。一億二〇〇〇万人は、一日一ドル以下で生活している。

それと同時に、世界で最も金持ちの国であり、世界で最も富裕な人々の故国であるアメリカ合衆国では、一六・五パーセントの人々が貧困のなかで生活している。成人男女の五分の一は、読み書きができず、一三パーセントは六〇歳以下の寿命しかない。

他方では、地球上で最も金持ちの三人が、最も貧しい四八の国の総国民生産より大きな私有財産をもっている。最も金持ちの一五人の財産は、サハラ砂漠以南のアフリカ全体の総生産を超えている。報告によれば、二二五人の金持ちの個人財産の四パーセント以下（の財産）があれば、世界のすべての貧しい人々に基本的な医療・教育設備と十分な栄養を与えることができる。

疑いもなくこの最も厄介な現代的傾向の諸結果は、これまで広く研究され議論されてきたし、いまも研究され議論されている。けれども、これまでに十分理解されているはずの理由のために、アドホックで（一時的で）、断片的で、無定見なわずかな措置を除いては、そうした結果を巻返し、言うまでもなく、その傾向を阻止するために何も行われてこなかった。現在進行している懸念と無為に関する物語は、何度も繰り返し語られながら、これまでなんら目に見える成果を出していない。私の意図は、その物語をもう一度繰り返すことではなく、一般的にその物語を包含している認識枠組みや価値体系、すなわち、状況の重大性を十分理解し、実行可能な他の選択肢の探求を妨げている枠組みや体系を疑ってみることである。

増大する貧困についての議論を一般的に位置づける認識枠組みは、全く経済的な認識枠組である（基本的にお金を媒介にした取引の集合体としての「経済」という支配的な意味において）——財産と所得の分配および有給雇用へのアクセスに関する認識枠組み。適切なデータの選択やそうしたデータの解釈について知らせる一連の価値は、多くの貧しい人々に対する憐み、同情、配慮といった価値である。時折、社会秩序の安全性についての関心も表明される。もっとも、それはめったに大きな声では言えないけれども。なぜなら、冷静な人は、現代の貧しい人々の苦境のなかに反抗の明白な脅威をほとんど感じないからである。認識枠組みも価値のセットもそれ自体は間違っていない。もっと正確に言えば、認識枠組みや価値のセットは、それらの内容の点において間違っているのではない。むしろ、それらが、沈黙して何かを誤魔化したり隠したりしている点においては間違っている。

そうした認識枠組みや価値のセットが隠している一つの事実は、グローバルな秩序の再生産と再強化における新しい貧困層の果たす役割である。このグローバルな秩序こそ、彼らの窮乏の原因であり、他のすべての人々の生活を悲惨なものにしている周囲の恐怖の原因なのである。他の事実は、そのグローバルな秩序が、その秩序自体の永続化のために貧困とその周辺的恐怖へいかに多く依存しているかという点である。かつてカール・マルクスは次のように述べている。すなわち、活動的で、情け容赦のない、まだ馴致されていない資本主義の時代には、労働者たちは——無学であるために壁に書かれているものを解読できないので——、社会の残りの人々を解放することなしには自らを解放することはできない、と。

いまでは、次のように言うことができよう。すなわち、勝利した、したがって、もはや壁に書かれたものに注意を払う必要のない（その問題に関しては、壁そのものにも注意を払う必要のない）資本主義の時代には、人間社会の残りの人々は、その最も貧しい人々がその貧窮から解放されなければ、その周囲の恐怖[13]や無力から解放されない、と。貧しい人々をその貧しさから救済することは、善意や良心、倫理的義務の問題だけでなく、グローバルな市場の荒廃した土地から自由な市民の共和国を再建するための不可欠な（予備的にすぎないけれども）条件なのである。

一口で言えば、大量の貧困層の存在と、その広く知られている悲惨な状態は、既存の秩序に対する極めて重要な対抗要因である。その重要性は、永続的な不確実性の影におおわれた生活の、他の好ましくない不快な結果を相殺するところにある。世界の貧しい人々や、すぐ近くの貧しい人々が、ますます貧しく非人間的状態になり、また、そう見えるようになればなるほど、貧しい人々がシナリオを書くでもなくオーディションを受けるわけでもないドラマのなかで、その役割をよりうまく演ずるようになる。

かつて人々は、反逆の罪を犯したすべての人々を即座に取り込んで生々しく描かれた地獄絵を示されることにより、その運命がどんなに厳しいものであろうとも、運命におとなしく従うべきであると言われていた。来世の永遠のあらゆる事物と同様に、同様の成果を達成することを期待されている下界（地獄）は、いまや、現実のものとなり、現世の枠内にしっかりと位置づけられ、瞬時の消費に見合う形式で提供されている。貧しい人々とは、おびえた消費者以外の人々である――消費者以外の人々とは、まさに地獄に落ちた人々である。貧しい人々は、ある重要な点において、貧しくない残りの人々が熱烈にそうなりたいと思っているもの（彼らは思い切ってそうしようとはなかなかしないけれども）――不確実性からの自由――そのものなのである。しかし、彼らがその代わりに得ている不確実性は、病気や犯罪や麻薬のはびこる、見るも哀れな街路（もし彼らがワシントンDCに住んでいるとしたら）という形で、あるいは、栄養失調による緩やかな死（もし彼らがスーダンに住んでいるとしたら）という形で生起している。貧しい人々の詳細を聞いて学ぶことのできる教訓は、確実性とは嫌悪される不確実性以上に確実に畏怖すべきものであるということ、したがって、日々の不快な不確実性に対する反抗への罰は、迅速であり情け容赦がないということである。

貧しい人々の視野には、豊かな人々は入っていない。したがって、彼らの不確実な生活は永続化される。そのことによって、貧しい人々は、世界の止まることのない「弾力化」に対して素直に耐えるようになるし、寛容にもなる。その考え方は、彼らの想像力を閉ざし、彼らの腕を縛る。彼らは、異なる世界を想像しようとしない。彼らは、あまりにも用心深すぎて、この世界を変えようとしない。したがって、これが問題であるかぎり、自立的で自己構成的な社会、共和制および市民性のチャンスは――控えめに言っても――わずかであり、かすかである。

これこそ、「貧しい人々の問題」を法と秩序の問題、あるいは、人道主義的関心の対象――それ以外の何ものでもない――と判断することを、不確実性の政治経済がその不可欠の構成要素の一つとして取り入れる十分な理由である。第一の表現が用いられる場合には、貧しい人々――貧しいというより堕落している人々――の一般的な非難は、民衆の恐怖心の似姿をつくって火炙りにするということと同じように考えられる。第二の表現が提示された場合には、運命の気まぐれの残酷さや無情さに対する憤激は、慈善のためのあまり面白みのないカーニバルと結びつけられる。したがって、恥ずべき無感動（無情）は、人間的連帯の束の間の発散のなかへ解消されてしまう。

けれども、日に日に、世界の貧しい人々と各国の貧しい人々は、職業をもち定期的に収入を得ているすべての人々の確信と決意を掘り崩すために、黙々と活動している。貧しい人々の貧困と豊かな人々の降伏との間には、非合理的な結びつきはいっさいない。貧しい人々の姿は、ちょうどうまい具合に、冷静かつ賢明なすべての人々に対して、富裕な生活は不確かであるということや、今日の成功は明日没落しないことを保障するものではないということを思い起こさせてくれる。世界はますます超満員になってきていて、各国の政府に残された唯一の選択は、せいぜい、以下のような選択しかないということについての根拠十分な感情がある。すなわち、ほとんどのヨーロッパ諸国においてそうであるように、高い失業率をもつ広範な貧困と、アメリカ合衆国におけるように、比較的少ない失業率をもつ広範な貧困との間の選択である。有給の仕事が周囲からますます少なくなっているという感情を、学術調査が確証している。周囲で起こっている今回の失業は以前よりもずっと不吉であるように思える。なぜなら、それは、循環的な「経済不況」の所産だとは思えないし、次の経済ブームによって一掃されるような単なる一時的な不幸とも思えないからである。

ジャン・ポール・マレシャルが論じているように、[14]「重工業化」の時代には、大きな産業インフラを準備し嵩張った機械を建造する必要性から、伝統的技能の消滅の結果として古い仕事が破壊されたけれども、それ以上に多くの仕事が創出されるように取り計らわれた。しかし、明らかに、これはもはや問題ではない。一九七〇年代までは、生産性の成長と雇用の規模との間に積極的な関係がまだ存在していた。それ以来、その関係は、年を追うごとに、ますます消極的になっている。重要な出発点は、七〇年代にあったように思われる――しかし、少なくとも一〇〇年間にわたって継続的に発展した他の線上にあったようにも思われる。たとえば、オリバー・マルシャンの主宰する比較研究によると、フランスでは、九一年に利用された仕事の量は一八九一年に提供された仕事の量のちょうど五七パーセントであり、六〇〇億時間から三四一億時間に減少したということである。その期間、GNPは一〇倍となり、一時間の生産性は一八倍になったのに対し、仕事についている総人口は、一〇〇年間にわずか一九〇〇万人から約二二〇〇万人へ増加しただけである。ほぼ同じ傾向は、一九世紀に工業化を開始したすべての国々において記録されている。その数字は、最も安定した正規の仕事に今でさえ不安を感じる理由の多さを物語っている。(15)

けれども、雇用量の減少は不安を感じる唯一の理由ではない。今まで就くことのできた仕事も、未来の予測できない危険から必ず守られるという保障はもはやない。仕事は、今日では、解雇のための日々のリハーサルであるとも言われている。「不安定性の政治経済」は、伝統的な防備を取り外し、伝統的な防備を配置している軍隊を解体するように努めた。労働は、「柔軟に」なった。しかし、この「柔軟に」という言葉は、歯に衣着せぬ言い方をすれば、いまでは雇用者が被雇用者を随意に何の保障もなく簡単に解雇することができるということ、したがって、不当解雇から守るための共同の――したがって有効な――労働組合運動は、ますます夢のような計画に思えるということを意味している。「柔軟性」は、また、安全性の否定を意味している。増大する就業可能な仕事は、パートタイムか期限付きの仕事であり、ほとんどの契約は、頻繁に「くるくる変る」し、「変更可能」であるため、相対的安定性への権利を獲得できなくなっているということを意味している。「柔軟性」は、また、安定した利益の流入を願って専門家の技術に時間と努力を投資するという旧式の生活戦略はますます意味をなさなくなるということ――したがって、安全な生活を求める人々の、かつて最も一般的であった合理的選択はもはや手に入らないということを意味している。

生計、すなわち、あらゆる生活設計や希望を実現可能なものにし、意味あるものにするために、また、それらを実現する（あるいは、少なくとも実現しようと試みる）ために必要なエネルギーを集めるときには必ず依拠しなければならないあの岩が、ぐらつき、不安定となり、頼ることができなくなっている。「労働するための福祉」計画の主唱者が無視していることは、以下の点である。すなわち、生計の機能は、被雇用者やその扶養家族に日々の食物を提供することだけではなく――極めて重要なことであるが――それなしでは自己主張の自由や意思も考えられないし、また、あらゆる自治の出発点でもある、生存の安全性を提供することである。現代の労働は、たとえ何とか生きていくための費用を何度もカバーすることができるとしても、そのような安全性を提供することはできない。福祉から労働への道は、安全性から不安定性へとむかい、あるいは、より少ない不安定性からより大きな不安定性へと進んでいる。その道は現在もそうであるため、できるだけ多くの人々にその道を勧めるということは、不確実性の政治経済の原理とうまく調和している。

繰り返すならば、圧倒的多数の現代人の生活世界に固有の不安定性こそ、共和制の現在の危機――したがって、一般的に集団的行為の目的と手段としての「良い社会」が色褪せ、しぼんでいくこと、また、人間としての連帯と共通の大義の認識が芽を出し、実を結ぶ唯一の空間である私的／公的領域の漸進的腐食に対して抵抗すること――の究極の原因である。不安定性は、より多くの不安定性を生む。すなわち不安定性は、無限に継続するのである。不安定性は、縺れて解くことができず、ただ切断するしかないゴルディウス王の結び目（至難なこと）となりがちである。

問題は、政治行為というナイフが、最大の効果を生むように使用される場所を見つけることである。おそらくそれと同時に、アレキサンダー大王と同等の勇気と想像力を見つけなければならない。

基礎所得の問題

実際に行われた仕事とは別の、「基礎所得」という観念を最初に提起したのは、トーマス・ペインである。次の世紀において、労働は、商品と同じように売買されるようになるという彼の観念は、典型的に、時代に先んじて生まれたものである。雇用が、所得に対する唯一正当な権利（付与）になったということだけでなく、労働は、売買可能な活動とみなされ、労働に対して賃金を支払う買い手の存在に条件づけられるようになった。「労働」と「非労働」の区別をする唯一の権利は、市場の需要に与えられた。その仕組み（アレンジメント）の限界と著しい不適切さを示すために、また、その仕組みの基礎となっている倫理的基準や社会的連帯、さまざまな人間関係に対する脅威を明らかにするために、その次の世紀が必要であった。

トーマス・ペイン以後の二〇〇年間に、雇用と基本的な生計とを分離するという観念は、ヨーロッパ全土で、繰り返し持ち出されてきている。フランスでは、一九三〇年代に、ジャック・デュボーによって、また、その後では、彼の支持者たちによって公表されているし、ベルギーでは、八〇年代にチャールズ・フーリエ・サークルによって、最近では、ドイツやオランダ、スペインにおいて、緑の人々によって、また、アイルランドでは、全国司教会議によって持ち出されている。[16] その観念は、別の名称の下で、また、少し異なった形をとって、繰り返し現れている。たとえば、ヨーロンド・ブレッソンとレネ・パセは、「生活の所得」について書いているし、フィリッペ・ファン・パリーは、

「一般的配分」について、ジャン・マルク・フェリーは「市民性所得」について、ジャン・ポール・マレシャルは「第二の小切手」について書いている（Maniere de voir, 41, 1998、のなかに、エービゼー、マレシャル、ブレッソンの記事を見よ）。

その観念を支持するあらゆる種類の議論が出された。必要性からの議論（「他の選択肢がない」という類の議論：すべての人々の生存を確保できるだけの給料の良い仕事が身近に存在しない）は、討論の前面に出てきたのではなく、討論の背景にそっと現れたのである。他の議論は高慢であった。いくつかの議論は歴史的正義を引き合いに出した。すなわち、今日の西側の富は、共通の歴史的遺産であり、すべての子孫の利益に資するべきものである、といった議論である。他の議論は、人権の基本的平等性に言及するものであった。すなわち、確かにすべての人々は、自分が最も良いと考えるものへ自分の人生を変える権利と、その選択を実行する手段を手に入れる義務を有している――しかし、あらゆる選択に先立ち、基礎となる、生きていく権利は、あらゆる人間の不可譲の所有権であり、後天的に獲得されるものではない、という議論である。

けれども、最も一般的な議論は、哲学的というよりも、かなりプラグマテックである――社会は、労働市場によって課せられる労働の定義に服するのではなく、生計を維持できる人々に依拠しなければならないという利点が指摘される。多くの時間と努力を必要とするが、人間としての権利を労働市場の判断に従わせることから生ずる圧力のために、放置されたままか、あるいは、わずかに注目されてしかいない、人間関係の質および生活の質にとって、共生する生活にとって重要な、多くの領域がある。たとえば、そうした領域とは、老人や若者、病人、体の弱い人の世話であったり、地域社会を生き生きとさせ公共生活を上品にする必要から生ずる責任であったり、環境を整備し気持ち良くすること、公共の福祉のための自発的な活動、知恵を集めて共通の運命を改善する方法について熟考すること、である。

こうしたすべての領域や他の領域（現在の状況の下では簡単には想像できないが、より都合のよい条件の下で発見されることになる、または、発明されることになるような領域）は、休閑地とされ、そして、すぐに荒地へ変わる。もっとも、こうした領域を耕化しようとするほとんどの試みが、なされた仕事に対して支払われるべきお金という頭の痛い問題と突き当たるかぎりにおいて、そうなるのである。——したがって、そうした試みが始められる前に決着がはかられる。このような議論が示唆しているように、基礎所得は、現在無視されている領域に対する適切な配慮に必要な——当該のすべての人々の生活の質にとって明白に利益となるような——時間、労働、思想、そして、意思を譲渡するであろう。

しかしながら、共和主義的生活や市民権の基礎的条件を維持ないし回復する必要性からの議論は、基礎所得に関する論争においてあまり目立たない——それ相応に、論争の中心にはなっていない。これまで進められてきた議論について疑問をさしはさむつもりは毛頭ない。そうした議論はすべて、正当であり、熟考に値する。しかも、いったんそうした議論が熟考されたならば、そうした議論には確かに説得力があり、魅力的であると理解されるはずである。だが、基本的生活への無条件の社会保障を支持する決定的な議論が認められるのは、ハンディキャップを負った人々や貧しい人々に対する社会的義務にではなく（その義務の履行が疑いもなく、倫理的に健全な社会にとって有益であろうとも）、公正や正義の哲学的表現にではなく（その点について人間の意識を呼び起こし、覚醒しつづけることがどれほど重要だとしても）、共通に生活の質にとって利益になることでもなく（それらが一般的な幸福や人間的絆の存続にとってどんなに決定的だとしても）、その政治的意味、あるいは、政体にとってのその重要性、すなわち、失われた私的／公的領域を回復するという決定的な役割に、そして、いまや空っぽの私的／公的領域を満たす点においてである。言い換えると、それが十分に成長した市民権と共和制の再生の必要十分条件であるという点にである。なぜなら、双方とも、自信のある人々、すなわち、実存的恐怖から自由な人々——確信のある人々——の集団のなかでのみ考えられるものだからである。

これまで、基礎所得を導入するための最も包括的な主張は、一九九一年にクラウス・オッフェ（ウルリッヒ・シュッケンベルグやイロナ・オスナーとともに）によってなされている。[17] こうした著者たちは、彼らの提案をする前に、次のような理論的根拠を示している。「この章では、次のようなテーゼを擁護しようと思う。すなわち、国家によって保障された基礎所得は、社会政策上必須である。現在、および、近い将来に雇用危機が存在するならば、基礎所得の導入は社会国家の義務を果たすことになる。したがって、こうした状況下でこそ、すべての市民に対して基礎所得を実現しなければならないし、また、財政援助しなければならないというテーゼである」。

換言すると、著者たちは、①彼らの提案を社会政策上の措置として導入している。彼らは、仕事の供給が減少しているという点から、社会政策の目的に合致する正当な方法を導入したいと指摘する。しかし、②彼らは同時に、かなり戦略的ではあるけれども、そうした目的を実行しようとする政治的意志と力——必要ならば他の手段によって——があることを前提としている。そしてさらに、③彼らは、彼らの提案する措置のコストを計算する。というのも、そうすることによって、そのコストに余裕があることを示したいからである。彼らは、そうした措置は既存の政治当局によって徐々にしか受け入れられないとか、あるいは、そうした措置は主要な政治勢力によって推進すべき正しい計画としてなかなか認められないといった、彼らが主要な反対意見であると前提しているものを、阻止したり否認したりしようとする。オッフェなどの提案のメリットをけっして誇張することはできない。しかし、読者に、その緊急性について考えさせるために用いられる議論は、以下のような三つの理由で、疑わしいように思われる（すなわち、その議論は、戦術的な理由で、故意に、皇太子御用［十分に校訂された書物］――政治家たちに対して、少なくとも、自分たちが問題であると真剣に考えているものに対して有効な解決を求めている政治家たちに対して語りかけ、理解可能であり、受け入れられるような一定の形式――のように偏りをもっていないことを前提にしているので）。

第一に、基礎所得が「社会政策上の措置」として提示されているならば、その提案の意味はかなり無視されている。そうした表現によって示唆されているものは、すべての人々に対する基礎所得を訴える理由は「貧しい人々の問題」を解決するということ――貧しい人々を貧困から救済するということ――である。これは、明らかに基礎所得に有利な重要な議論である。しかし、もしそれ以上何も言うことがなければ、それは、提案された措置を、現行政治のビジョンに基づく戦略というよりもむしろ、「問題解決」と完全に結びついた、他の「危機管理」の方法、他の「争点」政策および「集中」政策とみなす。しかし、基礎所得は、残りの人々をそのままにして、ある部類に属する人々の問題に取り組むための方法だけではない――それ以上である。一方では、もしそれが貧しい人々だけの利害にかかわる問題と考えられ、彼らの利益のみを目指すものであるならば、その実現のチャンスはかなりの程度減少する。他方、もし基礎所得が本当に導入されたならば、貧しい人々の運命を変えるだけではない。

それによって社会生活に倫理的基準が再び導入され、競争原理に代わって均等配分の原理が導入される。それは、「それを最も多く必要としている」状況に基づく諸要求、それゆえ、不和を生じさせる不適格な「資産調査」に基づく諸要求にではなく、市民であることを可能にする質に基づいた諸権利の原理を打ち立てる。したがって、それは、政体の性質を根本的に変化させる。すなわち、それは、政体を、法と秩序のエージェンシーおよび危機管理の緊急機動部隊から共通の福利のエージェンシーへと変えるし、また、個人的利益や集団的利益をあらゆる市民にとってかかわりのある公的な問題として組み替える闘争の場へと変える。政体は、分裂を緩和し、紛争を激化させないようにするだけではなく、連帯の温床となることさえできる。最後に、市民の日常生活を取り巻く不確実性から市民を解放したならば、政体は、市民に共和主義的な権利と義務を自由に追求させることができる。

第二に、当時の政治エリート（階級）は、「社会国家の義務を果たしたい」という願いによって動機づけられ、あるいは、「社会国家の義務を果たす」必要性から促されているということは、必ずしも明白であるわけではない。それゆえ、そうした動機や「必要品」（政治的諸力がそれをつくらなければ、政治において「必要な」ものは何もない）へのアピールが影響力をもつことができる（なぜそうした前提が疑わしいのか、私は、拙著『労働、消費者運動、新貧困層』のなかで詳細な説明を試みた）かどうかは明らかでない。福祉国家は、独特の歴史的局面の所産であった。したがって、その状況から発生する「過剰な決定」がなくなると、福祉国家の破産を阻止する何物も存在しない。国家はもはや資本と労働の再商品化に熱中しなくなり、また、生産性と利潤が最終的に雇用から解放されたために、福祉国家は、その大部分の社会政治的有用性を、特に、重層的なコンセンサスを支えるあの有用性を失った。

長い間、福祉国家の財政維持は、真に「左右を超えた」非政党的問題であった。今日、左右を越えているものは、もはや「労働予備軍」を積極的活動へ戻す準備をする必要性でもないし、また、上述の問題と一致した倫理的課題——貧しい人々の運命を改善するという課題——でもない。的を射たロイ・ワクエントの言葉を用いれば、新たな全員一致のコンセンサスは、貧しい人々の苦境を緩和することではなく、貧しい人々を取り除くこと、すなわち、貧しい人々を削除するか、あるいは、公的問題のアジェンダから貧しい人々を消去させることである。これこそ、「福祉から労働へ」（そのイギリス版）あるいは「福祉から勤労福祉制度へ」（その不恰好なアメリカ版）という思惑が究極的にめざしていることである。

そうした政策によって貧困が少なくなるということを証明することは、できない相談である。結果的にそうなってほしいことは、「失業手当を受けている人々」の数の急速な減少であり、また、おそらく、「保護を受けている貧しい人々」の道徳的に痛々しい問題の漸進的な消滅状態である。貧しい人々が、裕福になるとは思えない。すなわち、資金を社会的報酬（賃金）から雇用者に対する補助金（助成金）へ変えることは、基本的に、全く保険統計上の操作であるが、潜在的に政治的利益のある操作である。すなわち、そのことによって、永続的な貧困問題は公的関心（とりわけ倫理的不安）の目録からはずされ、株価や株主の関心によってつき動かされてる近代化の巨大な社会的費用を暴露することは、ますます困難になる。

第三に、「裕福である」という点からのあらゆる議論は、否応なく、実質的にお金をもっている人々からお金をもっていない人々への譲渡としての「社会国家」の受容を意味している。その受容は、不可避的に、他の暗黙の前提の長い連鎖に依拠している。すなわち、労働と有給の仕事の同一化、社会的利益と市場価値との同一化は、そのなかでも最も影響力のある前提である。その受容は、そうした前提の恣意性を暴露するためにそうした前提を公開する（それを行うことは、「基礎所得」を成功させるための必要条件である）のではなく、そうした前提と真正面から向き合わないでそうした前提の有効性を遠まわしに再確認しているのである。その証拠に、「裕福である」という点から議論することによって、「基礎所得」のチャンスが高められるのではなく、弱められている。さらに、提案された改革の真の意義は、またもや、軽視される。

そうしたハンディキャップにもかかわらず、もし基礎所得が受け入れられるならば、会計士による計算の支援の下で導入されたという事実によって、基礎所得は、消し去ることの極めて困難な、潜在的に回復不可能な欠点を負うことになるであろうし、また、将来に対して問題を積み残していくことになるであろう。基礎所得の政策は、値切ったり助け合ったりして生活している人々から非難されるであろう。なぜなら、その政策は、新たな保障（安全性）の基礎になるのではなく、不確実性の他の要因になると思われるからである。共和主義的観点から判断するならば、基礎所得の導入は、本質的に、再分配の他の形式として、その財政的実行可能性に基づいて受け入れられ、また、納税者のお金を浪費することに対する予防措置として歓迎され宣伝されているけれども、政体と市民性の意味を再審査する機会とはならないであろう。

私は、ここでは、基礎所得の政策を安売りしたり、あるいは、悪い買い手に提供するかもしれないという脅威に対して、徹底的に考え抜かれ、かつ、詳細な議論を行っているオッフェ／ムュケンベルガー／オストナーの提案を支持する。……その内容に関しては、その政策は、衰退している共和制や市民性の諸制度を再生ないし活性化することのできる公的アジェンダの形成という条件をほぼ満たしている。より重要なのは、それには、共和制や市民性を衰退させ、何よりも多くの魅力を失わせている現代の主要な苦痛の根源を切除する可能性があるという点である。もし法制化されるならば、「基礎所得」あるいは実際に収入を得る能力と個人の収入を得る権利とを分離することは、おそらく、実存的不安定性のあらゆる側面を根絶することに成功しないであろうが（確かに、すぐに、また、一つになるわけではないが）、その現在の主要な原因を取り除くためのもっとも根本的な手段のように思われる。

オッフェとその共同研究者たちは、その構想をきわめて詳細に練り上げている。したがって、特殊な命題の一つ一つを徹底的に議論する必要がある。著者たちも、彼らの提案の多くの現実的な側面は討論から更なる利益を得るであろうし、また、すべてが簡単明瞭というわけではないということに、同意するであろう。彼らは、おそらく、以下のことを受け入れるはずである。すなわち、基礎所得の導入に不利な状況は、彼らがそれに対抗するために選りすぐった反論——その提案が最終的に公的アジェンダに上程され、そうした反論がどんなに威圧的に提示されても、決算に関する疑惑や政治的動機の欠如のために——よりもずっと大きくなるということを。

たとえば、保障された所得受給資格に関するオッフェなどの考え（『労働、消費主義、新貧困層』でのその考えに関する私のかつての議論も）は、『アレナ・ジャーナル』の最新号において徹底した批判的検証を受けた。(18) トレーバー・ホーガンの指摘しているところによれば、もともとの提案においても、また、私のコメントにおいても提示されている事例は不完全であり、事実、必要とされている決定的な措置については、まったく述べられていない、ということである。ホーガンの見解によれば、当該提案は、現代社会が消費社会であるという事実を忘れているし、消費社会によって消費者が生産されつづけているし、これからも生産されつづけていくであろうという点を忘れている。

消費者資本主義の論理は、異質な目的の追求を満すことであり、また、無限の欲望の個人的満足を追求させるように各人を誘導することである。道徳的共同体およびあらゆる種類の団体は、長期間にわたって消費者主義的社会秩序に蝕まれている。所得をふやし、労働倫理を下げるという計画は、中産階級がその地位にふさわしい品物を求めて努力することを止めさせるものではないし、また、彼らが善良な消費者として入手した名誉ある地位から、のろわれた人々の最悪の状態へと没落することに対する恐怖感を阻止するものでもない。

ホーガンが示唆しているように、これは、普遍的な所得受給資格によっても変えられないであろう。消費社会は、消費社会の本性から湧出することを行いつづける——欲望や期待を強化する——であろうし、また、消費社会のためというよりも、消費社会が消費者に与えると約束している差異のために望まれている、その地位にふさわしい商品という付加価値を新商品に付けつづけるであろう。消費者競争が終わるとは思えない。したがって、これまで以上に新しい貧困層、これまで以上に新しい「傷ついた消費者」が存在することになるであろう。その競争を止めるためにも、すべての人々に、その競争に参加するチャンスを提供する以上のことが必要である。ホーガンは、「ほとんどの前近代的社会は、欲望の訓育と物質的豊かさの追求に対する全体的抑制にアクセントを置いている」ことを想起し、現在の放埒な欲望に対して何らかの制限を加えなければ、また、有限性の観念を生活アジェンダのなかに再び導入し、社会をもう一度全体的に抑制し監視しなければ、最も根本的な再配分の方法によってでさえも何も成し遂げられないであろうと指摘している。

あらゆる問題を一挙に解決する方法など存在しない。したがって、ホーガンは、基礎所得だけでは消費者社会のごくわずかな感じの悪い副産物に影響を与えることができないと指摘しているが、彼のその批判は正しい。まさに、地球資源の欠乏や有限性の問題は、解決されるようには思えない。しかしながら、そのことはけっして、その解決の機会が改善されないということを意味しているのではない。

まず第一に、普遍的な所得受給資格は、消費者ゲームの賭金を低くするであろう。なぜなら、そのゲームに参加することはもはや死活問題にならなくなっているからである。〔しかし〕現代の消費者社会は、生存（生活）にかかわる支配権を独占しようとしている。それゆえ、その社会の住民たちにとって、商品市場や商品売買に参加することは、生きるための唯一の方法である。この事情によって、消費者ゲームの魅力はさらに増大する。また、それによって、そのゲームは、すでにその内部にいる者、あるいは、その扉を叩いている者は疑問を呈するチャンスをもてないほど大きな危険性を帯びることになる。

消費者運動は、多くの種類があるが、そのような消費者運動——生と死の問題にかかわる——が唯一の種類ではない。生と死にかかわる問題が、市場の外部で、また、市場とは別個に解決されるならば、消費者運動は、その本来の姿に立ち戻るであろう。それは、実存的必要性ではなく、選択された一つの生活様式の問題とみなされるであろう。ひとたび不可避性と「選択肢なし」という錯覚、すなわち、消費者社会の最も信頼できる防御手段がばらばらに消散してしまえば——消費および、より大きくより不愉快な消費生活が他の価値のなかで唯一の価値に、生活スタイルの多くの選択肢のなかの唯一の生活スタイルに変わるかもしれない。

不可避的な運命という気持がなくなれば、それを、いまやもう一つの現実主義的な選択肢となってきているものと比較することができる――その相対的な長所と短所を分析したり、受け入れたり、あるいは、放棄することができる。そのとき、消費者ゲームを止めるという可能性が、かなり現実味をおびてくるかもしれない――命令によって追放された人や自ら進んでなった浮浪者にとってだけではなく。「生きるべきか死ぬべきか」という問題の重荷が取り除かれたときにはじめて、消費者ゲームとその価値および魅力が、公的考慮および現実的選択の問題となるはずである。

「基礎所得」は、もともと、選択の自由に反対するための措置ではなかった。その有効性に対して支払われるものが、個人的選択に課す全体的（言うまでもなく、立法化された、強制的な）抑制でしかないとすれば、そうした代価は、その潜在的な利益を破壊するであろう――もっとも、その有効性が、十分に成長した自律的社会の基礎を築く点に存するかぎりにおいてであるが。共和制の目的（もし共和制が何らかの独立した目的をもっているのであれば）は、一方的な「善き生活」モデルの押しつけにあるのではなく、市民に、彼らの好む生活モデルについて自由に議論させ、そうしたモデルを実践させることができることにある。すなわち、共和制は、選択を切り取るのではなく、拡大しようとするのであり、個人的自由を制限するのではなく、増大しようとする。所得受給資格を有給の仕事や労働市場から分離することは、たった一つの点で、しかし、決定的な点で、すなわち、不安定性というういるさいハエを自由という甘い軟膏から取り除くことによって、共和制に奉仕するかもしれない。何かが制限されるとすれば、それは、自由を行使することに含まれているリスクである。しかし、リスクと損害のこの制限こそ、まさしく、基礎所得の最も重要な目的である。（もし）この目的が達成された（ならば）ときには、もはや自由を用いることを恐れない人々が、自分たちの人間性のより人間らしい意味を構築し、また、満足のゆく、しかも、合理的な生活形式を考え選択するための時間と意思と勇気を見つけるであろう。

ゲオフ・シャープの批判の要点は、トレバー・ホーガンの批判の要点と同様に、消費者主義の破壊的な力である。というのも、消費者主義の破壊的な力は、シャープの考えによれば、普遍的な所得受給資格のもたらす諸結果を蕾のうちに摘みとり、とりわけ、市場志向の労働倫理と技術力とを取り替えることに抵抗するようになるからである。シャープの考えでは、その技術力が生産のための人間の努力を引き出すことに成功するのは、互恵主義の条件の下においてのみである。シャープによれば、確かに「互恵主義に関する我々の記憶をどんなに控え目に言ったとしても、互恵主義は生活形式として明らかに家庭生活や友人関係のなかに、また、会話のなかにおいてさえも存続している」。しかし――したがって、これは大きな「しかし」である――「互恵主義は、生活形式として、これまで進歩と正常性の名の下に全体的に掘り崩されるという脅威にさらされることがなかった」――互恵主義は、消費者主義の浸食力によって、今日これまでにない脅威に直面している。それゆえ、必要とされているのは、まさに「新しい実践の意図的構成」である。

それは、理念的には、商品交換がどのように構造化され、個人主義と貪欲を推進し、交換する相手の顔を見えなくし、交換する物に価値のオーラを与えているかということについて理解する能力を要求する。無視されていたものに対する洞察力に満ちた倫理的意識は、対面的で互恵主義的な共同体にとって必要な素地となるであろう。

たしかにシャープの示唆は、有効である。消費者社会の消費者たちは、マルセル・モースの再構築した相当昔の社会から多くのことを学ぶことができた。というのも、その社会では、贈物は、全く異なった人間関係を維持するために縫いつけられたわずかな縫い目のある社会において実行されている、〈消滅しつつある〉例外どころではなく、あらゆる交換の主要形式であったからである。しかし、消費者たちが真の選択のための社会的条件を確立することによってではなく〈永続的な消費者選択という生活を否認する可能性を含む〉、モース〔の再構築した社会〕から学ぶことによって、その長く曲がりくねった自己改革をスタートすべきであるという示唆は、ほとんど本末を転倒させるものである。民俗誌的に珍しいものの蒐集家以上のものとしてマルセル・モースを読もうとすれば、必要ならば、流れに逆らって思い切って泳げるように、十分生命の安全を確保しておく必要があるし、また、他の泳者がその活動に加わり、共同作業によって、その流れを他の方向へ変えることができるまで、一貫して泳ぎつづける必要がある。

現状では、互恵主義と商品交換とを入れかえれば——後者は、今日、贈り物がそうであるように、あまり重要ではなくなっている、あるいは、ほとんど重要ではなくなっている——地球上の二〇人中一九人という割合の住民が、結局のところ、良い生活をするようになると推測できるかもしれない。しかしながら、多数を構成するのがつまらぬ人々でしかないならば、多数からは何も生じない。つまらぬ人々は、まず第一に、真に合理的な選択——すなわち、多くの選択肢のなかで、合理性そのものの意味を、また、選択の合理性を測定する善い生活というイメージの意味を含んでいる選択——をするために、つまらぬ人々であることをやめなければならない。つまらぬ人々を、そのように理解される合理的存在のレベルへ上げることこそ、あるいは、少なくともそれへ向かう第一歩を踏み出すというかなり控え目な課題こそ、まさしく「基礎所得」観念の（明らかに遠くて、なかなか達成できない）目的である。

追放されていた普遍主義の復権

オッフェの提案の可能性を妨げているのは、おそらく声高な、あるいは、密やかな他の多くの反論ではなく、一つの欠点である。すなわち、現状の下では、その考えを実行するのに十分能力のあるエージェンシーを見つけることができないということである——たとえその考えの現実的な実行可能性が認められ、その当面の、また、将来的な目的が有効で緊急であると認識されたとしてもである。すでに何度も指摘しているように、今日の真に有効な権力が本質的に超地域的（治外法権的）であるのに対して、政治行為の場所は地域的である——したがって、その行為は、主権の範囲が引かれている地域や政治行動の基本前提が——意図的であろうと意図的でなかろうと——決定されている領域には及ばない。

権力と政治とのこの区別が、「グローバリゼーション」という名の下でしばしば言及されている。私が他の箇所で（「グローバリゼーション：人間的諸結果」において）指摘したように、「グローバリゼーション」という言葉は、今日の議論では、近代を通じて「普遍化」という言葉によって占められてきた場所に位置している——また、そうなったのは、まさに「グローバリゼーション」が今我々に起こっていることについて言及しているからであり、——「普遍主義」がそうであったように——我々にとって行う必要があり、行うべきであり、行うつもりであることに言及しているからではないからである。「グローバリゼーション」は、世界の諸事象がたどっているコースの独特の自然化を示唆している。なぜなら、世界の諸事象は、本質的に、境界の外、支配の外にいて口を出さず、自然の力に似て、無計画で、予測不可能で、自発的で、偶発的な性格をもっているからである。www の利用者は、現にある選択肢のなかから選ぶことができるのみで、インターネットを機能させる規則やそうした規則の下で利用できる広範な選択肢にほとんど影響を与えることができないように――グローバル化した環境のなかに投げ込まれている個々の国民国家は、その規則でゲームをしなければならないし、もし規則に違反したならば、厳しい罰を受ける危険や、よくて自らの行動の全体的無効性の危険を冒さなければならない。

長い議論を要約するならば、国家は、基礎所得の導入を技術的に行うことのできる唯一正当なエージェンシー（もちろん、その主権の及ぶ領域内であるが）でありながら、国家は、同時に、これを単独で行うことはできないと言えば十分であろう。もし国家が単独で行おうとすれば何が起こるか容易に想像できるし、その想像を裏打ちする多くの事実を見つけることも容易である。アメリカの事例から多くのことを学ぶことができる。すなわち、ひとたび福祉が連邦の問題ではなくなると、各州間の「消極的競争」がなくなり、各州は、福祉サービスを削減し、福祉サービスの利用をわずらわしく屈辱的なものにするなどして、貧弱であることで、その近隣の州に勝とうとする――各州は、もしその条件を緩和すると、「福祉マグネット」になるのではないかと心配する。

国境の流通性が高くなると、国境管理が減少し、さらに――少なくともヨーロッパ連合の内部では――人々は自ら選択した国において自由に住所と職を求めることができるようになれば、あらゆるヨーロッパ諸国が近隣諸国よりも安全で魅力的な生活条件をその住民たちのために法制化しようとすれば、同じ結果が国際的規模で期待できる。その目的をまだ十分に制度化していない大陸レベルあるいは超大陸レベルにおいて一致した行為のみが、いわゆる「基礎所得マグネット」の真の脅威をかろうじて食い止めることができる。

したがって、ひとたび増大する生活条件の「柔軟性」を統括する権力や、人間生活の全コースに浸透している深い不安が事実上グローバルに（あるいは少なくとも超国家的に）なったならば、不安定性や不確実性のレベルの緩和を目的とする有効な行為の予備的条件とは、政治を、現在の権力が作用しているレベルと同じ国際的なレベルへ上昇させることである。政治は、みずからを解き放して、政治的にコントロールできない空間を自由に動き回っている権力に追いつかなければならない――したがって、その目的のために、政治は、そうした権力が「流動している」（マニュエル・カステルスの言葉を用いるならば）空間へと政治を到達させるための手段を開発しなければならない。必要なのは、多国籍権力の作用する規模と同じ規模の、まさに国際的な共和主義的制度なのである。あるいは、アレン・グレスが最近、『共産党宣言』一五〇周年記念を祝う記事のなかで述べているように[19]、――必要なのは、「新しい国際主義」である。

新しい国際主義的精神のようなものが現れているということを示唆する兆候はどこにもない。超国家的連帯の噴出は、きわめて祝祭的で、突発的で、短命である。メディアは、国際的連帯の永続的（一貫した）傾向を意味する「援助活動」というあけすけの言葉をつくりだしたが、それは週の単位ではなく、一日の単位で擦り減り、消滅した。グレスが指摘しているように、ボスニアはスペイン内戦の二〇世紀後半の再演ではなかった。アルジェリアで現在進行している持久戦や他の多くの血みどろの内戦あるいは「外国人」や歓迎されない種族ないし人種的少数派および異教徒に対する政府の手による虐殺に直面して、聞こえてくるのは会議室から気乗りのしない雑音だけであり、実際的には現場でいかなる行為も実行されていない。アムネスティ・インターナショナルやグリーンピースのような貴重な例外も存在するが、一般的には、無関心の壁を打ち破ろうとするわずかな理想主義的努力は、せいぜい、いくつかの中央政府からの名ばかりの、あるいは、形式的な支持（しかし、ごく少数の他の中央政府からは内密の、あるいは、公然たる敵意）を呼び起こすだけであり、また、事実上、それらを私心なく率先して推進しようとする態度を裏打ちするいかなる民衆運動も存在しない。「国境なき医師団」の活動家たちは、以下のように激しく不平を述べた。すなわち、メディアよって「人道主義的行為」として演出された彼らのイニシアティブ（主導的行為）は、皮肉にも、既存権力によって、たとえば、ボスニアやルワンダでの既存権力の無為無策を正当化するために、また、彼らの国民の良心を「代表する」ものとして、利用された。

最終的に支配しているのは、偏狭的な地域の精神（フランス人が、お国根性と呼ぶようなもの）である。このことに対して反対の声を上げたのは、すでに超地域的に（治外法権的に）「流通している」資本と金融のスポークスマンだけであったように思われる。しかし、彼らの憤りは極めて選択的である。彼らは、貿易の障害や資本運用の規制に反対し、また、世界的規模の競争力、自由貿易と生産性の利益よりも、地方の人々の利益を優先することに反対する。しかし、彼らは、現行の政治主権の断片化については全く気にしていない。それはなぜか？　政治単位が小さくなればなるほど（また弱くなればなるほど）、「国際主義」というグローバルな金融ブランドに対して有効な抵抗を行う機会や、それに独自の集団的行為をもって抵抗するチャンスが少なくなる。したがって、資本と金融のスポークスマンは、彼らのグローバルな活動に対する誤った、外国人嫌いの、「地に足のついた」反応に対して沈黙をつづける。

彼らは、そうした反応を故意に助長しはしない（また、そうする必要もない）。個人的不満を主張しようとしても政府や共同体がますます当てにできなくなっていることによって生ずる怒りが、地方の「外国人」――外国人労働者と移民労働者――に対する敵意へと連動する（また、その過程で緩和するとき、喜ぶだけである。したがって、地方の残念な状況を緩和する方法と手段についての公的討論は、「われわれのなかの外国人」に、すなわち、外国人を見つけ、彼らを取り巻き、彼らを「彼らの出身地」へ輸送する最もよい方法に焦点を当てているだけで、問題の真の原因に近づいてはいない。

一般的、および、一般化された、いま知的に流行しているコミュニタリアニズムに例証されるように、同質的および同質化するグローバルな力から、自分たちのアイデンティティを奪われるかもしれないという脅威の下にいる人々のとる反応は、どちらかといえば、その圧力をさらに強めることになる。フィル・コーエンが述べているように[20]、「そうした最近の著作において、政治的イデオロギーや宗教、大衆文化、新しいエスニシティによって提供される自宅のように居心地のよい住居は、潜在的な解放の場所であるよりも、孤児院、刑務所、精神病院と同じように見られるようになっている」。

ベンジャミン・R・バーバーが考察しているように、しばしば争いの元になるような共同体的価値とは、煎じ詰めると、ラテンのリズムやレゲエをロスアンゼルスのバリオス（地区）で聞くことのできるポップ・ミュージックのサウンドへ押し込めること、東欧のブルガリア産の牛肉でつくられたビッグ・マックをフランスのビールと一緒に頬張ること、あるいは、ミッキーマウスにパリのディズニーランドではフランス語を話すようにと要求すること、などである。すなわち、世界的規模の貿易商ならば抵抗せずに受け入れるだけでなく、心より称賛するような譲歩である。もし目的が、同じ作物をあらゆる場所で集めることであるならば、土壌の性質に従って、種を変更する必要がある。ＭＴＶ〔ロックミュージック専門の有線テレビ局〕、マクドナルドあるいはディズニー帝国というグローバルな力は、再生された、しかし、以前より手恐い、「共同体にやさしい」調整装置から生まれたものである。

故意であろうとなかろうと、あらゆる種類の分離主義者は、グローバル化という情容赦のない力との恐るべき同盟関係に入る。一つの大きくて強い国家を屈服させるよりも、四ないし五の小さくて弱い「主権国家」を一つずつ圧倒する方が容易である。したがって、分離主義者、そして、特に、民族浄化（分離を永続化させ、おそらく変更不可能にしようとする措置）の加害者は、既存権力の暗黙の支持に依拠する。彼らは、大胆にも、人間性という貴重かつ高潔な原理や人権に対して、そうした権力や広報スポークスマンの行うリップサービスを無視した。要するに、分離主義者のやっていることは、超地域的（治外法権的）権力の支配およびその政治的コントロールからの自由が究極的に依拠している、世界の政治的分断化である。地方の多くの共和国が小さくなり弱くなればなるほど、グローバルな共和制の可能性はますます遠くなる。

民族浄化や民族の純粋性に熱狂する人々は、極端な事例である。しかし、難民法を厳しくし、「経済移民」に国境を閉ざし、すでに国内にいる外国人のコントロールをさらに厳格なものにしようとするこの主張は、安全性への現実的脅威によって生ずるエネルギーの排出と同じ傾向をもっている。その排出口は、鬱積した蒸気を放出しながら、最終的には、安全な生活の基礎を侵食する激流の支流となる。しばしば、この傾向は、不安の究極の原因、すなわち、個人的不安定性の経験を、集団的アイデンティティに対する脅威という一般的な問題へとすりかえる、政治階級によく見られる傾向によって助長される。

そうした転換を政治的に魅力的なものにするだけの現実的理由がある。すでに言われていることであるが、個人的不安定性の原因は、匿名の、遠い、しかも、近づきがたい場所に押し込められているので、地方の可視的権力が現在の苦痛を除去するために何をしたらよいのかということについては、すぐにはわからない。しかし、集団的アイデンティティに関係する他の問題に対しては明白かつ率直な解答があるように思われる――地方の国家権力は、移民を威嚇したり押し戻したり、また、亡命希望者を微細にチェックし、不法入国者を検挙し追放するために、これからも利用されるかもしれない。政府は市民に対して正直に、安全な生活と確かな未来を約束することはできないが、いまのところ政府は、少なくとも、一部の蓄積された不安を（また、選挙においてそこから得られる利益さえも）、仕事を求める外国人や他の不法入国者、かつては清潔で秩序正しく、親しみのあった身近な場所への侵入者に対する戦いにおいて彼らのエネルギーと決意を誇示することにより、取り除くかもしれない。

したがって、票を求める政治家の言葉では、実存的不安定性に対する広範かつ複雑な感情は、法と秩序（すなわち、身体の安全性、私的生活と所有の安全性）に関する簡単な問題として翻訳される。それと同時に、法と秩序の問題は、人種的、民族的あるいは宗教的少数派――したがって、より一般的には、異質な生活様式――という問題の多い存在と混合されてしまう。

ドイツでは、ヘルムート・コール政権の内務大臣マンフレッド・カンサーは、九月選挙を見越して、一九九八年は「安全の年」であると宣言し、犯罪との戦いや移民を制限する厳しい措置を行う年であると公約した。コールの反対派、社会民主党も、後塵を拝しはしなかったように思えるし、また、そう見られることを望まなかったように思われる。したがって、低地ザクセン州の社会民主党出身の内務大臣ゲルハルト・グロコースキーは、彼の目から見れば、ドイツ国境はシェンゲン合意のパートナーによって貧弱かつ不十分にコントロールされているように見えたので、声高にドイツ国境規制の回復を要求した。ドイツの政治状況の両陣営において、犯罪に対する戦いは、反外国人（特に反移民）レトリックと結びついたのである。

他の多くの場合と同様に、この場合も、ヨーロッパ連合の共通の安全協定が疑問視され、国民国家を管理する安全性の記憶に賛辞が捧げられる。加盟国の政治指導者たちは、外国人の流入と犯罪の増加という二側面の脅威に対する熱意のない、だらしのない、許しがたい態度表明によって一種の「外国人のための磁石」として機能することに対して、互いに非難する。すなわち、彼らは、その二つの危険を防止する決意を強め、威嚇するように互いに強く勧告する。

偏狭的な感情は、ひとたび動き始めると、勢いが跡切れるのではなく、ますます力を得ていく。高まる不安の原因を追求する有権者と、選挙民に対して自分たちの有用性を納得させるための方法を追求する政治家たちとはともに、相互興奮の輪のなかに巻き込まれるので、偏狭的な感情をさらに強め、必要ならば、激高させるようなあらゆる証拠を一緒につくりだす。グローバルな行動の要請は、公的見解から消えるようになり、しかも、自由に浮動するグローバルな権力がいたるところで引き起こす持続的な不安は、公的アジェンダへの再登録を意味しない。ひとたびその不安が別の要求へ、すなわち、ドアに鍵をかけ窓を閉めるようにとか、辺境の郵便局にコンピュータ預金システムを、刑務所に電動式監視システムを、街路に警戒パトロールを、家庭に盗難警報器を設置してほしいという要求へ転換されたときには、不安定性の原因を究明するチャンス、不安定性を生む諸力をコントロールするチャンスはほとんど消失している。関心が「共同体の防衛」に集まることによって、グローバル化の流れが以前よりもずっと自由になる。その流れがさらに自由になればそれだけ、不安定性の感情は強くなる。不安定性の感情が強くなればなるほど、「偏狭的精神」はさらに強くなる。その精神に促進されて共同体の防衛に取り組めば取り組むほど、グローバル化の流れは自由になる。……など。

概して、公的アジェンダは、公益や個人的幸福に対する脅威の存在する領域を明確にする。明らかにグローバル化から生まれた公的問題について議論しようとする運動でさえ、グローバル化の束縛から解放される種族感情と放埒なグローバル化の不思議な循環を打ち破ることは、きわめて困難である。たとえば、生態学的運動、潜在的には、グローバルな規制緩和の最も醜悪な結果の少なくともいくつかの結果に対する有効な歯止めは、いつも「自分の身近な場所ではない」政策へ後退し、結局、それによって再強化される——また、そうなる——グローバルな連帯性を徐々に弱めることになる。グローバルな不安定性の根源を攻撃することのできる政治的諸力は、グローバルな不安定性の原因である経済的（資本、金融、貿易といった）諸力によって達せられる制度化のレベルにはとても及ばない。IMF（国際金融基金）、世界銀行、そして、ますます緊密なネットワークを構成している世界的規模の投資および手形決済銀行システムの豊かな資金と果断さと有効性にかなうものは存在しない。

種族や国民も（事実、現存している共同体モデルのどれ一つも）、その性質上、グローバルな次元にまで拡大される必要はない。種族も国民も、地球的規模においては、これまで分割および分離の要因であったし、これからもそうでありつづけるに違いない。国民的上昇口を塞ぎ公共の守りを固めることを通じて不確実性のグローバルな原因に政治的コントロールを加える地球的規模の連帯勢力を樹立できるという希望——これは、普及している分だけ誤解されている（この点を『ポスト・モダニティとその不満』のなかの「コミュニタリアニズムと人間の自由、あるいは、不可能なことを企てる方法について」の章でもっと詳細に論じている）。コミュニタリアニズムは、明らかに誠実な疑問に対する全く誤った解答である。治癒されるべき固有の不安定性の病菌を除去する方法として、コミュニタリアニズムは、失敗以上のものである。すなわち、その病菌の大部分は、今日、医原病的なもの（治療によって生じたもの）――潜在的に致命的な副作用を伴う、軽率な措置の所産――である。

現在の不安定性を「アイデンティティ問題」によって概念化しようとする一般的方法は、誤った診断とおそらくは有害な処方箋であるという典型的な事例である。こうした多くの他の（かつては流行していたが、いまでは半ば忘れられている）社会学的モデルと同様に、この概念化は、前提論を原因と取り違えている――それは、さまざまに説明されるべき諸現象を説明と捉えている。不安をアイデンティティ問題の鋳型へ注ぎ込むことは、それ自体、長くて複雑な一連の諸要素の結果――その苦痛の原因ではなく、兆候――なのである。政治的（選挙上の）資本をかぎつける政治家たちだけでなく、民衆（民族的といいたくなるような人々）、大量消費、精選されたコミュニタリアン哲学によって、示唆され助長され、かきたてられたアイデンティティ問題への一般的熱中は、現代的状況への独特の合理的反応であるかもしれない。すなわち、それは「理にかなったもの」であるかもしれない。しかし、その熱中によって、それ自体の原因を突き止めることができないし、その治療判断においても、大きく原因を見誤る。集団的（地域的、領域的、限定的）アイデンティティの激しい主張は、そのアイデンティティを刺激する不安定性の原因を取り除くことに関しては、ほとんど何の役にも立たない。その主張は、けっして満足することはないし、不安の原因を消滅させることもない。その主張は、不可避的にフラストレーションを引き起こすだけで、どちらかといえば、その持続的な戦闘性に対してさらに多くの理由を提供するであろう。

多文化主義――あるいは文化的多価？

アラン・トゥレーヌは、最近、「多文化」社会と「マルチ・コミュニタリアン（多共同体主義）」社会という通常混同されている二つのビジョン／構想の区別を提案している。

第一のビジョン／構想は、文化的差異に寛容な社会や、文化的提案の自由な流通、文化的選択の自由に当てはまる。例えば、許容できる生活様式の違いと罰すべき犯罪との間の変わりやすい境界線について継続的に交渉できる社会に当てはまる。第一のビジョン／構想は共和主義の伝統に属している。しかし、それがはじめて実現可能となったのは、かつて共和主義概念と密接にかかわりのあった「同質化」、「近代化」の実現というビジョンが放棄されたときである。「多文化主義」が意味していることは、簡単に言えば、市民権を、市民の文化的役割や市民の自己讃美から分離することである。すなわち、公的権利に少しも影響しない本質的に私的な問題にすることである。それはまた、文化的特殊性によって一般的な公的生活へ市民が参加することを妨げられないし、言うまでもなく、その資格を奪われることもないという前提を意味している。（「マルチ・コミュニタリアニズム」はこのことを前提しているし、また、前提していなければならない）けれども、多文化主義には、文化的相違をそのまま保持することや各共同体間の自由な文化交流の禁止が、政治的に擁護されるべき価値であるという前提は存在しない。

また、多文化主義は以下のことも前提していない。つまり、異なる文化的解決策の有効性や、そうした解決策の相対的な長所や短所に関する異文化間の活発な討論は、有害であり危険である――したがって、それは避けられるべきであり、許されるべきではないということを前提していない。言い換えるならば、多文化主義は、一貫して、主要価値としての自由に忠誠を尽くす。まさしく、文化的選択の自由には、「一つの文化」を選ぶ権利（「マルチ・コミュニタリアニズム」が強く反対している要求）と同時に、「一つの文化」を選ばない権利が含まれていなければならない。

第二のビジョン／構想は、既存の集団と結びついた文化的差異の維持は本来的に一つの価値であると宣言する。それは、文化選択について批評するための「客観的基礎」の存在を否定するだけでなく（この点は、個人的自由の価値とあえて対立することなく容易に認められる）、さらに次のように主張する。すなわち、「外部から」なされる文化選択についてのあらゆる批評と、文化的価値についてのあらゆる異文化間の議論は、パロディであると同時にタブーでもある――したがって、もしそのような議論が行われるなら、その結論は無効である（技術的には、いわば――その内容がどんなものであろうとも）、と。言い換えれば、「マルチ・コミュニタリアニズム」は、賢明かつ相互に有益な異文化間コミュニケーションおよび交流の可能性をア・プリオリに排除している。それは、その集団の「文化的純粋性」を最高位の価値にまで高め、文化の吸収能力のあらゆる表現を汚染とみなす。それは、文化をそれぞれの公的な防衛施設（ゲットーの様式を連想させる）内に自閉させようとする。

最終的には、「マルチ・コミュニタリアニズム」は、矛盾に陥ることなく、市民を主要な公的エージェントとして（あるいは、おそらく、単に公的エージェントとしてさえ）認めることができない。共同体は、唯一正当な公的エージェンシーである。諸共同体の共存を規定しようとする法の領域は、共同体志向の諸特権の総計とみなされる。（たとえば、ビル・キムリッカは、実際に、公的権利の不平等について論じている―より小さくより弱い共同体に対しては、競争によるその不利な立場を補塡すべきであると要求している。[23] 彼がその示唆をするときに当然のこととみなしていることは、まだきちんと証明される必要のある点であるが、人種的・宗教的少数派の指導者や年長者のイデオロギー的公準の存在である。すなわち、「文化的共同体」は、集団的矯正のために、かなりの量の権利剥奪を行うことのできる自然な枠組だということである。）

しかしながら、トゥレーヌ自身が必要的な結論を引き出すことなく、見事に説明した理由によれば、「多文化主義」は必ずしも適切な用語ではないように思われる。なぜなら、それは、実際に混乱を招き、相互に矛盾し、事実上相反する意味で用いられることになるからである。まさしくトゥレーヌの要求している、多文化主義とマルチ・コミュニタリアニズムとの分離は、けっして根本的なものでもないし簡単なものでもない。つまり、分離しようとするすべての試みは、自由主義と共同体主義との間の果てしない、しかし、全く非生産的な論争の火に油を注ぎつづけるだけであろう。それゆえ、「多文化主義」という用語をやめて、その代わりに多文化社会 polycultural society という言葉を使うほうがよい。

「多文化主義」は誤解を招く言葉である。なぜなら、それはまさに、文化的多様性ではなく、諸文化の多様性を示唆するものだからである。正確に言えば、それは、文化的システムや文化的全体性――各々が多かれ少なかれ完全かつ自立し、各々はある程度自給自足的で「統合的」である――を示しているので、そのすべての構成要素は、文化的な規範や価値や規則と同様に、相互依存の関係にある。その用語によって想起されるものは、互いに近い関係にある相対的に閉鎖的な文化的世界というビジョンである――政治的あるいは行政的に区分された領域の範として。ある文化を去り、別の文化へ入ることもできるし、文化間をあちこち動くこともできるし、境界線を越えて話したり聞いたりすることさえできる。しかも、そのことによって、いまどこにいて、これからどこへ向かうのかをきわめて正確に決定することができる。

さらに、要点を故意にきわだたせないかぎり、少々遠まわしであるけれども、その用語によって示唆されているのは以下のことである。すなわち文化は「自然な」全体性であるということ、特定の文化のなかにいること、および、特定の文化に属していることは運命の決定するものであり選択の結果ではないということ、すなわち、この文化の「なかに生まれた」ことによって、事実として、あの文化ではなくこの文化に属しているということである。

最後に、「多文化主義」が暗黙裡に示唆しているのは以下のことである。すなわち、文化的全体性のなかに閉ざされているということは、現世内存在の自然な、おそらく健全な方法であるのに対して、すべての他の状態――「異文化間」にいて、同時に、「異なる文化から」いろいろなものを吸収し、したがって、「文化的二律背反」に悩まされることがない――は、みな異常であり、「混成的」で、潜在的に恐ろしく、病的で、住むのに適さない。こうしたすべての存在や、それらに伴う示唆や意味は、認識枠組の所産である。――したがって、特に、ポストモダンな経験を理解する上で全く不適切なのは、この枠組み、すなわち、社会学思想においてかつて優勢であった「体系的思考」の遺産なのである。――たとえそれが過去において長所であったとしてもである。

このような不適切さは、何度も示唆しているように、現代文化の「異質性」や「不純性」の増加のせいではない。「異質性」という言葉は、「同質的」文化という、より一般的事例の際立った反対物としてのみ意味を成すである。「同質的」文化とは、ある規範や価値、象徴が他の規範や価値、象徴よりもより自然に「結合」しているということや、混合物の「純粋性」は、構成要素の特性であって、構成要素を区分する方法の特性ではないということを前提とするような存在である。

「同質的文化」というビジョンの背後にはいつも、イデオロギー的な意図がある。したがって、文化的異質性の概念は、そのイデオロギーを大いに賞賛する。そのイデオロギーは、これまでほとんど目立たなかったし、現代と全く異なる状況下では――それは権力を支える同質化の近代的実践を反映していたときには――問題にされることもなかった。そのイデオロギーが精通していたのは、国家建設、文化的救済運動、多様な生活様式に一定の基準を植え込むこと、文化的調和の追求と強制的同化の世界であった。しかしながら、それ以来、この世界は大いに変化し、そのイデオロギーから政治的現実への影響力を奪い、したがって、現実に対するイデオロギーの主張を掘り崩した。いまや、あらゆる社会を、統一的で統合力のある、しかもまとまった、言うまでもなく「純粋な」諸文化を集めたものとして示すことは、大変難しい。それゆえ、現代文化の現実を理解するために、文化的同質性および異質性、多元的文化主義あるいは異文化コミュニケーションおよび翻訳といったような（かつては実際的に有用であったがいまでは認識論的に誤った）概念の使用を止めることは、絶好の機会である。

異なる世界で共生すること

「翻訳」は、少数の専門家の特別な気晴らしではなく、それは、毎日の生活の構造のなかに組み込まれ、我々すべてによって毎日および毎時間実践されている。我々はみな翻訳家である。すなわち、翻訳が世界内存在の「情報科学社会」様式の一部であるように、翻訳とはあらゆる生活形式における共通の特徴である。翻訳は、あらゆる打ち解けた出会い、あらゆる会話のなかに存在する。これは、当然のことである。なぜなら、多言語性は、我々の存在様式から削減することのできないものだからである。このことは、地図を製作する最高部局や公的な拘束力をもつ陸地測量部作成の地図がないために、重要な境界線がばらばらに、でたらめに引かれつづけていると言っているのと同じである。バフチンの名づけた「言語領域」という可能な意味の鋳型（マトリックス）の中では、置換、結合、区分の可能性は、あらゆる実際的目的に応じて無限に存在し、したがって、様々な利用者がいれば、そうした置換の重複する必然性はない。むしろ、そうした重複はけっして起こらないという、可能性の方が高い。

対話という行為において見られる置換の差異（ずれ）は、一般性の様々なレベルにおいて位置づけられがちである――自伝のなかの個性に基礎づけられるようなものから始まって、同じ階級、ジェンダー、地域などに属する人々によって共有されていると思われる様々な特徴を経て――さらには、一般的には「さまざまな文化」として言及される、「意味の共同体」間の一定のコミュニケーションに関係していると考えられるような差異に至るまで――。したがって、それらは、様々な一般性に関する翻訳問題を提出している――もちろん、個々の読者は、なじみのない不可解な意味をもつテクストに出会ったとき、自分の理解できないどの部分が個人のライフサイクルの問題であり、階級やジェンダーにおける差異の問題を生み出し、また、翻訳の理論家が人種や宗教や言語の諸状況の間にある「文化的距離」と呼んでいるものに該当するものなのか、ということについてたとえ述べることができなくてもかまわないのであるが。

翻訳問題の「多層的」性質という概念は、分析上の派生語であり、翻訳活動の所産である。すなわち、その概念は、不可解な経験を知的に理解しようとする努力——専門家（翻訳の専門家）特有の活動によって枠づけられた努力——に由来するものである。それ以上に、専門家がコミュニケーションの機能不全の事例として、解釈の失敗として、誤った翻訳あるいは明白な無理解の見本として説明しようとするものは、必ずしも素人によってそのように経験される必要はないのである。全体として、毎日のほとんどの出会いや会合において、我々は何とか互いに、ヴィットゲンシュタイン的な——「自分らしい生き方をする」という——意味において理解しているし、互いの動きに対して正しい反応、十分な反応、あるいは、普通の反応と区別しながら対処している。たとえ、分析者が、その理解は不十分であり、不完全であり、あるいは錯覚——意味の共有ではなく、習慣化され、相互に黙認された紛争回避のための決まりきった手順によって生じる錯覚——であるとみなしたとしてもである。

すでに共有されている意味や合意されている解釈に頼ることなく、有効なコミュニケーションを行おうとするこの一般的な能力には、普遍主義の可能性が付与されている。普遍主義は、差異の敵ではない。すなわち、普遍主義は、「文化的同質性」を必要としないし、「文化的純粋性」や、特に、あのイデオロギー的用語が言及しているような実践を必要としない。普遍主義の追求は、文化的多価の促進や文化的コンセンサスに達するための圧力を伴わない。普遍主義は、まさしく、意思疎通を行い、相互理解に達するための人類共通の能力である——繰り返すが、「自分らしく生きる」という意味において、しかし、また、別個に自分らしく生きようとしている他の人々——自分らしく生きる権利をもっている——に直面しても自分らしく生きるという意味において。

主権的共同体あるいは準主権的共同体の枠を超えて広がってゆくこのような普遍性は、主権国家あるいは準主権国家の枠を超えて広がってゆく共和制の必要十分条件である。したがって、まさに、そうした共和制こそ、グローバル化の盲目的で、根源的で、気まぐれまで、コントロールできない、分裂的で、分極化する力に対抗するための唯一の選択肢である。成長してカール・マルクスのような人物になるかもしれない若くて希望に満ちた学生に対してわかりやすく説明するならば、夜行性の蛾だけが、家庭用のランプでも十分に宇宙の太陽と同じものとしてみているのである。シャッターがしっかりと閉まっていればそれだけ、日の出を見ることは困難である。しかも、太陽は、最も強力な帝国の上にいつかは沈むことがあるとしても、けっして地球の上に沈むことはないのである。

原著注

第一章　公的領域の発見

（1）Decca Aitkenhead, 'These women have found their cause, but they're not sure what it is', *The Guardian*, 24 April 1998.

（2）Geoffrey Gibbs, 'Demonstrators warn MPs: Get a move on and pass new laws', and Michael White, 'Tighter controls promised as riot over child killer is condemned,', *The Guardian*, 27 April 1998. を参照。公的抗議に対する政府諸機関の対応は、いままでほとんどルーティンとなっている優先順位や政策と一致していた。一九九八年一月二九日に発表された公式計画は、イギリスでは二〇億ポンドの費用で二〇の新刑務所を建設することができるであろうし、また、刑務所人口の規模は次の七年で約五〇パーセント上昇し、二〇〇五年までには九万二〇〇〇人に達するであろうと予測している。

「この分野の成長率は、イギリス経済の他のいかなる部門よりも高い。……この計画の発表にいたるこの三週間だけでも、刑務所の収容人数は一〇〇〇人以上にのぼっている。最近、二つの新しい民間刑務所がオープンし、五以上の刑務所が今世紀末までには開業することになっている――しかし、刑務所施設長官は、この計画は保守陣営に偏りすぎているが、実際問題として、刑務所人口の現在の増加傾向が現在のペースで継続するならば、さらに二四の刑務所が必要になるであろう、と考えている。」（Alan Travis, 'Prison numbers to rise by 50pc', in *The Guardian* of 29 January 1998. を参照。）

「イギリスで刑務所建設ブームがどんなに印象的であろうとも、安全性、確実性、安定性の規制緩和が西欧世界の他のいかなる国よりも進んでいるアメリカ合衆国と比較するならば、まさにそれは雑魚であろう。アメリカでは、一九九五年の時点で刑務所に入っている人、仮釈放されている人、執行猶予されている人を合わせた総数は五四〇万人に達し、また、毎年八パーセントの割合で増加し続けている。クリントンが大統領になってから、二一三の新しい州刑務所が建設され、さらに、ブームとなっている民間刑務所産業も加わった。ロイ・ワクエントの計算によれば、「膨らむ刑務所人口はアメリカの失業統計から少なくとも二パーセント引いたものである」。（L'imprisonnement des "classes dangereux" aux Etats-Units', *Le Monde diplomatique*, July 1998. を参照）

（3）Jean-Paul Fitoussi, 'Europe:le commencement d'une aventure', *Le Monde*, 29 August 1997. を参照。

（4）運動のスピードや構造的安定性と権力の有効性との関係については、N. M. Lee, 'Two speeds: how are real stabilities possible?', in *Organised Worlds*, ed. R. Chia（London: Routledge, 1998）. という注目すべき研究を見よ。

（5）Hans Peter Martin and Harald Schumann, *The Global Trap*（London: Zed Books, 1997）. を見よ。また、Larry Elliott, 'The weightless revolution', *The Guardian*, 10 November 1997.

（6）Kenneth J. Gergen, 'The self: death by technology', in *The Question of Identity*, ed. James Davison Hunter（University of Virginia Press, 1998）, pp. 12, 14.

（7）Kenneth J. Gergen, *The Saturated Self : Dilemmas of Identity in Contemporary Life*（New York: Basic Books, 1991）, p. 150.

（8）Harvie Ferguson, 'Glamour and the end of irony', in *The Question of Identity*, ed. Hunter, pp. 8-9.

（9）John Seel, 'Reading the post-modern self', in *The Question of Identity*, ed. Hunter, pp. 39-40.

（10）Alan Friedman, 'Without structural changes, experts cautious on economic growth', *International Herald Tribune*, 2-3 May 1998.

（11）Søren Ambrose, 'Challenging the IMF, intellectually and politically', *International Herald Tribune*, 29 April 1996.

（12）ミッシェル・カムセスとバベッテ・スターンとのインタビューについては、Michael Camdessus in interview with Babette Stern, 'Nous avons change de siecle', *Le Monde*, 24 April 1998.

（13）私は、この点を拡大して *Globalization: The Human Consequences*（Cambridge: Polity Press, 1998）. において論じている。

（14）Pierre Bourdieu, 'L'essence du neoliberalisme', *Le Monde diplomatique*, March 1998.

（15）マーガレット・サッチャーとのインタビューについては、Margaret Thatcher, *Woman's Own*, 31 October 1988.

（16）一九九六年一二月のオープン・ユニバーシティにおいて開催された'Travelling "The Hard Road to Renewal"', a continuing conversation with Stuart Hall', held in December 1996 in the Open University; in *Arena Journal*, 8/1997.

（17）John Carroll, *Ego and Soul: The Modern West in Search of Meaning*（London: Harper Collins, 1998）, p. 1. を見よ。

（18）Cornelius Castoriadis, 'Pouvoir, politique, autonomie', *Le Monde Morcele*（Paris: Seuil, 1990）, p. 129. を見よ。

（19）Robert Johnson, *Death Work*（Pacific Grove: Brooks/Cole, 1999）, p. 153.

（20）Albert Camus, '*Reflections on the guillotine*', in Resistance, *Rebellion and Death*（New York: Knopf, 1969）, を見よ。

（21）Eric Hobsbawn, 'The nation and globalization', *Constellations*, 1/1998, pp. 4-5.

（22）Bernard Cassen, 'La nation contre le nationalisme', *Le Monde diplomatique*, March 1998, p. 9. を見よ。カッ

センは、また、「集団的信条において、『長期間』ということは、ほとんど意味を持っていない。人間、社会、経済の命は、すべて、『短期間』という視野の中に包摂される。」という趣旨で、Emmanuel Todd's *L'Illusion economique: Essai sur la stagnation des societes developpees* (Paris: Gallimard, 1998), を引用している。

(23) Carroll, *Ego and Soul*, pp. 92, 94.

(24) Theodor Adorno, *Minima Moralia: Reflections from Damaged Life, trans.* E. F. N. Jephcott (London: Verso, 1991), p. 65.

(25) Decca Aitkenhead, 'Fat is always a feminist issue', *The Guardian*, 23 January 1998.

(26) Ronald Hitzler, 'Mobilisierte Burger', *Ästhetik und Kommunikation*, 85/6 (1996). ここで引用しているのは、Mark Ritter's translation, after Ulrich Beck, *Democracy without Enemies* (Cambridge: Polity Press, 1998), p. 134. に関するマーク・リッター訳である。

(27) Manuel Castells, *The In formation Age: Economy, Society and Culture*, 3 vols (Oxford: Blackwell, 1998). を参照。

(28) ギタ・セレニイのマリー・ベル物語によって引き起こされた全国規模の大騒ぎ――その国の首相によって即座に承認された大騒ぎ――の場合、『フィナンシャル・タイムズ』のニコラス・ティミンズ（パトリシエ・デ・ベアの報告のように（『ル・モンド』一九九八年五月八日）は、以下のように不機嫌にコメントした。すなわち、恐怖、ヒステリー、偽善、リンチの政治は「クールなイギリス人」の兆候となっている。したがって、悔恨、回復、表現の自由および研究の自由といった諸価値は重要視されていないように思える、と。

(29) Phil Cohen, 'Labouring under Whiteness', in *Displacing Whiteness*, ed. Ronald Frenkenberg (Durham, NC: Duke University Press, 1997), p. 268.

（30）*La Justice et le Mal*, ed. Antoine Garapon and Denis Salad（Paris: Odile Jacob, 1997）, pp. 11, 192, 208. を見よ。

（31）デンマーク人民党がすばやく設立され、そうした感情から利益を得ようとした。その党の非常に人気のある指導者ピア・クジャースガード（自らを、「五〇歳の中流家庭の主婦で二人の成人した子供の母親」と記している）は、人種主義という非難に激しく抗議したが、そのあと、次のように指摘した。「イスラム教徒は問題である。……皆さんはわれわれの伝統に否定的な態度を示してはいけないし、イスラム教徒に対しても同じことが言えると私は思う。どうもイスラム教徒ははだに合わない。」人民党は、選挙で勝利を収めることはできなかったが、その党のライバル牛耳っている議会は直ちにクジャースガードの激しい非難を盗用し、他の政党も負けず劣らず「招かざる外国人に対して厳しい」ということを示すことになった。

（32）Beck, *Democracy without Enemies*, pp. 147-8. を見よ。

（33）Milan Kundera, *The Book of Laughter and Forgetting*, を見よ。ここではAaron Asher（London: Faber & Faber, 1996）, pp. 86-7. の英訳から引用した。

第二章　エージェンシーの発見

（1）Ken Hirschkop, 'Fear and democracy: an essay on Bakhtin's theory of carnival', *Associations*, vol. 1（1997）, pp. 209-34. を見よ。この引用は、*Rabelais and his World*（Boston: MIT Press, 1968）, というタイトルの下に英語に翻訳されて出版されたMikhail Bakhtin, *The Art of Francois Rabelais and the Popular Culture of Middle Ages and Renaissance*（Moscow, 1965）, からのものである。

（2）Theodor W. Adorno, *Negative Dialectics*, trans. B. B. Ashton（London: Routledge, 1973）, p. 167.

（3）Theodor W. Adorno, *Minima Moralia: Reflection from Damaged Life*, trans. E. F. N. Jephcott（London: Verso, 1991）, pp. 65-6.

（4）*Le Nouvel Observateur*, 18 March 1992. のインタビューを見よ。

（5）Alain Ehrenberg, *L'Individu incertain*（Paris: Calman-Levy, 1995）, の 'La Television, terminal relationnel', というタイトルのついた節と、特に四章 Le spectacle de realiteを見よ。

（6）John Carroll, *Ego and Soul: The Modern West in Search of Meaning*（London: Harper Collins, 1998）, pp. 146, 100-1, 142.

（7）Thomas Mathiesen, 'The viewer society: Michel Foucault's "Panopticon" revisited', *Theoretical Criminology*, 1997, pp. 215-34. を見よ。

（8）Theodor W. Adorno and Max Horkheimer, *Dialectics of Enlightenment*, trans. John Gumming（London: Verso, 1979）, p. 123.（『啓蒙の弁証法』岩波書店、一九九〇年）

（9）*Ibid.*, p. 216.

（10）Cornelius Castoriadis, 'L'individu privates', *Le Monde diplomatique*, February 1998, p. 23. を見よ。

（11）Cornelius Castoriadis, 'Democracy as procedure and democracy as regime', *Constellations*, 1/1997, p. 4.

（12）Hans Jonas, 'The 'burden and blessing of mortality', *Hastings Center Report*, 1/1992. を見よ。Carlo Foppa, 'L'ontologie de Hans Jonas a la lumiere de la theorie de levolution', in *Nature et descendance: Hans Jonas et le principe 'Responsabilite'*（Geneva: Labor et Fides, 1993）, pp. 55-8. にならって引用。

（13）'Le délabrement de l'Occident', Cornelius Castoriadis in inter-view with Olivier Mongin, Joël Roman and and Ramin Jahanbegloo, を見よ。これは、もともと、*Esprit*, December 1991. において発表されたもの。Cornelius Castoriadis, *La Montee de l'insignificance*（Paris: Seuil, 1996）, p. 65. において再発表された版から

引用。

（14）Castoriadis, 'Democracy as procedure', pp. 4-5.

（15）Cornelius Castoriadis, 'Pouvoir, politique, autonomie'（first published in 1988）, in *Le Monde Morcele*（Paris: Seuil, 1990）, p. 130.

（16）Cornelius Castoriadis, 'Fait et a faire', *Revue Europeenne des Sciences Sociales*, December 1989. ここでは David Ames Curtis's translation 'Done and to be done', in *The Castoriadis Reader*（Oxford: Blackwell, 1997）, p. 400. から引用。

（17）Hannah Arendt, *The Origins of Totalitarianism*（London: Andre Deutsch, 1973）, pp. 430, 472.（『全体主義の起源』みすず書房、一九七二年）

（18）Ortega y Gasset, *The Revolt of the Masses*（first Spanish edition 1930）（London: Unwin, 1972）, p. 14.（『大衆の反逆』角川文庫）

（19）Edward Timms, 'Treason of the intellectuals? Benda, Benn and Brecht', in *Visions and Blueprints: Avant-garde Culture and Radical Politics in Early Twentieth-century Europe*（Manchester University Press, 1988）, pp. 18-19.

（20）Arendt, *The Origins of Totalitarianism*, p. 328.

（21）Peter Reichel, *Der Schöne Schein des Dritten Reiches*（Frankfurt: Carl Hanser Verlag, 1991）, chapter 1. を見よ。

（22）Renato Poggioli, *Theory of the Avant-Garde*（Cambridge, Mass: Harvard University Press, 1968）, pp. 60-77. を見よ。

（23）Raymond Williams, 'The politics of the avant-garde', in *Visions and Blueprints*, p. 11.

（24）*Ibid*., pp. 338-9.

（25）特に、Claus Offe, *Modernity and the State: East, West*（Cambridge: Polity Press, 1996）, pp. vii-x. の序言のなかでの主要命題に関する素晴しい要約を参照せよ。

（26）Claus Offe, 'The utopia of the zero option', trans. John Torpey, *Praxis International*, 7/1987. を見よ。ここでは *Modernity and the State*, pp. 12, 22. から引用。

（27）Umberto Eco, 'Apocalyptic and integrated intellectuals', trans. Jenny Condie, in *Apocalypse Postponed*, ed. Robert Lumley（Bloomington: Indiana University Press, 1994）, pp. 18ff.

（28）'Travelling the "Hard Road to Renewal": a continuing conversation with Stuart Hall', *Arena Journal*, 8/1997, p. 47.

（29）Pierre Bourdieu, *Sur la television*（Paris: Raison d'Agir, 1966）, pp. 11, 31. を見よ。

（30）Castoriadis, 'Democracy as procedure', pp. 1, 1ff.

（31）Offe, 'The utopia of the zero option', p. 20.

（32）Ulrich Beck, 'The renaissance of politics in reflexive modernity: politicians must make a response', trans. Mark Ritter, in *Democracy without Enemies*（Cambridge: Polity Press, 1998）, pp. 113-14.

第三章　ビジョンの発見

（1）Ernest Geliner, *Conditions of Liberty: Civil Society and its Rivals*（London: Penguin Books, 1996）, p. 80.

（2）*Ibid*., pp. 98-100.

（3）*Ibid*., p. 104.

（4）Hannah Arendt, 'Truth and Politics', in *Between Past and Future*（London: Penguin, 1968）,（『過去と未来の

間』)；Paul Ricoeur, *Time and Narrative*, vol. 1（University of Chicago Press, 1983）. を参照。

（5）Mona Ozouf, 'L'idee républicaine et l'interprétation du passe national', *Le Monde*, 19 June 1998.

（6）Cornelius Castoriadis, 'Dilapidation of the West', trans. David Ames Curtis, *Thesis Eleven*, 41/1995, p. 108.

（7）Cornelius Castoriadis, 'Democracy as procedure and democracy as regime', trans. David Ames Curtis, *Constellations*, 1/1997, p. 6.

（8）Jacques Attali, 'Le "Titanic", le mondial et nous', *Le Monde*, 3 July 1998.

（9）Pierre Bourdieu, 'La précarité est aujourd'hui partout', in *Contrefeux: Propos pour servir a Ia resistance contre l'invasion neo-liberale*（Paris: Liber-Raisons d'Agir, 1998）, pp. 97, 96.

（10）Pierre Bourdieu, 'Le neo-liberalisme, utopie（en voie de realisation）d'une exploitation sans limites', in *Contre-feux*, p. 110. を見よ。

（11）ここでは Mona Ozouf, 'L'idée républicaine'. からの引用を参照。

（12）拙著 *Work, Consumerism and the New Poor*（Milton Keynes: Open University Press, 1998）と *Globalization: The Human Consequences*（Cambridge: Polity Press, 1998）. を見よ。

（13）Marcus Dod と David Clarke の造語。*Street Wars: Space, Politics and the City*（Manchester University Press, 1995）を見よ。また，拙著 *Postmodernity and its Discontents*（Cambridge: Polity Press, 1997）, chapter 2. を見よ。

（14）Jean-Paul Maréchal, 'Demain, l'êconomie solidaire', *Le Monde diplomatique*, April 1998, p. 19. を見よ。

（15）Olivier Marchands, 'Une comparaison international des teimpsde travail', *Futuribles*, May-June 1992. を見よ。

（16）Chantal Euzéby, 'Pistes pour une revolution tranquille du. travail', *Le Monde diplomatique*, April 1998. を見よ。

（17）Claus Offe, with Ulrich Muckenberger and Ilona Ostner, 'Das Staatlich garantierte Grundeinkommen – em

Sozialpolitisches Gebot der Stunde', in *Wege ins Reich der Freiheit: Festschrift für André Gorzzum 65. Geburtstag*, ed. H. L. Krämer and Claus Leggewie（Berlin, 1991）. を見よ。ここでは Charles Turner's translation, in Claus Offe, *Modernity and the State: East, West*（Cambridge: Polity Press, 1996）, pp. 201-24. から引用。

（18）Trevor Hogan, 'Dead Indians, flawed consumers and snowballs in hell', and Geoff Sharp, 'After the poor: a future with the past', *Arena Journal*, 10/98. を見よ。

（19）Alain Gresh, 'Les aleas de l'internationalisme', *Le Monde diplomatique*, May 1998. を見よ。

（20）Phil Cohen, 'Welcome to the Diasporama', *New Ethnicities*, 3/1998, p. 9.

（21）Benjamin R. Barber, 'Culture MacWorld contre démocratie', *Le Monde diplomatique*, August 1998. を見よ。

（22）Alain Touraine, 'Faux et vrais problemes', in *Une Société fragmentee? Le multiculturalisme en débat*（Paris: La Decouverte, 1997）.

（23）Will Kymlicka, *Liberalism, Community and Culture*（Oxford:Clarendon Press, 1989）, and *Multicultural Citizenship*（Oxford:Clarendon Press, 1995）. を見よ。また Joseph Heath, 'Culture: choice or circumstance', *Constellations*, 2/1998. における彼の幾つかの主要命題に関する洞察力に富んだ議論を見よ。

訳者あとがき

本書は、*Zygmunt Bauman, In Search of Politics*. Polity Press 1999. の全訳である。

著者ジグムント・バウマンは、ポーランド生まれのイギリスの社会学者である。デニス・スミス『ジグムント・バウマン――ポスト・モダニティの予言者』（一九九九年、ポリティ・プレス）によれば、バウマンは、一九二五年に、西ポーランドのポズナニに住む貧しいユダヤ人家庭に生まれたが、貧困と同時に、反ユダヤ主義にも苦しめられ、三九年、第二次世界大戦の勃発とともに、バウマンの家族はソビエト連邦へ移住した。そして、そこで教育を受けたバウマンは、一八歳のとき、ソ連のポーランド軍へ入隊し、四五年のベルリン戦にも参加。戦後は、大尉としてワルシャワ駐留部隊に所属し、また、ポーランド労働党にも入党して活躍する。五〇年代初頭において、バウマンは、ポーランド軍の中でもっとも若い少佐の一人となっていた。バウマンの妻によれば、当時のバウマンにとって、共産主義とは「言語、人種、信条にかかわりなく、人間間の十分な平等を保障する最も優れたシステム」であり、党は「社会正義の最も強力なエージェント」であって、共産党内部で起こる諸問題は「過渡的な誤り」にすぎず、「卵を割らなければオムレツは作れない」と考えるバウマンは「党路線への盲目的崇拝者」であった（Janina Bauman, *A Dream of Belonging: my years in postwar Poland*. 1988）。

しかし、バウマンは、二八歳のとき、「反ユダヤ主義的粛清の犠牲者の一人」として、突如、軍のポストを解任される。そのため、一九五四年からは、ワルシャワ大学の哲学・社会科学学部の講師

(junior lecturer) となり、第二のキャリアに入る。六一年には社会学の助教授となり、また、ポーランドにおける二大社会学雑誌の一つ『社会学研究』の編集委員長を、六六年には、ポーランド社会学会理事長を歴任する。しかし、この時期のバウマンは、もはや、かつてのような「党路線の崇拝者」ではなく、マルクス主義理論を現代的に新しく解釈する必要があると考え、独自の行動、すなわち、「共産主義体制下での反体制知識人」としての行動をとるようになっていた。したがって、党からは「最も積極的な修正主義者の一人というレッテル」を貼られ、彼の著書や記事に関する検閲や日々の行動の監視が行われるようになっていた。

かくして、一九六七年、イスラエルとエジプトとの間で六日間戦争が発生したとき、ポーランドでは激しい反ユダヤ主義運動が起こり、党指導部はポーランドのユダヤ人を「第五列」(外国勢力のために活動するスパイ)になぞらえ、多くのユダヤ人を辞任に追い込んだ。バウマンも、六八年三月末、「ポーランドの若者に悪い影響を与える」として、ワルシャワ大学の他の五人の教授とともに、大学でのポストを奪われた。これを受けてすぐ、バウマンは、家族とともにイスラエルへ旅立ち、そのまま、カナダ、アメリカ合衆国、オーストラリア、イギリスへと移り住んだ。そして、七一年より、バウマンは、イギリスのリーズ大学において社会学教授として教鞭をとることになる。後述するように、その後、バウマンは健筆をふるい、七〇年代に五冊、八〇年代に四冊の著書を発表。そのなかの『モダニティとホロコースト』(一九八九年)は、アマルフィ賞を受賞している。そして、九〇年に、バウマンは、リーズ大学を退職するが、それ以来一年に一冊の割合で著書を発表し、九八年にはアドルノ賞を受賞している。最近、リーズ大学の名誉教授だけでなく、ワルシャワ大学の名誉教授の称号も授与されている。

バウマンの主要著作は、以下のとおりである。

1. *Between Class and Elite: the evolution of the British labour movement-a sociological survey*. Manchester: Manchester University Press. 1972(originally published in 1960).
2. *Culture as Praxis*. London, Routledge. 1973.
3. *Socialism: the active utopia*. London. Allen and Unwin. 1976.
4. *Towards a Critical Sociology: an essay on common sense and emancipation*. London. Routledge. 1976.
5. *Hermeneutics and Social Science: approaches to understanding*. London. Hutchinson. 1978.
6. *Memories of Class: the pre-history and after-life of class*. London. Routledge. 1982.
7. *Legislators and Interpreters: On Modernity, Postmodernity, and Intellectuals*. Polity Press. 1987. 向山恭一他訳『立法者と解釈者』昭和堂、一九九五年。
8. *Freedom*. Milton Keynes. Open University Press. 1988.
9. *Modernity and the Holocaust*. Cambridge: Polity Press. 1989.
10. *Thinking Sociologically*. *Oxford*. Blackwell. 1990. 奥井智之訳『社会学の考え方』ＨＢＪ出版局、一九九三年。
11. *Modernity and Ambivalence*. Cambridge: Polity Press. 1991.
12. *Mortality, Immortality and Other Life Strategies*. Cambridge: Polity Press. 1992.
13. *Intimations of Postmodernity*, London, Routledge, 1992.
14. *Postmodern Ethics*, Oxford, Blackwell, 1993.
15. *Alone Again: ethics after certainty*. London: Demos. 1994.
16. *Life in Fragments*. Cambridge: Polity Press. 1994.

17. *Postmodernity and its Discontents*. Cambridge:Polity Press.1997.
18. *Globalization:the human consequences*. Cambridge:Polity Press.1998.
19. *Work, Consumerism and the New Poor*. Buckingham:Open University Press.1988.
20. *In Search of Politics*. Cambridge. Polity Press. 1999. 中道寿一訳『政治の発見』日本経済評論社、二〇〇二年。
21. *Community: seeking safety in an insecure world*. Oxford. Polity.2000.
22. *The Individualised Society*. Oxford.Polity.2000.
23. *Conversations with Zygmunt Bauman*.Cambridge.Polity.2001.

*

「現代文明の問題は、現代文明が自問することをやめてしまったということである」とバウマンは言う。われわれは、日々生起する諸問題に対して懸命に対処すると同時に、新たに起こる諸問題にも何とか対処しようと腐心しているために、この世界がどこへ向かおうとしているのか知らないし、この世界はどうあるべきなのか考えもしない、まさに、「自問することをやめてしまった世界にわれわれは生きている」。だからこそ、「生計をたてること、人間としての絆、パートナーシップ、隣人意識、追求すべき目標、回避すべき危険といった、われわれが生きていくうえできわめて重要な事柄は、過渡的で、不安定で、はかなくて、不確かで、リスキーなものとしか感じられない」。確かに、グローバリゼーションによって、規制緩和がなされ、従来の国民国家の枠組みは揺らぎ、国家が後退するにつれて、力ある民間諸組織がこれまで以上に国家の枠を超えて自由に活動し、さらに国家に代わって公的領域の新たな秩序を構築している。これに対して、個人は、私的領域におけるあふれんばかりの自由を謳歌しながらも、公的領域における自由を奪われ、消費者としての生活に耽溺している。バウマンは、こうした公的なものと私的なものとの分裂状況を、われわれの日常生活のさまざまな分野の中に発見し、「われわれの住んでいる世界の形とわれわれの生き方との間に関係がある」ことを想起させてくれる。

そしてバウマンは、「個人的自由は共同作業の所産にすぎない。個人的自由は共同してはじめて確保され保証されるものである」ということを前提に、今日、この個人的自由を確保し保障するための手段が私事化に向かって動いていることに対して、もしこの動向が問題の解決につながると考えているのであれば、悲惨な結末が予想されると警告し、ほとんど使われなくなり忘れかけているあの「私的問題を公的問題に組み替える技術」を想起し行使することの必要性を強調する。

したがって、本書は、「私的なものを公的なものにくみかえることこそ、新たな政治を構築するための緊急かつ不可欠の条件である」という認識のもとに、私的問題と公的問題を結びつける「私的／公的領域」、すなわち、「市民が自らを統治するために、対話に参加する領域」の再構築を目指したものである。その意味で、本書は、「我々が政治共同体の中で行動する際に直面する諸問題についての啓発的な解決方法を提供している」だけでなく、「さらなる規範的経験的研究のための有力な基礎をも提供している」(Glenn H. Utter, *The Journal of Politics*. Vol.62, No.4, 2000) と評価されるように、日常生活において「政治を発見」し「政治を創造」することの意義を十分考えさせてくれる書物である。

*

本書の翻訳を勧めてくださったのは、慶応義塾大学名誉教授の内山秀夫先生である。お話をいただいた当時、訳者が学部長の一期目を終える時期ということもあって、先生は、役職を終えた後はしっかり勉強するようにとの助言の意味を込めて勧めてくれたものと思われる。訳者もそのつもりであったし、本書の内容がポスト・モダンの政治思想に関するもので、勉強したいと思っていたテーマでもあったので、喜んでお受けした。しかし、予想に反して再選されたため、かなりの時間的制約の中での訳出作業となってしまい、結局、二期目を終えての発表となってしまった。当初の予定を大きく変更してしまったことに対し深くお詫び申し上げます。それにしても、内山先生は、新潟国際情報大学学長の重職を終えられてからも、著作・翻訳活動などに力を注ぎ、毎年初夏に開催される先生主宰の研究会では、いつもと変わらぬ熱っぽい語りと旺盛な知的欲求を示され、我々を圧倒している。難解な原文をどこまで自分の言葉に置き換えることができたかまことに心もとないけれども、ここに提出する次第です。

本書の訳出作業にとりかかるとき、文体の調子をつかむため、ゼミ生とともに、本書第三章の最初の数ページを苦労して読んだことが懐かしく思い出される。とりわけ、大学院へ進んだ篠原佑美さん、新聞記者となった梅下陽一君、高校教師になった沖田佳代さんとは、原文の多彩な表現に頭を抱え、長時間議論したことを思い出す。北九州市立大学の経済学部前学部長の三輪俊和教授や法学部の力久昌幸教授、桶舎典哲助教授からは、訳語などに関してきわめて強引に助言をいただいた。記してお礼申し上げたい。また、この機会に、いつも建設的な示唆と俊敏な行動力をもって変化の行先を示してくれる法学部の伊野憲治教授、上脇博之教授、竹中佳彦教授、田村慶子教授、二宮正人助教授に感謝申し上げたい。強烈な知的刺激に身が引き締まります。

最後になりましたが、日本経済評論社の宮野芳一氏には一方ならずお世話になりました。予定外の用務が生じたからとは言え、脱稿時期を大幅に遅らせてしまい、ご迷惑をおかけしました。遅延のフアックスを送るたびに、自分のふがいなさを恥、反省することしきりでした。「辛抱強く待ってくれた」など書かないようにと忠告されていながらも、やはり書かずにはいられません。宮野氏の寛容と励ましの言葉がなければ、本訳書の出版はありませんでした。ご厚意にあつくお礼申し上げます。

二〇〇二年九月

中道　寿一

ま行

や行

ら・わ行

た行

は行

索　引

あ行

か行

さ行

【訳者略歴】

中道　寿一（なかみち　ひさかず）

1947年生まれ．
慶応義塾大学大学院法学研究科博士課程修了（法学博士）．
北九州市立大学法学部教授（政治思想史）．
主な業績：
『ワイマルの崩壊とC．シュミット』（三嶺書房，1989年）
『ヒトラー・ユーゲントがやってきた』（南窓社，1991年）
『政治学断章』（南窓社，1992年）
『政治のデッサン』（三嶺書房，1998年）
『君はヒトラー・ユーゲントを見たか』（南窓社，1999年）
R．ヘベルレ『民主主義からナチズムへ』（御茶の水書房，1980年）
F．スターン『文化的絶望の政治』（三嶺書房，1988年）
E．フレンケル『二重国家』（ミネルヴァ書房，1994年）他。

政治の発見

2002年10月30日　第1刷発行　　定価（本体2800円＋税）

著　者　Z．バウマン
訳　者　中　道　寿　一
発行者　栗　原　哲　也

発行所　株式会社　日本経済評論社
〒101-0051　東京都千代田区神田神保町3-2
電話03-3230-1661　FAX03-3265-2993
E-mail：nikkeihyo@js7.so-net.ne.jp
URL：http://www.nikkeihyo.co.jp/
版下＊ワニプラン　印刷＊平河工業社　製本＊協栄製本
装幀＊鈴木弘

乱丁本落丁本はお取替えいたします．　Printed in Japan

ISBN4-8188-1434-2